湘潭大學年鉴2018

XIANGTAN UNIVERSITY ALMANAC, 2018

湘潭大学党委办公室
湘潭大学校长办公室 编

湘潭大學出版社

▲湘潭大学党委书记　**黄云清**

▲湘潭大学校长　**周益春**

黄云清，教授，博士生导师，1962年12月出生，湖南澧县人，中共党员，现任湘潭大学党委书记。湘潭大学“计算数学”国家重点学科负责人，中国工业与应用数学学会副理事长，教育部数学专业教学指导委员会副主任，湖南省数学会理事长，国家杰出青年基金获得者。国家“万人计划”百千万工程领军人才。获国家教学成果二等奖、教育部自然科学一等奖、湖南省自然科学一等奖、第六届“冯康科学计算奖”等。

周益春，教授，博士生导师，1963年3月出生，湖南衡阳县人，中共党员，现任湘潭大学党委副书记、校长。1997年享受国务院政府特殊津贴，2005年国家杰出青年科学基金获得者，2006年第二届国家级教学名师奖获得者，2013年国家“百千万人才工程”入选者。获湖南省教学成果一等奖2项、国家级教学成果二等奖1项、省部级科技进步一等奖1项和二等奖2项、自然科学奖一等奖2项。

▲ 杜家毫参观校史展览馆

2018年9月9日，省委书记杜家毫来到湘潭大学，看望慰问教职员工，调研学校改革发展情况，代表省委、省政府向全省广大教师和教育工作者致以节日问候，对湘潭大学建校60周年表示祝贺。他强调，要不忘初心、牢记使命，弘扬优良传统，坚持立德树人，勇于改革创新，扎实推进内涵式发展，努力把湘潭大学办出特色、办得更好，不负习近平总书记对办好湘潭大学寄予的殷切期望。省委副书记乌兰，省委常委、省委秘书长谢建辉参加调研。

▲ 杜家毫调研学校改革发展情况

▲ 杜家毫慰问沧南教授

2018年9月10日，纪念毛泽东同志题写校名并指示“一定要把湘潭大学办好”暨建校60周年大会在校体育馆隆重举行。湖南省委副书记、省人民政府省长许达哲，省政协原主席刘夫生，省政协原主席王克英，省委常委、省委宣传部部长蔡振红，全国政协委员、中国人民解放军军事科学院战争研究院副院长、毛泽东同志嫡孙毛新宇，副省长吴桂英，省政协副主席胡旭晟，全国政协常委、中国科协副主席、中国科学院院士袁亚湘，中央候补委员、我校材料科学与工程学院院长、中国工程院院士欧阳晓平，中国科学院院士周向宇等出席。大会由校党委书记黄云清主持。

▲ 许达哲代表省委、省政府，向湘潭大学全体师生员工和海内外湘大校友表示祝贺

▲ 吴桂英参观提质改造后的南校门广场

2018年5月3日，副省长吴桂英来学校考察，先后来到南校门广场、毛泽东思想研究中心、材料科学与工程学院、新校区项目建设现场，就学校特色学科发展、科学研究、人才培养、校园建设等工作进行考察。吴桂英充分肯定了学校近年来的办学成绩，要求立足自身特色，突出学科优势，利用好文化资源，放大品牌效应，把学校办得更好。

▲ 吴桂英在毛泽东思想研究中心听取中心负责人关于中心建设情况的汇报，强调该中心要依托已有优势，做大品牌，扩大影响

▲ 吴桂英在“低维材料及其应用技术”教育部重点实验室，听取青年长江学者杨丽关于航空航天新材料学科群的构建理念与研究特色

▲ 2018 年 11 月 6 日，省人大常委会副主任王柯敏一行来学校调研“双一流”建设工作

▲ 2018 年 4 月 18 日，湖南省教育厅党组书记、厅长，省委教育工委书记蒋昌忠来学校调研

▲ 2018 年 6 月 29 日，省委常委、组织部部长王少峰来到学校，为师生党员上党课

▲ 2018 年 10 月 11 日，省委第九巡视组巡视湘潭大学党委工作动员会议在学校召开

▲ 2018年11月18日至22日，教育部本科教学工作审核评估专家组对学校进行为期4天的现场考察。在专家意见反馈会上，李延保反馈了整体考察的肯定性评价

▲ 2018年12月1日至2日，学校召开2018年党委务虚会议，学习贯彻习近平总书记对学校重要批示精神，研究探讨推进“双一流”建设问题

▲ 2018 年 7 月 22 日，由北京大学和湘潭大学合作共建的湖南先进传感与信息技术创新研究院成立，副省长陈飞与北京大学原校长、中国科学院周其凤院士共同为研究院揭牌

◀ 2018 年 9 月 9 日，学校举办 60 周年校庆学术活动——"新时代高等教育发展"大学校长论坛，来自俄罗斯、西班牙、韩国、乌干达等国家和国内的近 20 所高校校长齐聚学校，探讨新时代高等教育的发展

▲ 2018 年 12 月 15 日，智能计算与信息处理教育部重点实验室第二届学术委员会第一次会议暨 2018 年学术年会在湘潭召开

◀ 2018年9月7日，马克思主义学院新任院长签约授聘仪式在逸夫楼一报告厅隆重举行，求是杂志社原社长、毛泽东研究领域著名专家李捷研究员应邀出任学院院长

▶ 2018年4月10日，中国工程院院士、国务院工商管理学科评议组成员陈晓红教授受聘为学校特聘教授

▲ 2018年5月4日，省科技创新奖励大会在长沙召开，学校机械工程学院刘金刚教授（前排中）获省科技进步奖一等奖并作为获奖代表作典型发言

◀ 2018年5月14日至15日，校党委书记黄云清率团出席2018年非洲孔子学院联席会议

▶ 2018年7月1日至5日，应芝加哥大学和纽约州立大学石溪分校的邀请，校长周益春率团赴美举办高层次人才招聘会、访问芝加哥大学并与其开展交流

◀ 2018年10月31日，校党委副书记高协平率团前往澳大利亚阿德莱德大学和堪培拉大学进行校际友好访问

2018年12月4日至5日，第十三届孔子学院大会在成都举行。湘潭大学与麦克雷雷大学合作共建的麦克雷雷大学孔子学院获“先进孔子学院”荣誉，是湖南省唯一获奖的孔子学院

2018年6月11日，湘潭市委副书记、市长谈文胜再次来校考察南校门广场项目进展情况

2018年9月9日，由湘潭大学广东校友捐建的广东路正式开通

▲ 2018年9月10日，学校师生在毛主席铜像广场隆重集会，举行缅怀伟人主题活动，深切缅怀党、国家和人民军队的主要缔造者毛泽东同志

▲ 2018年9月10日，纪念毛泽东同志题写校名并指示“一定要把湘潭大学办好”暨建校60周年校庆文艺晚会在体育馆璀璨上演

目 录

第五部分　学院(系)、教学部情况

第六部分　综合管理工作

第七部分　党建与思想政治工作

第八部分　学科、专业与平台建设

第九部分 表彰与奖励

第十部分 综合统计

第十一部分 大事记

第一部分

学 校 概 况

全校基本情况一览表

各类在校学生数(2018—2019)

计	博士生	硕士生	在职攻读硕士	留学生	本科生		专科生	函授生	业余
					本部	兴湘学院			
48291	538	6521	541	501	24684	5509	13	7460	2524

教职工人数

在职教职工			专任教师					聘请校外教师	离退休人员
计	其中：正高级	其中：副高级	计	其中：正高级	其中：副高级	其中：博士学位	其中：硕士学位		
2323	331	643	1488	329	513	907	434	946	1313

人才资源

院士	“万人计划”	长江学者	国家杰出青年科学基金获得者	芙蓉学者特聘(讲座)教授	国家教学名师	全国优秀(模范)教师	享受政府特殊津贴专家
4	5	6	4	20	4	12	55

教学平台

一级学科博士点	二级学科博士点(不含一级学科下二级学科)	一级学科硕士点	专业硕士点	本科专业	院系(部)	国家级教学团队	省级教学团队	湖南省普通高等学校基础课示范实验室	湖南省普通高等学校实践教学示范中心	中央支持地方高校发展专项资金项目实验室	国家级实验教学示范中心
15	1	31	12	87	20	4	9	5	4	46	3

学科平台

博士后科研流动站	国家重点(培育)学科	湖南省国内一流建设学科和国内一流培育学科	“十二五”省级重点学科	国家地方联合工程研究中心	国家地方联合工程研究实验室	教育部工程中心	教育部重点实验室	教育部高校人文社科重点研究基地
11	3	15	1	1	2	2	3	2

办学条件

固定资产(万元)		校舍面积(平方米)		占地面积(平方米)		学校藏书(万册)	教学科研设备(万元)
学校产权	非学校产权	学校产权	非学校产权	学校产权	非学校产权		
179398.04	26004.4	934090.62	15870.47	1939643	115334	304	58422.21

(孙清平 戴芳婷)

年度工作要点与总结

湘潭大学2018年党政工作要点

2018年学校工作的指导思想和总体要求是：深入学习贯彻党的十九大精神，以习近平新时代中国特色社会主义思想为指引，贯彻党的教育方针，落实立德树人根本任务，深化综合改革，推进"双一流"建设，写好"奋进之笔"的湘大篇章，加快建设新时代有鲜明特色的高水平现代大学，以优异办学成绩向建校60周年献礼。

一、加强党的领导，落实办学治校主体责任

1. 深入学习贯彻习近平新时代中国特色社会主义思想和党的十九大精神。深入学习习近平新时代中国特色社会主义思想、党的十九大精神及全国、湖南省"两会"精神，邀请校内外专家学者开展相关理论宣讲和专题报告，组织师生开展多形式、全覆盖学习培训。加强习近平新时代中国特色社会主义思想研究中心建设，推进系统化学理化学科化研究阐释，力争推出一批高质量、有深度、有分量的理论研究成果，力争在中央"三报一刊"和省委"一报一刊"上发表理论文章5～8篇。深入开展"爱国·奋斗"精神教育，开展"牢记时代使命，书写人生华章"主题党、团日活动和"重走改革开放路、砥砺爱国奋斗情"主题实践活动等。

2. 开展"不忘初心、牢记使命"主题教育。按照中央及省委统一部署，在全校各级党组织中深入开展"不忘初心、牢记使命"主题教育，扎实推进"两学一做"学习教育常态化制度化，切实用党的创新理论武装广大党员干部头脑，全面增强"四个意识"。

3. 提升党建工作水平。落实从严治党政治责任，推动管党治党责任层层传导。狠抓基层党建工作，加强党建工作标准化和信息化建设，做好二级党组织换届选举工作，开展二级党组织书记抓基层党建述职评议考核。落实教师党支部书记"双带头人"培育工程，建立党务干部培训常态化机制。开展支部风采展示、廉政文化作品征集及廉洁教育、礼敬中华优秀传统文化等系列活动。从严推进干部管理，健全选人用人机制，营造风清气正的选人用人环境。建立和完善处级和科级干部信息库，加快干部年度考核网络平台建设。

4. 深入推进党风廉政建设工作。强化政治纪律、政治规矩意识，持之以恒正风肃纪。巩固拓展中央八项规定精神成果，密切关注隐形变异的享乐主义、奢靡之风；纠正改头换面的形式主义、官僚主义。深化运用监督执纪"四种形态"，坚决整治侵害群众利益的不正之风，严肃查处顶风违纪行为和"微腐败"问题，加大违规违纪典型案例通报曝光力度，发挥警示震慑作用。加强工作作风建设，健全管理制度，提高管理能力和效益，强化机关主动服务院（系、部）、教职工主动服务学生的意识，推进"一站式"服务。加强对执行学校重大决策部署、重点工作任务的督查督办和落实情况的监督检查，重点整治"敷衍塞责、推诿扯皮、不敢担当""办事不公、有规不依、不愿坚持原则""不想事、不干事、廉而不勤、勤而无效"等庸政懒政、不作为、乱作为现象。

5. 提升宣传和思政工作水平。落实《高校思想政治工作质量提升工程实施纲要》，加强对宣传和意识形态工作的领导，打造宣传工作亮点和品牌，做好60周年校庆的各项宣传工作。加强思政教育宣传阵地建设，提升思想政治工作水平。加强新媒体建设管理，健全应急报道和舆论引导机制。抓好文化育人，广泛开展校园文化活动。壮大思政工作队伍，深化思想政治理论课改革。加强学生心理健康教育宣传。

6. 做好脱贫攻坚工作。深入贯彻习近平总书记扶贫开发战略思想，根据中央关于支持深度贫困地区脱贫攻坚的有关文件精神和省委工作部署，认真做好泸溪县洗溪镇张家坪村的驻村帮扶工作。

7. 凝聚发展合力。坚持正确方向，规范并创新统一战线各领域工作，成立湘潭大学欧美同学会，指导各民主党派基层组织加强自身建设，加强党外代表人士队伍建设，凝聚共识、人心、智慧和力量。加强民主管理，做好教代会提案的落实工作和二级教代会工作。加强群团组织建设，突出群团理论研究实效。坚持以增添正能量为价值取向，认真落实老同志待遇，用心用情用力做好管理服务。

二、以重点工作为牵引，加快学校内涵式发展

8. 编制实施“五年行动计划”。认真落实省委、省政府关于加快推进学校更好发展的要求，在“十三五”发展规划的基础上，科学编制学校“五年行动计划”，明确年度任务，加快推进实施，在办学平台、一流学科、高端人才、国家科技奖励等核心指标方面取得突破，实现整体办学实力明显提升，力争在建党100周年、毛泽东同志诞辰130周年取得标志性变化。

9. 办好60周年校庆系列活动。坚持“彰显特色、突出内涵，节俭热烈、广泛参与，扩大影响、拓展资源”的原则，组织开展好校庆系列活动，深刻总结办学经验，全面展示办学成绩，切实扩大办学影响。以“60周年校庆”为主题，开展韶风名家论坛、院士系列报告会以及相关学科的高端国际或国内学术研讨会等学术活动和文化艺术活动。做好对外联络、筹资引资等有关工作。

10. 持续推进“双一流”建设。强化学科群思路，制定实施“一流学科”建设方案和年度建设计划，加快推进3大特色学科群建设。组织开展好湖南省“一流学科”的遴选、培育工作。与新华社中经战略咨询中心密切合作，对加快内涵发展进行战略设计，提升学科发展规划水平。开展学科国际国内排名的跟踪与分析，提升学校声誉。开展高水平大学建设校长高峰论坛，为学校的“双一流”建设聚计谋策。

11. 做好本科教学审核迎评工作。坚持“以评促建、以评促改、以评促管、评建结合、重在建设”的原则，以“提高人才培养质量”为目标，做好审核评估各项准备工作和进场评审工作。对照审核评估要求，推进教育教学和人才培养模式、机制改革，实现教学水平和人才培养质量的双提升。根据学院（系、部）自评情况和专家反馈意见，及时做好整改工作。组织教育教学工作督导团加大对教学各环节的督查力度。

三、以质量为核心，提升人才培养水平

12. 深入推进本科人才培养改革。推进一流本科教育建设，提升本科人才培养质量。调整优化专业结构，深化专业综合改革，做好工程教育专业认证、湖南省专业综合评价和校内专业评估等相关工作。加强文化素质教育核心通识课建设，推动课程信息化建设，建设优质在线开放课程。深化基础学科拔尖人才培养试验班改革，完善教改实验班教学管理制度，推进《湘潭大学本科课程建设与管理办法》等制度落实。加强本科教学实验室硬件建设和实践教学平台建设，推动实践教育模式改革创新，加强实习基地建设。推进创新创业学院建设，做好创新创业项目培育，建设好创新创业平台。组织开展国家级教学成果奖申报和2018—2022年教育部高等学校教学指导委员会委员申报遴选工作。构建教学性、丰富性、层次性和荣誉性兼备的“教学荣誉体系”。

13. 深化研究生培养改革。健全“学校主导、院系主管、学位点主体、导师主责”的研究生教育管理模式，推进研究生教育管理权限下移。改革研究生招生指标分配办法，健全学院（系）研究生招生指标动态调节机制。完善推免生接收政策，拓展优质生源。加强研究生课程建设与教学改革，突出拔尖人才和应用型人才培养。深化专业学位研究生教育综合改革，加强专业学位研究生实践基地建设。实施博士研究生教育综合改革试点，健全学位授权点、专业学位类别/领域自我评估和动态调整机制。落实教育部《关于落实研究生导师立德树人职责的意见》，改革研究生导师遴选与考核制度。

14. 创新招生就业工作模式。推进招生宣传工作，构建并完善“大学—中学”长效合作和培养机制，推动本科招生及其配套制度改革。广泛应用“互联网+就业”新模式，优化就业精准服务，搭建高质量服务平台，促进毕业生更高质量、更充分就业。加大就业困难群体帮扶力度，重点开发领军企业，形成全员参与格局。

15. 拓展对外交流合作。拓展国际化视野，加大国际合作培养项目工作力度，扩大派出学生规模，加强汉语国际推广，提升办学国际化水平。加强现有2所孔子学院建设，落实“中非高校20+20合作计划”年度工作。加大来华留学生招生宣传力度，利用国家“一带一路”政策红利，合理布局、重点突破。做好国家留学基金委项目申报工作。

四、加强统筹谋划，打造学科“高原”与“高峰”

16. 协同提升学科建设水平。发挥综合性大学的学科门类优势，强化文理工内部协同、创新发展。持续推进学科方向的凝练、形成团队，服务重大需求，引导应用性文科、工科提出和解决一批高难的科学、工程、社会问题，强化基础性文科、理科理论指导和技术支撑作用，助推科研工作结硕果。加强化学、材料科学、工程学和数学4个ESI前1%学科建设，稳步提升学科排名，争取更多学科领域进入ESI排名前0.5%；支持物理学ESI潜力学科建设，力争进入ESI前1%。加强省重点学科建设，提高重点学科专项资金使用效益。

17. 加强学科平台建设。发挥学科龙头作用，健全学科发展和调整机制，支持跨院系交叉学科创新平台建设。加强3个省级协同创新中心建设的指导、管理和服务工作。

18. 完善专项资金绩效评价管理。盘活学科沉淀经费，统筹规划好专题规划经费，扩大资金统筹使用权，提高资金使用整体效益。做好专项资金绩效评价工作，组织开展2018年度湖南省重点学科专项资金绩效评价工作和“2011协同创新中心”专项资金绩效评价工作。

五、以创新为引领，助推科研再上新台阶

19. 做好科研项目申报。争取全年新增国家自科基金重大或重点项目1项、杰青或优青1~2项、面上和青年项目75项。争取牵头或合作新增国家科技重大专项、国家重点研发计划专项1~2项、省科技重大专项1项、省战略性新兴产业科技攻关和重大科技成果转化项目3~4项。争取全年新增国家社科基金重大招标项目和教育部重大课题攻关项目1~2项。力争各类国家级项目30项以上，其中重点项目2项以上。新增省部级项目100项。全年科研经费力争达到1.5亿元。

20. 加强科研平台建设。加强科研团队建设，做强人才储备，强化科研团队评价和考核。加强现有重点实验室、工程研究中心等平台建设，力争全年新增国家级科研平台1个、省部级科研平台1个。做好科研平台评估准备工作，确保今年参评的教育部重点实验室、湖南省重点实验室顺利通过并力争获得优秀。加强教育部人文社科重点研究基地毛泽东思想研究中心、中国共产党革命精神与资源文化研究中心、国家级红色旅游重点研究基地中国红色旅游创新发展研究基地的建设。着力加强智库建设，力争入选省级重点建设智库名单，力争新增省级专业特色智库1个。加强国防科研平台建设，推进国家国防科技重点实验室申报等工作。

21. 产出高水平科研成果。争取获得国家级科技奖励1项、省部级科技奖励10项。加强专利布局与运营工作，争取获批湖南省高校知识产权中心，获湖南省专利奖1~2项。实施“向建党100周年献礼出版工程”，力争全年出版学术著作100部以上、一类学术期刊论文15篇以上、二类学术期刊论文100篇以上，SSCI、A&HCI论文15篇以上。力争获教育部第八届高等学校优秀成果奖（人文社科）3项以上。

22. 深入推进产学研工作。强化科技为国民经济服务的理念，全面和深入融合国家和湖南工业体系，积极参与湖南省“产业项目建设年”活动，不断提升科学研究和社会服务水平。聚焦信息产业、高端装备制造关键技术、本地特色资源、人工智能等领域，推进湖南省先进传感与信息研究院、泰富重装—湘潭大学研究院、湘潭海泡石研究院、韶山研究院和人工智能装备测试基地的建设。联合政府、企业共同搭建产学研合作平台，建好院士工作站，建成湘潭大学湘电研究院、湘潭大学佛山研究院等。全年组织科研人员及应用型科技成果参加大型产学研对接会、科技交流会等活动15次，签订产学研合作项目200项。提升服务决策咨询水平，力争10项左右成果获省部级以上领导肯定性批示。

23. 加快推进军民融合发展。贯彻落实军民融合国家战略，开创新时代军民融合深度发展新局面。依托军民融合产业学科群，瞄准国防重大需求，凝练科研主攻方向，开展重大技术攻关，争取获批国家国防科研项目4～5项，省军民融合产业发展专项1～2项，申报国家国防科技重点实验室1个，国防条件能力建设项目2项，人工智能装备测试基地1个。深化与军工科研院所、军工企事业单位的科研合作，做好武器装备科研生产单位二级保密资格认证和日常保密工作。

24. 抓好图书和学术期刊工作。做好国家"十三五"重点图书的出版工作，力争出版4～6个品种。力争出版码洋、出版品种数和利润同比增长20%。推出一批群众关切的重大理论热点问题通俗理论读物、一批展现中华优秀传统文化的理论著作和通俗读物。探索实践办刊新模式，提升《湘潭大学学报》《中国韵文学刊》等刊物的知名度和影响力。全力推进数字化出版工作，争取互联网出版权，按计划推进《红藏》数据平台建设。

六、深化人事制度改革，建设高素质师资队伍

25. 深化人事制度改革。推进定编定岗定责定酬工作，启动二级单位岗位总量、类型和结构比例的核定工作，健全岗位聘用与人力资源管理机制。改革专业技术职称申报评审工作，完善教师系列职称评审机制。改革完善二级单位目标管理，以品德、知识、能力、业绩和贡献等要素为主要衡量标准，加强个人绩效考核。完善《湘潭大学绩效工资实施方案》，优化教学、科研、管理与创收等业绩津贴分类核算办法。稳步推进机关事业单位养老保险改革工作。

26. 做好人才工程和引进工作。依托国家级人才工程项目和省芙蓉人才行动计划，做好"双一流"创新团队、领军人才、学科和专业群学术带头人的引进、培育、申报、遴选工作，力争新增"千人计划""长江学者奖励计划"等国家级人才4～5人，"芙蓉学者岗位计划""百人计划""湖湘青年英才"等省级人才5～8人。落实并完善韶峰学者特聘岗位计划实施方案，做好各层次人才的评选及合同签订工作。加强海内外高层次人才引进与选拔工作力度。组织相关学院院长赴海外招聘高层次人才活动，在国内知名高校举办专场人才招聘会，力争新增教授、博士师资100名左右。规范和完善博士后科研流动站、博士后研究人员的管理，力争新增1～2个博士后科研流动站，做好博士后创新人才支持计划申报工作。

27. 建设高素质教师队伍。落实《全面深化新时代教师队伍建设改革的意见》，加强教师思想政治教育和师德师风建设。搭建教师学习发展平台，加强院系教研室等学习共同体建设。开展教师教学能力提升培训，建立健全教师国内访学、挂职锻炼、社会实践制度，拓宽教师视野，提高实践能力。开展教学研究与指导，推进教学改革与创新。

七、优化育人环境，加快教学条件现代化建设

28. 加强基础设施建设。加强校园基础设施建设和改造，完成综合实验大楼、600亩区域桥梁工程、南苑学生综合食堂等项目建设并投入使用。加快毛泽东思想研究大楼、第四田径场、600亩中央空调系统第一期建设，规划设计600亩区域内30000平方米学生公寓、环境与资源实验大楼和文科实训大楼。加强实验室设备等资源共享，强化实验室队伍能力提升和考核。做好住房、公车等资产管理工作。

29. 推进"平安湘大"建设。加强校园人防、物防、技防建设，实现安全教育全覆盖。加强校园交通安全管理，启动校园"禁摩"工作，完善校园交通标识、标牌、标线等基础设施建设。对进出校园的外来车辆实行收费。做好校园维稳工作。

30. 推进"智慧校园"建设。完成智慧教室建设项目，完成网络安全整改项目、学校大数据项目、综合实验大楼和南苑学生综合食堂网络工程、北青教师公寓光纤迁移改造工程等。推进后勤服务监督、维修服务、宿舍服务、餐饮服务等信息管理系统的应用，提升后勤管理服务的信息化、智能化和精细化。

31. 深化后勤服务改革。以信息化、标准化建设和精细化管理为重点，提升后勤服务质量和水平。加强园林绿化养护管理，推进校园主要景区提质改造工作，创建山水生态校园绿化体系。完成学生宿舍空调设备安装、线路改造及配套设施建设等工作，加快改善学生住宿条件。

32. 推进校地合作共建和深度融合发展。做好湖南首批校地合作试点单位2018年检查验收工作，争取成为全省校地合作的示范单位。推进琴湖生态公园景观工程和南校门提质改造工程建设。加大校园和周边环境综合整治力度，加快完成校园家属区商业门面清理工作。推进与湘潭市共建碧泉书院工作，着力打造湘潭文化品牌。推进与雨湖区政府、神州天立教育集团的合作项目。全力配合市交发集团做好伏林大道一期工程项目建设。

33. 积极开拓办学资源。推进省部共建工作，争取中央及部委和地方各级党委、政府在办学平台拓展、经费投入等方面更大力度的支持。充分挖掘教育工作的潜力，通过远程教育平台、短期培训等方式，争取实现教育办学规模和效益的增长，提高对学校建设发展的贡献力。

湘潭大学2018年党政工作总结

2018年，学校党政领导班子深入学习贯彻习近平新时代中国特色社会主义思想和党的十九大精神，认真贯彻落实习近平总书记对湘潭大学的重要批示精神，不忘初心、牢记使命，扎根伟人故里，践行立德树人，服务国家建设，推动学校各项事业取得了新成绩。

一、强化理论武装，深入学习贯彻习近平新时代中国特色社会主义思想和党的十九大精神

1. 扎实开展政治理论学习。围绕习近平新时代中国特色社会主义思想和习近平总书记在纪念马克思诞辰200周年大会、考察北京大学、全国宣传思想工作会议、全国教育大会、庆祝改革开放40周年大会上的重要讲话和在湖南考察工作时的重要指示精神等，组织开展了校党委中心组专题学习8次。印发《关于学习宣传贯彻党的十九大精神的通知》《湘潭大学开展全国教育大会精神宣讲对谈活动实施方案》《2018年湘潭大学教职工政治理论学习计划》等文件，认真抓好理论学习宣传教育。

2. 深入开展理论宣讲研讨。围绕学习贯彻习近平新时代中国特色社会主义思想和党的十九大精神，以及全国教育大会精神和全国、全省思政会议精神，邀请省委常委、组织部部长王少峰来校上党课，省纪委省监委驻省教育厅纪检监察组组长曹世凯来校宣讲全国教育大会精神；开展“学习新思想千万师生同上一堂课”活动，校党委书记作“深刻领会习近平教育思想，担起大学教育的时代使命”主题报告；开展“领航讲堂”和“明道信道”系列宣讲，邀请求是杂志社原社长、我校马克思主义学院院长李捷，教育部高等学校社会科学发展研究中心主任王炳林和校领导做主题讲座。举办了习近平新时代中国特色社会主义思想研讨会和第十一届全国“毛泽东论坛”。

3. 认真抓好理论研究和成果推介。组织班子成员、专家教授围绕习近平新时代中国特色社会主义思想等开展理论研究，在《人民日报》《光明日报》等国家权威报纸发表理论文章近10篇。依托湖南省中国特色社会主义理论体系研究中心湘大基地、全省思想政治工作研究基地及湖南省党的创新理论研究基地，获中心委托研究项目2项，2项成果获中宣部评优资助，获全省思想政治工作研究课题2项，获评湖南省年度优秀基地。

二、践行使命担当，认真贯彻落实习近平总书记对湘潭大学的重要批示精神

1. 深入学习领会确保入脑入心。第一时间召开专题党委会，组织校党委理论学习中心组专题集中学习，印发《中共湘潭大学委员会关于深入学习贯彻习近平总书记对湘潭大学重要批示精神的实施方案》，召开本科生座谈会、党务工作例会、研究生主题座谈会、民主党派和无党派人士座谈会，组织各二级党组织和广大师生通过“主题党日”“主题团日”“主题班会”等形式，深入学习总书记重要批示精神。在新湖南客户端连续推出6篇学习贯彻习近平总书记对湘潭大学重要批示精神的心得体会文章,点击量接近40万次。

2. 加强组织领导成立专门班子。成立了由校党委书记任组长的湘潭大学学习贯彻落实习近平总书记重要批示精神领导小组和湘潭大学"双一流"创建工作领导小组,抽调人员组建了专门工作班子。制定了《湘潭大学贯彻落实习近平总书记重要批示精神五年行动计划》《湘潭大学"双一流"建设方案》《湘潭大学推进一流本科教育建设行动计划》。

3. 精心谋划加快推进工作落实。召开"学习贯彻习近平总书记重要批示精神,全力推进'双一流'建设,全面创建一流本科教育"2018年校党委务虚会,进一步统一了思想、凝聚了共识。向有关党和国家领导人、教育部、湖南省委省政府领导做专题汇报10余次。与教育部有关司局和省发改委、教育厅、科技厅、财政厅、林业局等省直厅委,就具体请求支持事项进行了多次汇报、对接与沟通。

三、坚定理想信念,严守政治纪律和政治规矩

1. 贯彻落实党委领导下的校长负责制。认真执行《湘潭大学党委领导下的校长负责制实施办法》《中国共产党湘潭大学委员会会议制度和议事规则》《湘潭大学校长办公会会议制度和议事规则》,党委与行政各司其职、各负其责,校党委总揽学校改革发展稳定全局,承担办学治校主体责任,支持校长依法独立负责地行使职权。坚持民主集中制原则,认真落实重大决策风险评估、重大决策听证等制度,提高决策科学化水平,全年召开党委会25次、校长办公会18次。加强校领导班子成员尤其是党委书记、校长经常性沟通,党委会、校长办公会召开前,党委书记和校长就上会议题充分沟通,达成一致意见后才提交会议研究。

2. 认真学习党内法规条例。组织各级党组织通过集中学习、专题讨论、民主生活会、支部党课、聆听专题辅导报告,以及登录红星云、红星网等形式,认真学习《中国共产党党章》《中国共产党纪律处分条例》《中国共产党支部工作条例(试行)》等党内法规条例。严格执行校属各单位每周二下午开展政治学习和业务学习,定期开展督查督办,不断提升学习效果。

3. 切实强化党员纪律意识。全面增强"四个意识",坚定维护以习近平同志为核心的党中央权威和集中统一领导,自觉在思想上、政治上、行动上同以习近平同志为核心的党中央保持高度一致。严格执行中央八项规定、省委九项规定有关要求,出台了《关于进一步贯彻落实中央八项规定精神的实施办法》。严肃党的组织生活,落实组织生活会、谈心谈话等制度,完成了2017年民主评议党员工作。规范党费收缴与管理,党员同志坚持主动、及时、足额交纳党费,联合建设银行研发了党费网上缴费系统。

四、落实从严治党,推进党风廉政建设

1. 扛稳抓牢主体责任。校党委书记切实履行第一责任人责任,坚持亲自主持研究部署党建工作、亲自协调解决重点难点问题、亲自推动落实党建工作重点任务。积极配合做好省委巡视工作。全年召开党委会25次、二级党组织书记工作例会5次,召开党政工作例会5次,及时传达落实上级要求,认真研究部署党建工作。学校党政主要负责人与校属各单位党政负责人签订《党风廉政建设责任书》,各单位党政负责人与班子成员签订责任书。

2. 严格落实"一岗双责"。坚持将党风廉政建设工作纳入年度总体工作安排,召开学校全面从严治党工作会议、党风廉政建设和反腐败工作组织协调联席会议;党委会、校长办公会10余次研究党风廉政建设工作,学校党政主要领导10余次听取纪检监察工作汇报,校领导全年讨论、处理违纪违规案件10余次;制定了《2018年全面从严治党和纪检监察工作要点》《领导班子成员2018年党风廉政建设职责》《关于建立重点事项廉政风险防控措施的工作方案》等文件。校领导班子其他成员对照工作职责,认真指导和督促分管部门、联系学院,推进、抓好党风廉政建设工作。

3. 切实强化监督执纪问责。认真履行党风廉政建设纪委监督责任,向校属各单位党政一把手发放《党风廉政建设谈话登记表》,持续开展行业不正之风专项整治工作，深入开展违反中央八项规定精神突出问题、违规占用周转房等专项治理工作和文明节俭操办婚丧喜庆事宜承诺书签订活动。全年共立案5起(7人)、结案4起(4人)，其中:给予2人党内警告处分，给予1人行政警告处分，给予1人行政记过处分;对4个单位的5起责任事故或问题进行了追责问责;给予27人(次)诫勉谈话或组织处理，其中诫勉谈话6人，批评教育14人，约谈提醒2人，责令2人作出检查，扣发2人(次)校内津贴，取消1人考察资格。

五、严格落实责任制，守好意识形态主阵地

1. *切实加强统筹部署*。深入贯彻落实全国、全省宣传思想工作会议精神，坚持把意识形态工作摆在重要位置，建立意识形态领域风险定期研判制度，校党委会议、校长办公会15次研究部署意识形态工作;出台了《中共湘潭大学委员会意识形态工作责任制实施细则》《中共湘潭大学委员会关于进一步加强师德师风建设的决定》《湘潭大学师德师风建设联席会议制度》等;校领导班子成员和各二级党组织签订《意识形态责任书》;积极配合省委巡视组开展意识形态工作责任制专项巡视;组织进行意识形态专题座谈。

2. *严把新闻舆论宣传关*。严格执行校外媒体采访接待和对外宣传稿件审批制度;加强校报、电视台等校内舆论阵地的建设;着力加强对各类宣传品制作、横幅的规范管理，规范校内宣传标语横幅的管理;实行校内出版物、新媒体公众账号统一审批登记制度，加强校内宣传品制作、内部资料性出版物发行的质量检查。

3. *加强对哲学社会科学学术活动和课堂教学的管理*。认真落实习近平总书记在哲学社会科学工作座谈会上的重要讲话精神，下发《关于进一步加强社科学术会议、学术讲座审批的通知》，加强对哲学社会科学报告会、学术讲座、研讨活动的审批与管理工作，严格落实“一会一报”“一事一报”制度，牢牢把握正确导向;成立师德师风建设委员会，严格将师德师风作为评价教师素质的第一标准;把好社科类出版物和成果发布及境外非政府组织合作项目与学术交流的管理关。全年没有出现政治导向问题。

六、坚持以人民为中心的发展思想，着力改善民生

1. *着力优化校园环境*。南校门主席铜像广场提质改造两期工程完工，广东路贯通通车，完成了东坡村5栋、10栋、11栋的拆除工作，建设了联建区围墙。投入130万元建立了校园车禁系统，实行收费管理，严格控制外来车辆出入校园。推进校园交通基础设施改造，主干道重划交通标线，新增交通标志标牌19个，增设减速带23处，新增停车位200多个。积极配合湘潭市做好创建全国卫生城市工作，积极做好校园绿化、清洁、垃圾处理等工作，安装校园文明标牌，校园生态环境进一步改善。

2. *加快推进基本建设*。完成了综合实验大楼、南苑学生综合食堂、600亩区域桥梁工程的建设，工程训练投入使用，积极推进环境与资源实验大楼、文科实训大楼、西湖学生公寓第一期、第四田径运动场、北苑学生综合食堂等项目的立项建设，做好学生宿舍、食堂、教学及办公场所的安全隐患排除和维修改造;安装学生宿舍空调4998台，实现全覆盖;完成节约型校园节能监管平台一期建设，通过国家住建部验收;加强住房公房管理，推进教学、实验、办公等硬件设施更新升级;全面进行网络基础设施的改造与升级，持续完善智慧校园信息系统和校园卡应用系统建设，完成智慧教室一期工程建设，加强机房及数据中心平台建设等，师生学习、生活、工作环境切实得到改善，幸福感、获得感显著增强。

3. *积极回应师生诉求*。认真做好国家信访局、省政府办、省教育厅、省信访局、省委巡视组等上级部门转办交办的重大来访件处理反馈工作，诚心诚意为师生员工解难事、办实事、做好事。坚持做好了解民情、集中民智、维护民利、凝聚民心的信访工作，进一步优化教育阳光服务平台的设计，全年共接待各类来访事件1820件，办结1761件，办结率达96.75%，师生员工和社会公众满意率达到99.23%。

七、坚持精准发力，扎实做好驻村帮扶工作

1. *准确把握形势任务*。深入学习贯彻习近平总书记关于扶贫工作的重要论述，认真落实中央和省委省政府的决策部署，校党委理论学习中心组2次组织集中学习，专题传达学习《关于高等院校服务脱贫攻坚的指导意见》和省委副书记乌兰同志在全省高校服务脱贫攻坚推进会议上的重要讲话精神。

2. *切实加强顶层设计。*调整学校脱贫攻坚工作领导小组，组建了2018—2020年驻村帮扶工作队，正式进驻湘西自治州泸溪县洗溪镇张家坪村。党委会5次研究驻村帮扶工作，制订了《湘潭大学2018—2020年对口帮扶泸溪县洗溪镇张家坪村三年工作规划》《湘潭大学服务脱贫攻坚实施方案》，明确了开展驻村帮扶的总体目标和工作思路。

3. *不断夯实工作成效。*启动驻村帮扶工作以来，先后投入各类扶贫资金160余万元；校领导及结对帮扶责任人多次赴张家坪村开展集中走访慰问和驻村帮扶工作调研；争取到省科技项目资金10万元，全力推进产业扶贫；争取中建钢构、湘潭法检系统社会捐助1.2万元；组织张家坪村党员干部39人到湘潭县中路铺镇万亩茶叶基地学习产业培育经验。2018年脱贫23户，共计101人；驻村帮扶工作获省扶贫开发领导小组办公室、省扶贫开发办好评，被《湖南日报》、中新网等媒体报道。

八、聚焦基层党建，持续推进“两学一做”

1. *加强基层组织建设。*修订并严格执行《湘潭大学学院（教学部）党组织会议和党政联席会议会议制度及议事规则》，落实《湘潭大学二级党组织党建工作责任清单》和学院领导班子成员联系支部制度，强化二级学院党组织对教师和学生党支部的指导。全校二级党组织现均已配备专职党委书记、副书记和专职组织员。积极推进“双带头人”选拔培育工作，制订了“对标争先”“双带头人”培育实施方案，党委党校获评湖南省普通高校先进党校，马克思主义学院获评全国党建工作标杆院系。从严规范发展党员程序，对各二级党组织党员发展、党员档案管理等进行督导检查。全年发展师生党员1560人。严格落实“三会一课”等制度，各党支部固定每月最后一个星期二开展主题党日活动，认真开展党员民主评议。狠抓党支部书记学习实效，全校294个党支部书记学习培训时间超过56学时。足额配备基层党建工作经费，按在职教职工200元/人、学生100元/人标准划拨。

2. *做好干部选拔任用。*全年推荐1名校领导副职到省属本科高校任党委书记、1名校领导副职到省属本科高校任校长、1名校领导副职到教育部督导局挂职副局长，完成3名党委委员推荐选拔工作。提拔处级领导干部28名（其中正处级干部2名、副处级干部26名）；交流处级干部18名；完成12名处级领导干部试用期满转正工作；免去9名同志处级干部领导职务；因个人事项报告原因，中止了1名拟提拔干部的考察程序。聘任23名同志为科长级干部、4名同志为副科长级干部，确定8名同志为正科级干部。

3. *狠抓宣传思想和思政教育。*全年在《人民日报》、《光明日报》、中央电视台、新华网、《湖南日报》、湖南卫视等媒体刊发、播出新闻稿件1000余篇（条/次），发稿数量居省属高校前列；在《人民日报》《光明日报》《中国教育报》等刊发稿件80余篇；在新华网、人民网、中国新闻网、中国教育网、新浪等重要网络媒体发布新闻稿件800余篇。新浪、红网时刻和新湖南客户端全程直播校庆大会和晚会，新浪访问量超过457.8万次，红网访问量为94.5万次，新湖南直播与回顾访问量超过75万次，3家媒体总访问量达627.3万次，反响强烈。健全思想政治教育工作机制，强化一把手负责制与责任追究机制。学校成为教育部第二批“三全育人”综合改革试点高校（已公示）和高校思想政治工作队伍培训研修中心。完成了湖南省高校思想政治工作专项督查迎检工作。加强思政工作队伍建设，全年新进专职辅导员21名。荣获2018年“湖南省高校征兵工作先进单位”荣誉称号。深化“青年马克思主义者培养工程全国研究培训基地”建设，举办“名家报告进校园”“大学生素质拓展报告会”等专题讲座和中华经典诵读大赛、“不忘初心，逐梦前行”等主题征文演讲大赛，师生参与达15万余人次，荣获以“不忘初心跟党走，激情拥抱新时代”为主题的湖南省大学生红色经典诵读大赛一等奖。

4. *推进统一战线和群团工作。*成立了统一战线工作领导小组，校级会议5次研究部署统战工作，校党委中心组集中学习统战政策文件10余次，将统战工作纳入二级单位工作考核内容，把统战理论方针政策纳入学校宣传工作计划。配合完成新一届人大代表选举换届工作，推荐产生省人大代表、常委1名，市人大代表2名（其中常委1名）；配合完成新一届政协委员选举换届工作，推荐产生全国政协委员1名，省政协委员7名（其中常委3名），市政协委员21名；推荐使用正处级干部1名。成立湘潭大学欧美同学会，推荐8名同志当选省知联会第四届理事会理事，3位教授入选湘潭市首届“最美同心人物”，2名同志当选湘潭市侨界杰出人物。完成省委统战部布置的党外人士调研和党外人士有关信息采集工作。落实与党外代表人士联谊制度，健全统战部领导班子与民主党派领导班子成员谈心制度。切实加强党对宗教工作的领导，扎实开展宗教工作自查。高度重视和支持群团工作，党委会2次专题研究部署，召开全校团干部基层团建业务培训会，组织1000余支学生实践团深入乡镇调研，获评全国“三下乡”先进单位。

5. 推进“两学一做”学习教育常态化制度化。邀请领导专家来校宣讲解读习近平新时代中国特色社会主义思想和党的十九大精神20余次，校领导为师生讲授党课10余次。召开了2017年度校党委领导班子民主生活会，开展了推进“两学一做”学习教育常态化、制度化工作情况专项检查，举办了建党97周年艺术作品、先进典型风采展。积极开展评优创建活动，评选了10个先进二级党组织、5个先进分党校、30个优秀党支部和154名优秀共产党员、9名优秀党务工作者和10名优秀党支部书记。向省委教育工委报送3个支部工作典型案例，《曾子其：信仰的高度等于139级台阶》获2018年全省高校“不忘初心 牢记使命”微党课视频创作竞赛一等奖。

九、强化社会治安综合治理，着力建设平安校园

1. 狠抓安全教育。投入专项经费，组建了由保卫、学工部门联合组成的大学生安全教育教研组，并邀请辖区民警参与安全教育教学；面向新生开展常规安全知识教育，专门开设3门安全教育文化素质课程，系统讲授各类安全知识；在全校范围内利用校园网、微信微博、校园广播等开展经常性专题安全宣传活动，做到大学生安全教育的常态化、规范化，营造浓厚的校园安全文化氛围。

2. 着力构建立体式安全防控体系。健全联动机制，建立健全以校园监控指挥中心为核心，以校园网格化管理为基础，以校园安保力量合理化布局为指导的人防、物防、技防相结合的校园防控联动机制。优化人防布局，建立了一支包括保卫干部、保安、驻校民警、辅警以及老年治安巡逻队、学生安全文明宣传队构成的完备校园人防体系；将校园划分为7个安防区域，每个区域实行包区执勤。完善物防技防措施。抓好学生宿舍、办公和教学楼区域门禁系统安装，实行刷卡出入；积极推进校园监控系统和一键报警柱建设，实现了公共区域监控全覆盖，技防能力大大提高。

3. 切实加强校园综合安全。切实履行好网络安全主体责任，做好校园网络安全管理。在学校各类网站和信息系统建设、运行中，落实管理责任人，严把信息安全关；修订《湘潭大学网络安全事件应急预案》；在校园网出口和数据中心等关键节点部署相应网络安全设备，对全网进行安全加固；做好重要时期网络安全24小时值班。注重加强实验室安全。承办“全国实验室安全培训班”，制定《湘潭大学实验人员考核实施办法》，切实加强实验室人员素质与技能培训。着力改善校园周边环境。积极配合地方政府，拆除了联建区临街自建过渡门面，协调解决新征600亩土地上的各种纠纷，着力妥善处理学校排污赔偿、与周边供水分离等问题，积极构建和谐校村关系。

十、坚持真抓实干，推动各项工作实现新发展

1. 纪念毛泽东同志题写校名并指示“一定要把湘潭大学办好”暨建校六十周年系列活动取得圆满成功。省长许达哲同志出席校庆纪念大会并发表重要讲话，举办了铜像广场缅怀伟人主题活动、校庆文艺晚会、校友会换届大会、历任校领导座谈会以及中外大学校长论坛、系列院士报告会、韶风名家论坛等系列纪念活动，各级领导、各界友人及广大海内外校友同聚湘大，有力地提升了学校办学影响力和湘大人的凝聚力、自信心，在国内

外赢得广泛关注、产生很大反响。泰康保险、宇业集团、新华联、京东集团等著名企业以及校友谭曼、胡敏等踊跃捐资，共筹集各项捐赠2.3亿元。

2. 学科建设工作成效明显。一是三大特色学科群建设强力推进，对学科群核心学科以及国内一流建设学科予以重点培育和建设；学校进入湖南国内一流大学建设高校A类行列，5个学科被确定为国内一流建设学科，10个学科被确定为国内一流培育学科。二是聘请求是杂志社原社长、毛泽东思想研究著名专家李捷同志担任马克思主义学院院长，“毛泽东思想研究协同创新中心”入选首批省部共建协同创新中心。三是着力加强ESI学科建设，化学、材料科学和工程学的ESI排名稳步提升；新增2个软科世界一流学科，总数达到7个。

3. 人才培养工作成绩显著。一是本科人才培养方面，按照“以评促建、以评促改、以评促管、评建结合、重在建设”原则，凝心聚力，圆满完成了本科教学审核评估工作。11月19日—22日，教育部评估专家到校实地检查，高度肯定了我校在深化教育教学改革、提高人才培养质量等方面做出的努力和取得的成绩。新增2个专业，专业结构与布局更趋合理；通过工程教育专业认证专业达到6个、居省属高校前列，2个专业接受进校考察并获认证专家高度肯定；6门课程在中国大学MOOC平台上线，积极推进信息化教学平台建设和信息化教学认定工作，投入近1000万元建设智慧教室200多间；制定了《湘潭大学本科人才培养质量评价考核办法(暂行)》《湘潭大学本科教学荣誉体系实施办法》，新增2个教改实验班；学生在各级各类学科竞赛中获国家级特等奖4项、一等奖20项，省级特等奖1项、一等奖32项；获批国家大学生创新创业训练计划项目21项、教育部第一批产学合作协同育人项目9项，获国家级教学成果二等奖1项，4个项目获批湖南省“十三五”普通高校创新创业教育中心。二是研究生培养方面，新增一级学科博士学位授权点7个、一级学科硕士学位授权点2个；获省优秀博士学位论文2篇、优秀硕士学位论文21篇；硕士研究生招生一志愿报名人数同比增长30.94%，一本生源考生同比增长79.36%；制定了《湘潭大学全面落实研究生导师立德树人职责实施细则》；研究生发表高级别科研成果500余篇，授权专利100余项。三是招生与就业方面，教改实验班报考比例持续增加，组织开展了“大学教授讲座进中学”等活动；加强就业创业指导和服务，建设“湘潭大学招生就业云服务平台”，精心组织世界500强等优秀企业来校招聘。

4. 师资队伍建设持续发力。一是新聘2名中国工程院院士，1名教师入选国家“千人计划”创新人才长期项目，3名教师入选“长江学者奖励计划”，新增湖湘高层次人才聚集工程顶尖创新团队1个、科技部创新人才推进计划1人、湖湘高层次人才聚集工程创新创业人才计划2人、湖湘青年英才计划2人、湖南省杰出青年基金获得者4人，1人获霍英东教育基金会第十六届高等院校青年教师奖、2人获湘潭市市长质量奖、2人荣获“首届湘潭市优秀科技工作者”称号；新聘外聘教授60余人，同意引进专任教师139人，已经到岗和即将到岗89人；公开招聘非专任教师42人。二是积极推进人事制度综合改革，形成并不断完善激励机制，制定出台《湘潭大学辅导员选聘与管理工作办法》《湘潭大学韶峰学者聘期考核办法》《湘潭大学实验人员考核暂行办法》《湘潭大学高级专家延长退休年龄规定》等。三是着力加强师德师风建设和宣传教育，出台了《中共湘潭大学委员会关于进一步加强师德师风建设的决定》，推出沧南、王向清、李雅兴等教师先进典型，沧南教授获2018“感动中国之感动湖南人物”。四是加强教师培养培训工作，举办了“提升教师教学能力，推进一流本科教育”教学研讨会。

5. 科研工作再上台阶。一是获批科研经费约3.6亿元，同比增长约32%；国家社科基金重点项目立项数排名全国高校第9、全省第1；获批国家自科基金重大项目1项和重点项目2项、国家社科基金重大项目4项，创单年度立项历史新高。二是湖南先进传感与信息技术创新研究院落户学校；新增湖南省重点实验室1个、湖南省国际科技创新合作基地1个、联合外校获批湖南省重点实验室2个；中国区域发展与治理研究院、湖南省党的创新理论研究和学习服务中心获批湖南省专业特色智库。三是国防科研和军民融合工作取得新进展，顺利通过二级保密资格认定，国防特色研究方向进一步凝练，军工科研整体实力进一步增强。四是中国科学技术信息研究所《2017 年度机构产出统计报告》显示，2017 年度发表 SCI 论文 518 篇、SCI 学科影响因子前 1/10 期刊论文 60 篇、EI 论文 386 篇；发表 CSSCI 来源期刊论文 316 篇、SSCI 论文 10 篇、A&HCI 论文 1 篇；成为湖南省首批高校知识产权中心建设试点培育单位，授权专利 200 余件；3 篇文章被《新华文摘》转载，智库研究成果获中央、省部级领导肯定性批示或被省级采用 10 项，2 项成果获评第二届湖湘智库研究优秀成果。

6. 国际交流与合作广泛发展。全年派出 6 个国外访问团组，接待国外合作大学来访 20 起、137 人次；与国外大学签订合作协议 6 个；乌干达麦克雷雷大学孔子学院被评为 2018 年度先进孔子学院，承办了 2018 年西班牙莱昂大学孔子学院夏令营与麦克雷雷大学孔子学院夏令营项目，接待了乌干达中小学校长组成的教育高访团；派出 61 人前往国外大学交流学习，国际学生招生规模取得新突破、招收语言生 41 人次，本年度来校国际学生人数达 551 人。

7. 离退休等其他工作取得新成绩。用心用情做好离退休人员服务管理，获评全省离退休干部示范性党支部 1 个和“湘潭市离退休工作先进单位”。加强党对工会工作的领导，广泛团结教职员工为学校发展建功，加大对职工群众的维权服务力度。审计工作充分发挥监督、确认及咨询职能，全年完成各类审计 500 余项。继续教育稳步发展，成人高等教育报考和录取人数创我校历史记录，全年创造学费收入 981 万余元。以服务读者为宗旨，图书馆加强文献资源建设，积极开展阅读文化活动。1 套丛书入选国家“十三五”重点图书规划，各有 3 种图书分获第四届湖湘优秀出版物荣誉奖、图书奖，《湘潭大学自然科学学报》获“2018 年度中国高校优秀科技期刊”，《中国韵文学刊》被认定为 A 类学术期刊。档案工作稳步推进，全年收集综合档案共 10718 卷(件)。

2019 年，学校党政领导班子将坚持以习近平新时代中国特色社会主义思想为指引，深入学习贯彻党的十九大精神和全国教育大会精神，以习近平总书记重要批示精神为根本遵循，坚守社会主义办学方向，全力推进“双一流”建设，加快创建一流本科教育，切实增强服务经济社会发展能力与水平，扎根伟人故里办中国特色社会主义大学，努力把学校办得更好、更有特色！

组织机构

湘潭大学党群系统机构设置表

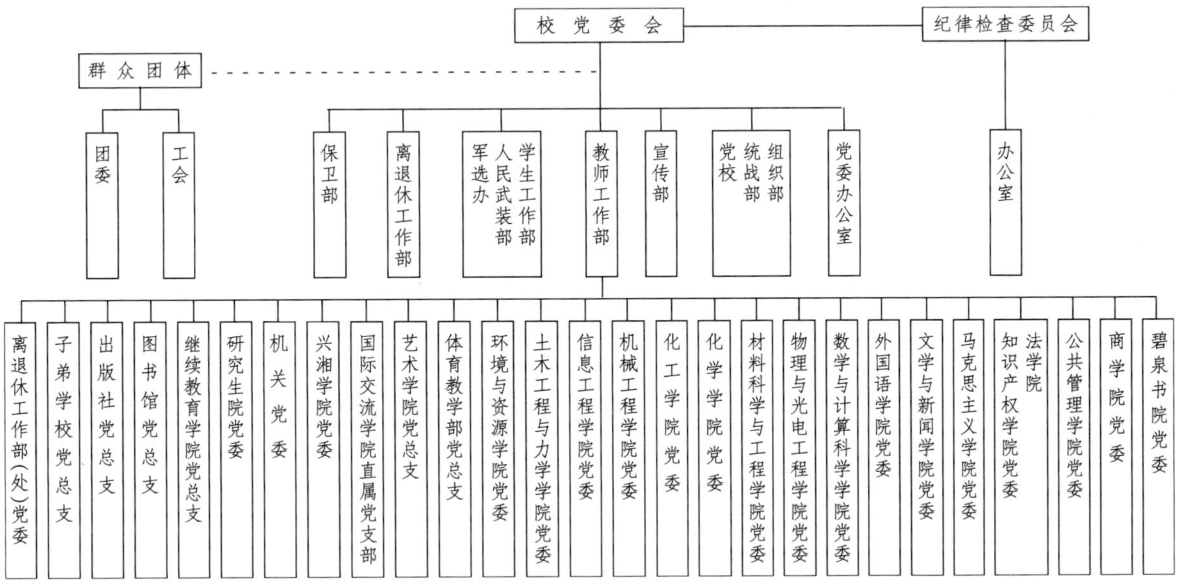

湘潭大学行政系统机构设置表

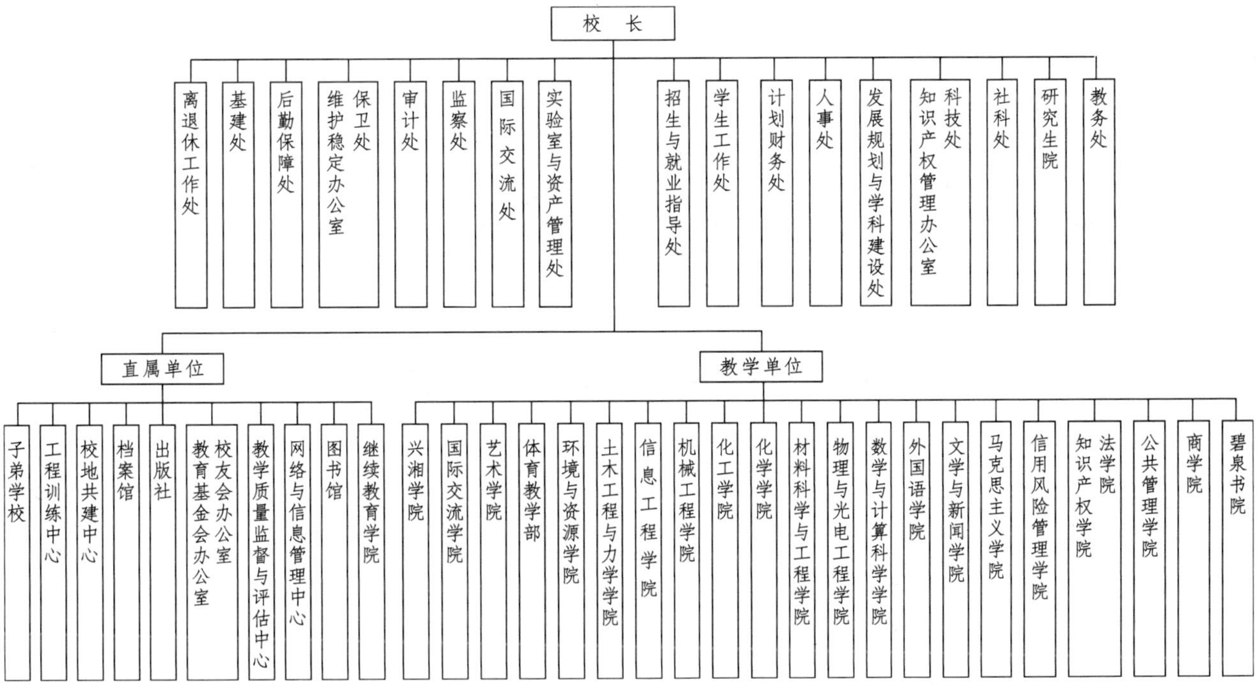

（肖志伟　何如双）

学术机构

湘潭大学第八届学术委员会名单

主任委员：欧阳晓平

副主任委员：周益春　廖永安　季水河　钟建新

委　员（按姓氏笔画排序）：

王向清　王金斌　文卫平　方世敏　方红姣　尹付成　邓国军　龙志林　龙祖坤　龙朝阳　朱陆民　刘中望　刘长庚　刘平乐　刘建州　李　正　李志军　李剑波　李永春　李雅兴　肖冬梅　肖爱国　肖　芬　张俊丰　陈　旸　陈代湘　欧阳晓平　罗文波　罗玉明　季水河　周友行　周益春　郑学军　胡　强　胡肖华　钟建新　段　斌　陶能国　汤华中　黄竹青　黄显中　龚志民　龚曙光　盛明科　彭向阳　葛　飞　舒　适　舒奇志　曾以成　游世辉　游奎一　谢淑红　楚尔鸣　雷　磊　雷炳炎　蔡高强　裴　勇　廖永安　谭松庭　黎　青　颜佳华

学术委员会下设秘书处，秘书处设在发展规划与学科建设处，由发展规划与学科建设处处长兼任秘书长

（邹　娟）

湘潭大学第十四届学位评定委员会名单

主　席：周益春

副主席：葛　飞　肖冬梅

委　员（按姓氏笔画排序）：

方世敏　尹付成　邓国军　龙志林　龙朝阳　刘长庚　刘平乐　刘建州　李剑波　肖冬梅　陈代湘　周益春　郑学军　胡　强　钟建新　段　斌　黄竹青　黄显中　葛　飞　雷炳炎

学位评定委员会下设办公室，办公室设在研究生院，由研究生院院长兼任办公室主任

（邹　娟）

湘潭大学第五届教学委员会名单

主任委员：廖永安

副主任委员：张俊丰　肖爱国

委　员（按姓氏笔画排序）：

文卫平　方红姣　龙祖坤　刘中望　李雅兴　肖　芬　肖爱国　张俊丰　陈　旸　罗文波　罗玉明　陶能国　龚曙光　曾以成　谢淑红　楚尔鸣　蔡高强　廖永安　谭松庭　黎　青　颜佳华

教学委员会下设办公室，办公室设在教务处，由教务处处长兼任办公室主任

（邹　娟）

湘潭大学第八届学术评价与发展委员会名单

主任委员：季水河

副主任委员：李　正　裴　勇

委　员（按姓氏笔画排序）：

王向清　王金斌　朱陆民　汤华中　李　正　李永春　李志军　季水河　周友行　胡肖华　龚志民　盛明科　彭向阳　舒　适　舒奇志　游世辉　游奎一　雷　磊　裴　勇

学术评价与发展委员会下设办公室，办公室设在发展规划与学科建设处，由发展规划与学科建设处处长兼任办公室主任

（邹　娟）

湘潭大学第二届学术道德委员会名单

主任委员：钟建新

副主任委员：文卫平

委　员（按姓氏笔画排序）：

王向清　文卫平　邓国军　罗文波　钟建新　龚志民　盛明科　葛　飞　舒　适　谢淑红　雷　磊

学术道德委员会下设办公室，办公室设在发展规划与学科建设处，由发展规划与学科建设处处长兼任办公室主任

（邹　娟）

干部名单

湘潭大学校级领导名单

（截至2018年12月31日）

姓　名	职　务
黄云清	湘潭大学党委书记
周益春	湘潭大学党委副书记、校长
宁建民	湘潭大学党委委员、副校长
董康明	湘潭大学党委委员、纪委书记
郑赤建	湘潭大学党委委员、副校长
黄竹青	湘潭大学党委委员、副校长
刘建平	湘潭大学党委委员、副校长
刘长青	湘潭大学党委委员、副校长
廖永安	湘潭大学党委委员、副校长

（钟芳华）

中共湘潭大学纪律检查委员会名单

书　记：董康明

副书记：罗凤华　蔡一文

委　员：董康明　罗凤华　蔡一文　刘圣陶　楚尔鸣　朱向群

（吴　迪）

中国教育工会湘潭大学第十届委员会名单

主　席：戴飞军

常务副主席：肖其森

副主席：叶正华　肖碧云　梁丽芝（兼）

委　员：宁国良　刘　林　齐绍平　肖志伟　肖芳林　陈　旭　周　广　赵　婵　段　斌　葛幸幸　朱向群

（贺　军）

2018 年党群系统处级领导干部名单

单位名称	正 职	副 职	备 注
哲学系党总支 (2018.07.19 撤销)	唐检云(-2017.08.19)	黎益君(2018.01.17 -2018.07.19)	
历史系党总支 (2018.07.19 撤销)	刘圣陶(-2018.07.19)	刘 轩(-2018.07.19)	
碧泉书院党委 (2018.07.19 成立)	刘圣陶(2018.07.19 -)	黎益君(2018.07.19 -)	
商学院党委	罗菊兰	陈非文(正处长级) 资义平	
公共管理学院党委	陈长明	谷立平	
法学院·知识产权学院党委	黄德华	李 锋	
马克思主义学院党委 (2018.07.19 撤销)	张佑祥(-2018.07.19)		
马克思主义学院党委 (2018.07.19 成立)	张佑祥(2018.07.19 -)	吴华云(2018.07.19 -)	
文学与新闻学院党委	赵 猛	周鹏飞(2018.01.17 -)	
外国语学院党委	罗益花	陈 娟	
数学与计算科学学院党委	陈双喜	易山峰(2018.01.17 -)	
物理与光电工程学院党委	龙进良	杨 澜	
材料科学与工程学院党委	谢胜文	陈玉莹(2018.01.17 -)	
化学学院党委	李 涛	肖 妮	
化工学院党委	朱向群	周春初	
机械工程学院党委	丁 琰	王建平	
信息工程学院党委	金义华	彭江辉(-2018.04.26) 孙明辉(2018.08.22 -)	
土木工程与力学学院党委	陈幸华	欧阳巍(2018.01.17 -)	

单位名称	正　职	副　职	备　注
环境与资源学院党委	刘国华	吴　峻（ -2018.03.21） 刘　轩（2018.07.19 - ）	
体育教学部党总支	瞿鹤鸣	葛幸幸	
艺术学院党总支	周维平	马　卿（ -2018.08.22） 刘　行（2018.08.22 - ）	
国际交流学院直属党支部	舒奇志		
兴湘学院党委	颜文革	樊　军（2018.01.17 - ） 郭凤安（2018.08.22 - ）	
党委办公室	陈　旭	易立峰 易臣何 陶永峰	副处级机要员 冯　英
党委组织部	肖志伟	胡　阳 钟芳华	
党校	高协平	吴　红（兼） 肖志伟（兼）	
党委宣传部	齐绍平	申永丰	
党委统战部	周　琦（ -2018.09.05） 盛明科（2018.09.05 - ）	刘建军（2018.01.17 - ）	
党委教师工作部	刘稳丰	王广林	
学生工作部	谢罗奇	田良富 马　卿（2018.08.22 - ） 许红军（兼） （2018.08.22 - ）	
人民武装部	谢罗奇	许红军（2018.08.22 - ）	
军选办		许红军（兼） （2018.08.22 - ）	
离退休工作部	钟伟来	黄子建	
离退休工作部（处）党委	钟伟来	陈　斌	
纪委办公室（副处）			
研究生工作部	王先友	周　广 梁丽芝 许　锋	

单位名称	正 职	副 职	备 注
保卫部	王国光	曾祥元(2018.01.17 -) 王明才(兼)	
后勤保障处党委	冯银耕		
校工会	戴飞军	肖其森(正处长级) 叶正华(正处长级) 肖碧云 梁丽芝(兼)	
校团委	魏晓林	吴彬彬 伏 帅(挂职) (2018.01.17 -) 熊 慧(兼职) (2018.01.17 -)	
机关党委	吴 红	周 琦(兼)	
继续教育学院党总支	刘 琴		
图书馆党总支	朱志坚		
出版社党总支	刘 波		
子弟学校党总支(副处)	彭焕明(副处长级)	刘秋月(正科长级)	

注:时间截至2018年12月31日

(何如双)

2018 年行政系统处级领导干部名单

单位名称	正　职	副　职	备　注
哲学系 (2018.07.19 撤销)	陈代湘(-2018.07.19)	张今杰(-2018.07.19)	
历史系 (2018.07.19 撤销)	宋银桂(-2018.07.19)	朱陆民(-2018.07.19)	
碧泉书院党委 (2018.07.19 成立)	陈代湘(2018.07.19-)	张今杰(2018.07.19-)	
商学院	楚尔鸣	刘　婷 韩　雷 林龙飞 周建军	
公共管理学院	盛明科(-2018.09.05)	王凯伟 谭九生 毛太田	
法学院	肖冬梅	欧爱民 吴　勇 穆远征	
知识产权学院	肖冬梅	欧爱民(兼) 吴　勇(兼) 穆远征(兼)	
信用风险管理学院	谭　曼(聘) (-2018.02.02) 顾敏康(聘) (2018.02.02-)	王　锐 肖伟志	
马克思主义学院 (2018.07.19 撤销)	李佑新(-2018.07.19)	吴华云(-2018.07.19) 黄显中(兼) (-2018.07.19)	
马克思主义学院 (2018.07.19 成立)	李　捷(聘) (2018.07.19-) 颜佳华(执行院长) (2018.07.19-)	黄显中(正处长级) (2018.07.19-) 唐检云(正处长级) (2018.07.19-)	

单位名称	正　职	副　职	备　　注
文学与新闻学院	李剑波	赵成林（　-2018.03.21） 季多武 田　华（2018.04.04-　） 刘晓丽（2018.08.22-　）	
外国语学院	胡　强	曹　霞	
数学与计算科学学院	汤华中（聘）	刘韶跃 王文强 杨　银	
物理与光电工程学院	钟建新	曹觉先（　-2018.07.19） 唐　超 毛宇亮	
材料科学与工程学院	欧阳晓平（院士）（聘） 尹付成（执行院长）	唐明华 杨　丽	
化学学院	邓国军	裴　勇 彭圣明 张雪飞	
化工学院	刘平乐	曾虹燕 段正康（　-2018.03.21） 陶能国 王威燕（2018.08.22-　） 游奎一（2018.08.22-　）	
机械工程学院	郑学军	肖逸锋 彭锐涛 周友行（2018.08.22-　）	
信息工程学院	段　斌	欧阳建权 姚志强 周　彦	
土木工程与力学学院	龙志林	许　福（　-2018.03.21） 陈　宾 赵荣国（2018.08.22-　）	
环境与资源学院	葛　飞	张俊丰 黄　妍	
体育教学部	陈　旸	葛幸幸 罗智波	
艺术学院	黎　青	罗豪畅	

单位名称	正　职	副　职	备　　注
国际交流学院	曾新民	邹　薇	
兴湘学院	刘巨钦(－2018.03.21) 王金斌(2018.03.21 －)	罗建文 唐　春	
校长办公室	陈　旭	易立峰 易臣何 陶永峰	
教师教学发展中心	刘稳丰	王广林	
学生工作处	谢罗奇	田良富 马　卿(2018.08.22 －) 许红军(2018.08.22 －)	
离退休工作处	钟伟来	黄子建	
监察处	罗凤华	曹又波(2018.01.17 －)	
教务处	喻祖国	谭晓朝 宋德发 张　普	
研究生院	王先友	杨端光(－2018.03.07) 周　广 梁丽芝 许　锋	
社科处	刘中望	虞　文	
社科联(挂靠社科处)			
社科基地办公室		刘友华	
科技处	费俊杰	李　锋(－2017.05.11) 蒋科兵	
科协(挂靠科技处)		于红旗	
知识产权管理办公室	费俊杰(兼)	檀朝桂(2018.01.17 －)	
军民融合发展办公室(副处)	黄牛武(2018.01.17 －)		
湖南先进传感与信息技术创新研究院	彭练矛(聘) (2018.07.19 －)	张志勇(聘) (2018.07.19 －) 许　斌 曹觉先(2018.07.19 －)	
发展规划与学科建设处	王金斌(－2018.03.21) 刘金刚(2018.08.22 －)	黄华伟	

单位名称	正 职	副 职	备 注
人事处	王协舟	毛章勇 李友芝	
计划财务处	钟希余	彭欣菲 简立君 樊维宁	
招生与就业指导处	赵 婵(2018.01.17－)	赵 婵(－2018.01.17) 周润其 王向前(2018.08.22－)	
实验室与资产管理处	李胜群	卢其斌 贺志武 杨端光(2018.03.07－)	
省部共建办公室(副处)		吴 谨(副科长级)	挂靠校长办公室
国际交流处	曾新民	舒奇志(兼) 邹 薇(兼)	
审计处	欧定余	李永亮	
保卫处	王国光	曾祥元(2018.01.17－) 王明才(兼)	
维稳办		王国光(兼) 王明才	
后勤保障处	冯银耕	吴岳锌 胡峪华 严忠德(2018.08.22－)	
基建处	龚曙光	谭向军	
继续教育学院	陈立新	刘期达 陈百华	
图书馆	周 勇(－2018.09.05) 周 琦(2018.09.05－)	谢伟涛(－2018.03.21) 刘 纯 曾湘琼(2018.05.24－)	
网络与信息管理中心	裴廷睿	胡洪波	
教学质量监督与评估中心	胡义伟	陈兆斌	
校友会办公室、教育基金会办公室	李 琳	张月朗 杨建军	
出版社	颜佳华(－2018.07.19)	蒋海文 李勇辉	总编辑章育良(正处长级)

单位名称	正　职	副　职	备　注
档案馆	童庄慧		
校地共建中心	易大东	陈国宝 吴　峻(2018.03.21－)	
工程训练中心	张高峰	段福长 刘玲玲 夏　珺(2018.03.07－)	
子弟学校(副处)	付会理(副处长级)	汤湘军(正科长级) 曾石军(正科长级)	
创新创业学院	廖永安(兼) 魏晓林(执行院长)(兼)	胡　阳(兼)　胡义伟(兼) 周　广(兼)　虞　文(兼) 李　锋(兼)　赵　婵(兼) 张月朗(兼)　段福长(兼) 曲　钢(兼)	

注:时间截至2018年12月31日

（何如双）

湘潭大学各级人大代表、党代表、政协委员、文史馆员、参事名单

一、各级人大代表

黄云清　湖南省人大代表、常委
葛　飞　湘潭市人大代表、常委
欧爱民　湘潭市人大代表
王国光　雨湖区人大代表
熊　颖　雨湖区人大代表
罗菊兰　雨湖区人大代表

二、各级党代表

章　兢　湖南省党代表，湘潭市党代表
杨雪娟　湖南省党代表，湘潭市党代表
周　琦　湘潭市党代表
李时华　湘潭市党代表

三、各级政协委员

刘长庚　全国政协委员
曾虹燕　湖南省政协委员，湘潭市政协副主席
钟建新　湖南省政协委员、常委
欧爱民　湖南省政协委员、常委
周　琦　湖南省政协委员
李海海　湖南省政协委员
杨　丽　湖南省政协委员
葛　飞　湖南省政协委员
高　勇　湘潭市政协委员
尹华容　湘潭市政协委员、常委
李海海　湘潭市政协委员
陈　旸　湘潭市政协委员
邓春梅　湘潭市政协委员、常委
谭　貌　湘潭市政协委员
肖爱国　湘潭市政协委员
宋德发　湘潭市政协委员
魏晓林　湘潭市政协委员
胡夏一　湘潭市政协委员、常委
张义清　湘潭市政协委员
黎　青　湘潭市政协委员
唐剑君　湘潭市政协委员
王协舟　湘潭市政协委员

吴学文　湘潭市政协委员
唐欢容　湘潭市政协委员
王　雷　湘潭市政协委员
李　琳　湘潭市政协委员
穆远征　湘潭市政协委员
姜军松　湘潭市政协委员、常委
李明扬　雨湖区政协委员
周　维　雨湖区政协委员
易灵芝　雨湖区政协委员
杨柳春　雨湖区政协委员
醋卫华　雨湖区政协委员
刘柏希　雨湖区政协委员
刘　欢　雨湖区政协委员

四、湖南省文史馆员

李永明　余明光　徐泰来

五、湖南省人民政府参事

彭熙海　李　正

（刘建军）

湘潭大学各民主党派基层组织负责人名单

一、民革湘潭大学支部

主　委:唐欢容

委　员:杨利文　曹春红

二、民盟湘潭大学基层委员会

主　委:尹华容

副主委:周方钦

委　员:熊　颖　汤美萍

三、民建湘潭大学支部

主　委:李海海

委　员:李明扬　醋卫华

四、民进湘潭大学支部

主　委:陈　旸

委　员:谭　军　王清泉　刘　欢

五、农工湘潭大学支部

主　委:吴学文

副主委:卢超富

委　员:张妙灵　李玉芹

六、致公湘潭大学支部

主　委:邓春梅

副主委:刘柏希

委　员:蒋　新　盘宏斌

七、九三学社湘潭大学基层委员会

主　委:葛　飞

副主委:肖爱国　唐赛兰　谭　貌

委　员:易灵芝　许　平　谢伟涛

（刘建军）

第二部分
校领导重要讲话

展风华正茂　担历史使命
谱写无愧于新时代的青春之歌

——在湘潭大学纪念五四运动99周年暨表彰大会上的讲话

黄云清

（2018年5月2日）

各位青年朋友、老师们、同学们：

大家上午好！

在这个属于全体青年朋友们的盛大节日里，我们欢聚一堂，隆重召开湘潭大学纪念五四运动99周年暨表彰大会，总结共青团工作，表彰先进团组织和优秀个人。首先，我代表学校党委、行政，向在座的青年朋友并通过你们，向全校广大青年师生致以节日的问候！向受到表彰的优秀集体和先进个人表示热烈的祝贺！向长期以来关心、支持团学工作的各位老师、同学，表示衷心的感谢！

九十九年前的五四运动，是以青年学生为主发起的反对帝国主义、封建主义的爱国运动，拉开了中国新民主主义革命的序幕。在此后的历史进程中，中国青年的身影始终站立在伟大变革的前沿。他们喊出的口号，每每成为时代强音；他们展现的风采，往往标示着时代精神。九十九年来，虽然时代在不断变化，但爱国青年与国家民族的血脉联系始终没有改变，“忧国忧民，以天下为己任”的胸怀担当始终没有改变。

当前，中国特色社会主义进入了新时代，当代中国正日益走近世界舞台中央，中国理念、中国智慧、中国方案日益受到全球关注；但与此同时，我们也面临着更为复杂的考验与挑战。比如：这段时间备受大家关注的美国商务部对中兴通讯出口禁令，就在提醒我们“中华民族伟大复兴，绝对不是轻轻松松、敲敲打打就能实现的”。

“青年兴则国家兴，青年强则国家强。青年一代有理想、有本领、有担当，国家就有前途，民族就有希望。”这是习近平总书记在党的十九大报告中，对包括在座各位在内的全体中国青年的殷切寄语。作为建功中国梦的生力军，身处新时代的广大青年朋友，更应该努力担负新使命、展现新风貌、实现新作为。借此机会，我向全校青年师生提三点希望，并与大家共勉：

一、新时代新青年，要坚定理想信念，勇担新使命

理想信念是青春远航的动力引擎。习近平总书记指出：如何选择一条正确的道路，关键是要有坚定的理想信念。青年时代树立正确的理想、坚定的信念十分重要，不仅要树立，而且要在心中扎根，一辈子都能坚持为之奋斗。青年时代的马克思就树立了“为人类而工作”的理想信念，一生坚定而执着，并为之奋斗终生；毛泽东主席在青年时代就有“问苍茫大地，谁主沉浮”的豪情壮志；周恩来总理从小就立下了“为中华之崛起而读书”的远大抱负；习近平总书记则是在梁家河村下乡的7年时间里，逐渐树立起了“为老百姓办实事”的人生理想，并先后8次写入团申请书、先后10次写入党申请书，不屈不挠、饱经周折方入团入党。由此可见，只有从青年时代起就树立远大的理想、坚定的信念，才能做到“心中有信仰，脚下有力量”，才会在艰难困苦面前斗志昂扬、矢志不渝。

当前，我们正处在中国特色社会主义的新时代，正处在“两个一百年”奋斗目标的历史交汇期。我们比历史上任何时期都更接近实现中华民族伟大复兴的目标，比历史上任何时期都更有信心、有能力实现这个目标。这也为广大青年施展才华、建功立业提供了更加广阔的舞台。希望大家始终坚定共产主义远大理想和中国特色社会主义共同理想，以国家富强、人民幸福为己任，胸怀理想、志存高远，自觉把个人的理想追求融入国家民族的伟大事业，勇于肩负起中华民族赋予的历史使命，勇敢担当起新时代赋予的历史重任，做走在时代前列的开拓者、奋进者。

二、新时代新青年，要坚持崇德修身，展现新风貌

人无德不立，国无德不兴。习近平总书记强调：“道德之于个人、之于社会，都具有基础性意义，做人做事第一位的是崇德修身。”青年是引领风气之先的社会力量，其道德水准和精神风貌直接影响着一个国家、一个民族的文明素养，也直接体现着一所大学的气质和品格。令我们倍感骄傲和自豪的是，这些年来，从湘大校园走出了文花枝、杨怀保2名全国道德模范，涌现出了邓榕、陈君君、孝行协会等一大批优秀个人和先进集体，为传承中华文化、弘扬传统美德做出了很好的示范表率。这个学期以来，我们的学生中又涌现出了新的模范典型，“省下生活费资助山区学生”的肖嘉英同学，“捐献器官、大爱无疆、义满湘赣”的邱耀明校友，都生动诠释了湘大学子的时代风貌和责任担当，更为“湘大模范群体”这个专有名词增添了新的注解。

正所谓“一个时代的性格，是青年代表的性格；一个时代的精神，是青年代表的精神”。作为一名土生土长的湘大人，我从自己31年的从教经历当中，从一代又一代湘大学子身上，体会到了这句话的深刻内涵，感受到了湘大青年的精神风貌。希望我们的青年师生在今后的工作、学习、生活中，以学校的先进典型为镜，向身边的模范先锋看齐，自觉践行社会主义核心价值观，把正确的道德认知、自觉的道德养成、积极的道德实践紧密结合起来，明大德、守公德、严私德，始终保持向上的人生态度、良好的道德品质、健康的生活情趣，弘扬真善美、传播正能量，用坚守善念的决心与美美与共的胸怀，努力成为良好社会风尚的实践者、推动者。

三、新时代新青年，要秉承博学笃行，实现新作为

青年时期有作为，青春岁月才够味。在党的十九大报告中，习近平总书记再次寄语广大青年：“中国梦是历史的、现实的，也是未来的；是我们这一代的，更是青年一代的。中华民族伟大复兴的中国梦终将在一代代青年的接力奋斗中变为现实。”青年人正值思维最活跃、智力最释放、精力最充沛的“黄金期”，博览群书可以过目不忘，拿起笔杆往往文思泉涌，正是学知识、育才识、长见识的好时候。希望我们的青年师生自觉将学习当成一种责任、一种习惯、一种乐趣，作为第一位的任务和毕生的追求，做到好学、勤学、善学、乐学，既掌握好理论知识，更学会学习的方法和技能，为今后的谋事创业打下更加坚实的基础。

当然，在如饥似渴地学习知识、掌握技能的同时，我们的青年师生也要时刻牢记“纸上得来终觉浅，绝知此事要躬行”，坚持做到知行合一、学以致用。对于我们的青年教师来说，是要将新理念、新知识、新技能及时融入平时的人才培养、科学研究、社会服务等工作之中，力争每天都有新收获；对于我们的青年学生来讲，则要从“读懂一篇古文”“推导出一个定理”“完成一项实验”开始，力争每天进步一点点。最终通过既多读有字之书，也多读无字之书，注重学习人生经验和社会知识，脚踏实地、厚积薄发，争取在小年纪，实现大作为。

青年朋友们，新时代召唤新青年，新青年助力新时代。你们风华正茂，青春正美，建功立业的舞台空前广阔、梦想成真的前景空前光明。希望大家始终保持蓬勃向上的朝气、开拓进取的锐气、追求卓越的志气、革故鼎新的勇气，珍惜时光，不懈进取，用智慧和汗水在实现中华民族伟大复兴的历史征程上书写精彩人生，谱写无愧于新时代的青春之歌！

最后，祝青年朋友们节日愉快，身体健康，学习进步！

谢谢大家！

在湘潭大学2018年全面从严治党工作会议、维稳综治安全工作会议上的讲话

黄云清

（2018年5月8日）

同志们：

今天，我们在这里召开学校2018年全面从严治党工作会议和维稳综治安全工作会议。这两项工作都事关学校政治方向、发展大局、和谐稳定、人心向背，刚才建民同志、康明同志分别做了很好的报告，我完全赞成；各学院、各单位向我递交了维稳综治安全工作责任书、党风廉政建设责任书，希望大家按照责任书的要求认真执行，抓好贯彻落实。相关工作的具体要求，两位分管校领导讲得很清楚，我就不再重复。下面，我代表校党委，再强调几点意见：

一、提高政治站位，切实增强新时代全面从严治党的责任感紧迫感

1.要深刻认识全面从严治党的新形势新任务。党的十九大把全面从严治党写入党章，上升到党的根本大法层面；写入新时代党的建设总要求，上升到党的建设指导方针层面，并从八个方面作出部署，明确了新任务，提出了新要求，为新时代推进全面从严治党提供了思想指引。在今年1月召开的中纪委二次全会上，习近平总书记再次告诫全党，全面从严治党只是开了一个好头，远未达到大功告成的时候，决不能跌入抓一抓、松一松，出了问题再抓一抓、又松一松的循环。决不能沾沾自喜、盲目乐观，决不能有差不多了、可以松口气歇歇脚的想法，决不能有打好一仗就一劳永逸的心态，决不能有初见成效、见好就收的念头。

在开启新时代新征程的重要阶段，以习近平同志为核心的党中央推进全面从严治党再出发，充分体现了党中央的坚定决心和历史担当。当前，国际形势不断发生深刻变化，我们党面临的执政环境仍然是复杂的，影响党的先进性、弱化党的纯洁性的因素也是复杂的。高校是思想交汇的前沿阵地，也是加强党的领导的坚强堡垒，要更加自觉地树立忧患意识，更加主动地加强党的全面领导，确保党的教育方针得到有效贯彻，不断增强全面从严治党的坚定性。

2.要深刻认识高校落实全面从严治党要同标准同要求。习近平总书记在中纪委二次全会上特别指出，要强化高校、国有企业纪检机构监督作用。可见，全面从严治党没有盲区，正风肃纪没有禁区，高校也不例外。

高校是党领导下的一个重要阵地，既是传道授业解惑之所，更肩负着培养社会主义事业建设者和接班人的光荣使命。高校中的教师和学生党员群体，是党的肌体的重要组成部分；高校党的建设是党的建设新的伟大工程的重要组成部分，在整个党的建设中具有特殊而重要的地位。全面从严治党，加强党对高校工作的领导，是中国特色社会主义教育的本质特征。全面从严治党在高校不能弱化，党的建设在高校不能缺失，党内监督在高校不能留有空白。不能认为高校和知识分子有其特殊性，对地方干部的要求可以在高校有所变通；也不能认为学术权力的行使不同于行政权力，不必接受严格的组织监督和制度约束；更不能认为师德师风不同于党风政风，属于个人小节问题。我们要切实提高认识，杜绝思想偏差，深刻认识到

高校落实全面从严治党没有特殊性。

3. 要深刻认识学校落实全面从严治党须加强须改进。近年来，学校各级党组织坚决贯彻党中央和省委决策部署，切实扛起管党治党政治责任，坚定不移推进全面从严治党。纪检监察部门聚焦主责主业，做了大量工作，落实全面从严治党和党风廉政建设工作取得了较好成效。

在肯定成绩的同时，我们也要清醒地看到，对照中央和省委要求，对照师生期待，学校从严治党依然任重道远，我们的工作还存在着一些短板和不足，比如：压力传导存在层层递减，学习贯彻中央精神和学校部署存在领会不全面、执行不到位的问题，在意识形态工作、综治维稳工作上"守土有责"的意识还需要加强；党的领导有待进一步强化，有的班子党政协同不够，有的单位党政联席会议贯彻民主集中制不够，有的领导班子自身建设有待加强；"三会一课"等制度执行不够到位，基层党建存在薄弱环节，党支部战斗堡垒和党员先锋模范作用发挥不够；对违反中央八项规定精神的苗头性、倾向性问题重视不够，仍有少数同志的认识不到位，仍有搞变通、打擦边球的想法，仍有表态多调门高、行动少落实差的现象，仍有单位搞活动热衷"请领导、抬规格"，学校对基层单位贯彻八项规定精神情况的严格监督检查也不够；等等。对此，我们要保持政治清醒，坚持问题导向，以"越是艰险越向前"的勇气和"狭路相逢勇者胜"的精神切实加以解决。

二、增强政治定力，坚定不移推进全面从严治党向纵深发展

1. 要坚持把政治建设摆在首位。党的政治建设是党的根本性建设。抓住党的政治建设，也就抓住了党的建设的根和魂。要强化核心意识，坚决维护以习近平同志为核心的党中央权威和集中统一领导，把对党忠诚体现在坚决贯彻党中央决策部署上。切实增强"四个自信"，坚决做到"四个服从"，在政治立场、政治方向、政治原则、政治道路上同以习近平同志为核心的党中央保持高度一致，用习近平新时代中国特色社会主义思想武装头脑。要严格执行《关于新形势下党内政治生活的若干准则》，各单位党组织主要负责人要对本单位党内政治生活状况、党的路线方针政策执行情况、民主集中制等各项制度执行情况做到心中有数，确保民主集中制得到有效贯彻，确保党内政治生活各项制度落到实处。要严明政治纪律和政治规矩，切实加强和改进学校思想政治工作，严格落实意识形态工作责任制，正确处理学术研究和理论宣传、言论自由和政治纪律的关系，真正把学术研究无禁区、课堂讲授有纪律、公开言论守规则、思想解放不逾矩的要求渗透到思想深处，转化为自觉行动。

在这里，我要再次强调一下学习的重要性。前几天，习近平总书记在纪念马克思诞辰200周年大会上讲话时就加强理论学习再次强调，全党同志特别是各级领导干部要更加自觉、更加刻苦地学习马克思列宁主义，学习毛泽东思想、邓小平理论、"三个代表"重要思想、科学发展观，学习新时代中国特色社会主义思想。要深入学、持久学、刻苦学，带着问题学、联系实际学，更好把科学思想理论转化为认识世界、改造世界的强大物质力量。自去年学校下发了进一步加强政治学习和业务学习的通知后，各个单位都贯彻得很好，大家的学习主动性和积极性明显增强，希望继续坚持，并在创新学习形式、提升学习实效上再多花点心思，多下点功夫。

2. 要坚持不懈落实中央八项规定精神，以钉钉子精神打好作风建设持久战。习近平总书记指出，中央八项规定不是只管5年、10年，而是要长期坚持。要拿出恒心和韧劲，继续在常和长、严和实、深和细上下功夫，管出习惯、抓出成效、内化于心。我们的党员领导干部要带头转变作风，带头执行中央八项规定精神实施细则以及省委和校党委关于进一步贯彻落实中央八项规定精神的实施办法。

上个月，省里又出台了《省委省政府关于开展违反中央八项规定精神突出问题专项治理的工作方案》《关于在全省开展文明节俭操办婚丧喜庆事宜的工作方案》等一系列文件。各部门、各单位要认真组织学习，深刻领会，坚决贯彻执行。纪检监察部门要继续发扬钉钉子精神，紧盯时间节点，紧盯关键少数，密切关注"四风"隐形变异、改头换面的新动向，聚焦享乐主义和奢靡之风，关注形式主义和官僚主义，对师生反映强烈、造成严重后果的，要抓住典型、重点整治、坚决问责。要深化运用监督执纪“四种形态”，坚决整治侵害群众利益的不正之风，严肃查处顶风违纪行为和“微腐败”问题，加大违规违纪典型案例通报曝光力度，发挥警示震慑作用。

*3.要全面加强纪律建设，驰而不息正风肃纪。纪律是党的生命，是治党之重器。*从严治党、依规治党，加强党的纪律建设，必须坚决维护党章党纪党规的严肃性和权威性，切实把纪律和规矩立起来、严起来、实起来。全校各级领导干部要带头严守党纪党规，坚决摒弃自我满足心理、等待观望心理、反腐换挡心理、适可而止心理，更加自觉地把纪律挺在前面。要坚持把严守政治纪律和政治规矩放在首要位置，心有所畏、言有所戒、行有所止，始终做政治上的明白人。

从这几年查办的高校腐败案件情况看，有些同志有点权力就任性，自认为是专家教授，不把纪律规矩当回事，把组织的提醒和批评当成耳旁风。更有甚者，把组织维护纪律的工作看成是小题大做，故意找茬，等到自己出了事，才追悔莫及。上一周，学校保卫处的工作人员，因为纪律意识淡薄，私自将监控视频传给保安公司人员，导致视频传到网上，将学校推到舆论的风口浪尖，造成了极其恶劣的负面影响。对此，我们一定要高度警醒，引以为戒，必须把纪律教育抓起来、严起来，特别是要把党章党规党纪作为干部培训、支部学习和党委理论学习中心组的必修课，增强教育的实效性，让每一位领导干部、每一名党员同志知敬畏、存戒惧、守底线。

*4.要不断健全长效机制，全力维护校园和谐稳定大局。*习近平总书记在去年9月召开的全国社会治安综合治理表彰大会上强调指出，抓发展、抓稳定两手都要硬。各单位要牢牢树立“发展是硬道理，稳定也是硬道理”的观念，把做好维稳综治安全工作与抓好教学科研工作同等重视、同等要求，同步规划、同步实施。要进一步增强工作的前瞻性和预见性，健全排查机制和预警机制，提高预测预警预防风险能力，做到及早发现问题、及早介入问题、及早解决问题。特别是现在的青年学生，维权意识普遍比较强，媒体非常发达，自媒体也相当活跃，我们更要时刻把弦绷紧，迅速反应，把矛盾和隐患消除在初始阶段、萌芽状态。要进一步密切沟通、协作联动、形成合力。维稳综治安全工作影响重大、牵涉面广、事情多，绝不仅仅是保卫处一个部门或某几个部门的事情。学校各个部门、各个院系一定要党政同责、上下联动，做到守土有责、守土负责、守土尽责，进一步汇聚形成维稳综治安全工作的强大合力。

三、强化使命担当，确保全面从严治党责任不折不扣落到实处

*1.要进一步扛稳抓牢主体责任。*要全面加强党对学校工作的领导。党委是学校工作的领导核心，对学校工作实行全面领导，承担管党治党、办学治校主体责任，把方向、管大局、作决策、保落实。推进全面从严治党向纵深发展、取得实效，必须全面地、不折不扣地落实好党委主体责任。党委对上级关于全面从严治党的决策要坚决落实、全面落实，要全面认真分析学校全面从严治党面临的形势和任务，及时作出部署，抓好工作落实。要坚持党委领导下的校长负责制这一社会主义大学的根本制度，在思想观念上深刻认识党委领导下的校长负责制的精神实质，在实际执行中切实保障党委领导下的校长负责制的贯彻落实，认真落实好办学治校主体责任。要抓住关键少数、层层压实责任。关键少数就学校来说，首先就是党委班子成员。党委书记是班长，重要工作亲自部署、重大问题亲自过问、重点环节亲自协调、重要案件亲自督办，这是第一责任人的责任，这一点上我会严格要求自己，以身示范。同时，班子成员也要守好渠、护好田，对于分管的部门、联系的院系等，该担的要大胆担起来、该抓的要严格抓起来，认真落实好“一岗双责”。

*2.要进一步完善责任落实机制。*这几年，校党委相继出台了《二级党组织党建工作责任清单》《校党委党建工作责任清单》，连续两年组织了二级党组织书记履行党建工作责任述职评议考核，从工作实践来看效果还是很不错的。去年以来，我们又推行了学院党委书记专职化、配备院（系、

部)专职组织员等工作举措,基层党组织的人员队伍越来越壮大了,工作活力、规范程度相应有了很大的提高,这也充分说明"党建工作要有活力,创新机制是关键"。在今后的工作中,我们要继续在制度建设、规范管理等方面多出实招、想新招、用巧招,推动全面从严治党责任落实到每一级党组织、每一位领导干部和每一名党员同志。

讲到落实责任这个话题,我还要再强调两个要求:一是要牢固树立"马上就办"的工作理念。不管是日常工作还是领导临时交办的工作,都要尽量往前面赶、留出一定的"提前量";既不要高估自己的记忆力,也不要低估领导的记忆力;要坚决避免"火烧眉毛"了才"临阵磨枪",甚至都"没法交代"。二是要坚决不当"甩手掌柜"。关于这个问题,我曾经在很多场合反复强调过,从处长到科员层层转交、又原路上报,中间环节疏于把关、一甩到底。而现在又出现了一种新的现象,那就是"向上甩手掌柜",有的领导干部一遇到问题和困难,就赶紧"请领导做问答题""问领导怎么办",不愿、不会甚至不能去主动思考谋划工作。前段时间我看了一则微信小文章,里面有三句话对指导我们将工作做到位很有借鉴意义,在这里与大家共勉:汇报工作说结果,请示工作说方案,布置工作说标准。

3.要进一步严格责任追究。《中国共产党问责条例》明确规定:对党的领导弱化、党的建设缺失、全面从严治党主体责任监督责任落实不到位、维护党的纪律不力、推进党风廉政建设和反腐败工作不坚决不扎实等6个方面失职失责行为,造成严重后果或者恶劣影响的,进行严肃问责。2017年,省委又制定出台了贯彻《〈中国共产党问责条例〉实施办法》(湘发〔2017〕14号),明确要求对失职失责的典型问题紧盯不放。对这些制度我们要认真落实,动真碰硬,不留情面。对抓全面从严治党和党风廉政建设工作不力的单位或部门,严格责任追究,既追究当事人的责任,又倒查追究相关领导的责任,让有责必问、问责必严成为常态。

当然,我们也要加快建立容错纠错机制,把干部在推进改革中因缺乏经验、先行先试出现的失误和错误,同明知故犯的违纪违法行为区分开来;把上级尚无明确限制的探索性试验中的失误和错误,同上级明令禁止后依然我行我素的违纪违法行为区分开来;把为推动发展的无意过失,同为谋取私利的违纪违法行为区分开来,为广大干部大胆改革、担当有为消除思想顾虑、解除后顾之忧,最大限度调动大家的积极性、主动性、创造性。

同志们,推进学校全面从严治党责任重大、使命光荣。让我们坚持以习近平新时代中国特色社会主义思想为指引,保持重整行装再出发的精神状态,以更高标准,更严要求,履职尽责,狠抓落实,奋力开创学校全面从严治党新局面,为建设有鲜明特色的高水平现代大学提供坚强政治保证。

谢谢大家!

在庆祝中国共产党成立97周年暨“七一”表彰大会上的讲话

黄云清

（2018年6月28日）

同志们：

今天，我们在这里隆重集会，庆祝中国共产党成立97周年，回顾党的光辉历史，讴歌党的丰功伟绩，表彰先进基层党组织、优秀共产党员和优秀党务工作者。首先，我代表校党委，向在座的同志们，并通过你们向全校共产党员和党务工作者，致以节日的问候！向受表彰的先进集体和个人，表示热烈的祝贺！向辛勤工作在教学、科研、管理、服务一线的教职工党员，为学校建设发展作出贡献的离退休老党员，表示衷心的感谢和崇高的敬意！

中国共产党97年的光辉历程，是一部艰苦创业的革命史、改革创新的发展史、扎根人民的奋斗史。97年来，我们党为实现民族独立、解放、复兴上下求索，为追求国家富强、文明、进步百折不挠，为争取人民自由、民主、幸福始终不渝。97年来，我们党始终坚持把马克思主义基本原理同中国实际相结合，推翻了“三座大山”，夺取了新民主主义革命伟大胜利，完成了社会主义革命，确立了社会主义基本制度。97年来，我们党坚持解放思想，深化改革开放，开辟了中国特色社会主义道路，形成了中国特色社会主义理论体系，取得了举世瞩目的伟大成就。

特别是党的十八大以来，以习近平同志为核心的党中央，高举中国特色社会主义伟大旗帜，顺应时代发展，统筹推进“五位一体”总体布局和“四个全面”战略布局，从理论和实践结合上系统回答了新时代坚持和发展什么样的中国特色社会主义、怎样坚持和发展中国特色社会主义这个重大时代课题，形成了习近平新时代中国特色社会主义思想，推动党和国家各项事业取得全方位、开创性历史成就，发生深层次、根本性历史变革，开启了进行伟大斗争、建设伟大工程、推进伟大事业、实现伟大梦想的新征程。历史是最好的教科书，97年的历程已经证明：中国共产党不愧为伟大、光荣、正确的马克思主义政党，不愧为中国工人阶级、中国人民和中华民族的先锋队，不愧为带领中国人民不断开创中国特色社会主义事业发展新局面的坚强领导核心。

当前，中国特色社会主义进入了新时代。对于湘大来讲，今年是纪念毛泽东同志题写校名并指示“一定要把湘潭大学办好”暨建校60周年，我们也站在了下一个甲子办学的新起点。借此机会，我就进一步加强和改进学校党的建设、推动学校事业新发展，谈几点意见和要求，并与大家共勉：

一、深化认识、提高站位，切实增强学习贯彻习近平新时代中国特色社会主义思想的主动性、自觉性

思想建设是党的基础性建设。坚持以科学理论引领、用科学理论武装，是我们党永葆先进性、纯洁性的根本保证。习近平新时代中国特色社会主义思想，是马克思主义中国化最新理论成果，是党和人民实践经验和集体智慧的结晶，是中国特色社会主义理论体系的重要组成部分，是全党全国人民为实现中华民族伟大复兴而奋斗的行动指

南，必须长期坚持并不断发展。深入学习贯彻这一光辉思想，对于统一思想认识、凝聚奋进力量、明确前进方向，更好地进行伟大斗争、建设伟大工程、推进伟大事业、实现伟大梦想，意义重大而深远。

广大师生党员要坚持不懈地用习近平新时代中国特色社会主义思想武装头脑，在学懂、弄通、做实上下功夫，切实把学习贯彻习近平新时代中国特色社会主义思想，落实到牢固树立“四个意识”、坚定“四个自信”、做到“四个服从”上，落实到全面贯彻党的基本理论、基本路线、基本方略上。具体来讲：

一是要精读原文认真学。习近平新时代中国特色社会主义思想，是一个系统的、严密的、科学的理论体系，既有纯正的“马列基因”，又有鲜明的“中国特色”。只有发扬学到底、悟到位的精神，原原本本地学、原汁原味地学，才能从整体上把握领会、学深悟透。

二是要围绕重点深入学。习近平教育思想是习近平新时代中国特色社会主义思想的重要组成部分，也是新时代实施教育强国、推动教育事业发展的思想武器，更是指导推进学校改革发展的行动指南，我们必须深刻理解、准确把握习近平教育思想的丰富内涵和精神实质，全面落实高等学校立德树人的根本任务。三是要融入实际灵活学。要紧密结合思想、工作实际，把自己摆进去、把职责摆进去、把工作摆进去，把高举旗帜与做合格党员结合起来，把理论学习与业务建设结合起来，做到学以致用、知行合一，用理论学习成果指导实践、解决问题、推动工作。

二、统一思想、保持定力，扎实推进全面从严治党向纵深发展不动摇、不放松

在党的十九大报告中，习近平总书记指出“全面从严治党永远在路上”；在今年1月召开的十九届中央纪委二次全会上，总书记又再次强调“重整行装再出发，以永远在路上的执着把全面从严治党引向深入”。我们必须坚持以习近平新时代中国特色社会主义思想为指引，充分发挥各级党组织和广大党员的积极作用，各司其职、各尽其责，扎实推进全面从严治党向纵深发展。

一是要切实强化学校党委的领导核心作用。党委是学校工作的领导核心，对学校工作实行全面领导，承担管党治党、办学治校主体责任，把方向、管大局、作决策、保落实。党委对上级关于全面从严治党的决策要坚决落实、全面落实，对学校全面从严治党面临的新形势、新任务，要全面深入分析、及时作出部署、抓好工作落实。要坚持党管办学方向，坚持党管高校改革发展，牢牢掌握高校思想政治工作主导权，巩固马克思主义在高校意识形态的主导地位，用科学理论培养人，用正确思想引导人，保证学校正确办学方向，始终成为培养社会主义事业建设者和接班人的坚强阵地。要坚持和完善党委领导下的校长负责制这一社会主义大学的根本制度，在思想观念上深刻认识党委领导下的校长负责制的精神实质，在实际执行中切实保障党委领导下的校长负责制的贯彻落实。

二是要充分发挥基层党组织的战斗堡垒作用。习近平总书记指出：推进全面从严治党，必须做好抓基层、打基础的工作，使每个基层党组织都成为坚强战斗堡垒。加强基层党组织建设，是一项长期而又紧迫的任务，必须抓常、抓实、抓细，锲而不舍、持续用力、久久为功。全校各级党组织书记要认真站好岗、履好职、尽好责，牢固树立抓好党建是本职、不抓党建是失职，抓得不严不实是不称职的理念，坚决履行好第一责任人职责，一级抓一级、一级带一级，层层传导压力，使基层党建由“软任务”变为“硬指标”。要以改革创新为动力，不断研究新情况、总结新经验，创新工作方法、创新活动方式、创新组织设置，积极推进基层党建实践创新、理论创新、制度创新，使基层党组织建设在改革中求突破、在创新中谋发展。

三是要不断彰显党员同志的先锋模范作用。共产党员是一种身份，更代表着一种责任和使命。只有把党员同志的信念强起来、要求严起来、形象树起来，才能始终保持蓬勃朝气和浩然正气，才能筑牢党在基层一线的执政根基，我们党才能永葆先进性。党员同志发挥先锋模范作用，既可以很“高大上”，比如干出一番轰轰烈烈的大事业、做出惊天动地的大事情；也可以很“接地气”，比如在日常工作、学习、生活中，多一些家国情怀、多一点奉献精神，做好公民、做合格党员，用正能量感染他人、影响他人。今天受表彰的优秀个人，就是我们身边的先进典型。希望广大党员同志以他们为榜样，学习先进、争当先进，积极发挥好共产党员的先锋模范作用；希望受表彰的先进集体和先进个人，珍惜荣誉、再接再厉、再创佳绩，为学校改革发展再立新功！

三、不忘初心、继续前进，切实强化投身学校改革发展的使命感、责任感

习近平总书记在党的十九大报告中指出：中国共产党人的初心和使命，是为中国人民谋幸福，为中华民族谋复兴。具体到高等教育事业，这个初心就是要在新时代背景下，坚持社会主义办学方向，坚持贯彻党的教育方针，扎根中国大地，办人民满意的大学，办中国特色、世界一流大学，不断满足人民群众对更高水平、更高质量的高等教育的新期待与新需求。

对于湘大来讲，我们其实还有一个独特的初心，那就是毛泽东同志"一定要把湘潭大学办好"的殷切嘱托。我们不忘初心、继续前进，就是要肩负伟人嘱托，全面落实立德树人根本任务，坚持不懈创建一流本科教育，矢志不渝推进"双一流"建设，大刀阔斧深化改革创新，等等。这些工作都等不了、拖不起、慢不得，需要全校师生员工、全体党员同志齐心协力、团结拼搏、奋发有为。具体来讲：

一是要树立忧患意识，牢记"逆水行舟不进则退，慢进也是退"。当前，高等院校之间的校际竞争日趋"白热化"，优质办学资源向高水平大学汇聚的趋势越来越明显。特别是伴随着国家"双一流"计划的正式出台实施，我们在办学经费、高层级人才、优质生源等方面，面临的竞争压力越来越大，稍有松懈就可能被身前的领跑者拉大差距、被身后的追赶者逼近甚至赶超。这种危机在一定程度上，也是学校未能进入首批"双一流"计划的后续效应。不过话又说回来，虽然这样的危机和压力可能属于意料之中，但我们决不能无动于衷，决不能放任自流，更不能做"温水中的青蛙"，必须进一步树立强烈的忧患意识，强化危机感、紧迫感，主动找问题、找差距，及时补短板、补不足，努力把挑战化为机遇，把压力变成动力。

二是要坚定湘大自信，坚持"一张蓝图绘到底，咬定青山不放松"。过去我们讲湘大自信，都会提到一句话，那就是"想大事、干大事并把大事干成"。现在看来，这句话永远都不过时，每次讲起来都让人心潮澎湃、热血沸腾。更令我们倍感振奋的是，新一届省委省政府主要领导对湘潭大学的建设与发展特别关注、特别上心：家毫书记就湖南省依托湘大建设毛泽东学院多次过问、多次批示；达哲省长今年在参加湖南省"两会"湘潭代表团审议时勉励湘大"制定 3 ~ 5 年行动计划，……争取教育部等方面支持，力争在建党 100 周年、毛泽东同志诞辰 130 周年取得标志性变化"。目前，学校正在稳步推进这些工作，包括大家很关心的"双一流"建设，国家也明确规定实行动态管理、每个周期都有进有出。只要我们进一步坚定信心，坚持一张蓝图绘到底、咬定青山不放松，抢抓机遇、蓄势聚能，就一定能干出成效、实现目标。

三是要强化责任担当，践行"功成不必在我，但建功必须有我"。对党员干部来说，这既是一种胸怀、一种风格，也是一种必备素质，一种责任担当。它绝不是消极、怠政、不作为，背后包含的是创业兴业需要铺路奠基、传棒接力，任内可能功业未成，但后任接续努力、不断拼搏，必会创出辉煌业绩。湘大是党和国家的湘大，也是社会的湘大，更是全体湘大人的湘大，建设湘大要靠湘大人，发展湘大还得靠湘大人。学校建校 60 年取得的发展成绩，是一代又一代湘大人共同努力、接续奋斗创造出来的。当前，扎根中国大地办中国特色社会主义大学的历史接力棒已经传到了我们手中。每一位党员同志都是学校改革发展的见证者、建设者和奋斗者，要以"功成不必在我"的境界，"建功必须有我"的实干，多做让师生员工看得见、摸得着、得实惠的实事，既要乐做为前任者还旧账、补台子、扫尾巴的苦事，也要善做为继任者做铺垫、打基础、利长远的好事；既要努力做显绩，也要甘于做潜绩，创造出经得起师生检验、历史检验的工作业绩。

同志们,历史的长河奔腾不息,新时代的征程波澜壮阔。让我们更加紧密地团结在以习近平同志为核心的党中央周围,不忘初心、牢记使命,以更加高昂的斗志、更加饱满的热情、更加扎实的作风,加快推动学校各项事业更好更快发展,为建设有鲜明特色的高水平现代大学作出新的更大贡献!

谢谢大家!

在纪念毛泽东同志题写校名并指示“一定要把湘潭大学办好”暨建校60周年缅怀伟人主题活动上的讲话

黄云清

（2018年9月10日）

各位领导、各位来宾，老师们、同学们、同志们：

大家上午好！

巍巍湘大，主席亲创；甲子校庆，恩情难忘。今年，是一代伟人毛泽东同志诞辰125周年；今天，是毛泽东同志题写校名并指示“一定要把湘潭大学办好”暨建校60周年纪念日。我们心潮涌动，感怀万千。

习近平总书记指出：“一切向前走，都不能忘记走过的路；走得再远、走到再辉煌的未来，也不能忘记走过的过去，不能忘记为什么出发。”今天，我们怀着无比崇敬的心情，肃立在主席铜像前，回望来路、回首过去，缅怀伟人丰功伟绩，重温伟人关爱之情，进一步激发践行伟人嘱托的昂扬斗志。

缅怀伟人丰功伟绩，是湘大人敬仰毛泽东同志的深情表达。毛泽东同志是伟大的马克思主义者，伟大的无产阶级革命家、战略家、理论家，是马克思主义中国化的伟大开拓者，是近代以来中国伟大的爱国者和民族英雄，是党的第一代中央领导集体的核心，是领导中国人民彻底改变自己命运和国家面貌的一代伟人。毛泽东同志的一生是光辉的一生、战斗的一生，为中国新民主主义革命的胜利、社会主义革命的成功、社会主义建设的全面展开，为实现中华民族独立和振兴、中国人民解放和幸福，作出了彪炳史册的贡献，并为我们探索建设中国特色社会主义的道路积累了经验和提供了条件，为我们党和人民事业胜利发展、为中华民族阔步赶上时代发展潮流创造了根本前提，奠定了坚实的理论和实践基础。毛泽东同志是从湖南、从湘潭走出来的伟大历史人物，这是湖南人民的骄傲，是湘潭人民的骄傲。今天，我们肃立在主席铜像前，更加懂得幸福生活的来之不易。身处伟人故里的湘大人，对毛泽东同志满怀敬仰，永远缅怀毛泽东同志的不朽功勋。

重温伟人关爱之情，是湘大人感念毛泽东同志的特殊情怀。“一位伟人，一纸校名，一句嘱托，一座大学”，高度凝练、生动诠释了湘潭大学的根与源。自创办之日起，湘大就承载了毛泽东同志对故乡的深情眷恋、对社会主义教育事业的无限期盼。60年的湘大，在一代伟人的嘱托中孕育，在艰苦奋斗的岁月中沉淀，在改革开放的浪潮中澎湃，在民族复兴的中国梦中勃发。她经历过“风雨”，也见到过“彩虹”，但梦想不曾改。“一定要把湘潭大学办好”的伟人嘱托，党中央、国务院的殷切期望，我们始终铭记心中、永志不忘。今天，我们肃立在主席铜像前，更加珍惜伟人关爱的无上荣光。主席家乡大学的湘大人，对毛泽东同志饱含深情，始终感念毛泽东同志的深切关怀。

践行伟人嘱托之责，是湘大人告慰毛泽东同志的最好行动。不忘初心，方知使命、方能担当、方得始终。湘潭大学的初心，就是践行毛泽东同志“一定要把湘潭大学办好”的殷切嘱托，办人民满意的大学。这个初心，书写了湘大光辉的历史，指引着湘大前进的方向；这个初心，既是我们坚定不移的目标追求，也是我们义不容辞的责任担当。我们将坚持把习近平新时代中国特色社会主义思想全面融入办学思想、教育思想；坚持把学校发展方向同国家发展的现实目标和未来方向紧密联系，融入科教兴国战略、人才强国战略，秉承“牢记嘱托，艰苦创业，追求卓越”的湘大精神，改革创新、开拓进取，以办好湘潭大学的优异成绩告慰毛泽东同志！今天，我们肃立在主席铜像前，更加坚定兴校报国的忠贞信念。奋进在新时代的湘大人，对毛泽东同志无比爱戴，矢志践行毛泽东同志的殷切嘱托。

老师们，同学们，同志们，新时代描绘新蓝图，新思想引领新征程。在实现中国梦、湘大梦的同频共振中，我们将更加紧密地团结在以习近平同志为核心的党中央周围，增强“四个意识”，坚定“四个自信”，坚持社会主义办学方向，全面贯彻党的教育方针，扎根中国大地办人民满意的大学，办社会主义一流大学！

老师们，同学们，同志们，建设湘大靠全体湘大人，发展湘大更要靠全体湘大人。建设有鲜明特色的高水平现代大学，路虽远，行则必至；事虽难，做则必成。只要我们不忘初心、牢记使命，践行嘱托、奋勇向前，湘潭大学就一定会再创辉煌、再谱华章！

谢谢大家！

服务国家建设需求 全面提升育人质量
努力开创学校研究生教育培养工作新局面

——在第22届研究生学术文化节闭幕式暨第23届研究生校长奖颁奖典礼上的讲话

周益春

(2018年6月4日)

各位老师,各位同学:

大家上午好!

今天,我们欢聚一堂,隆重举行湘潭大学第22届研究生学术文化节闭幕式暨第23届研究生校长奖颁奖典礼。首先,我谨代表学校,向为本届研究生学术文化节成功举办付出辛劳汗水的老师和同学们,表示诚挚的感谢!向获得第23届研究生校长奖的同学们,表示衷心的祝贺!

研究生学术文化节是我校研究生教育培养工作的一项品牌活动,这些年来我也参加过很多届,总体感觉是品味越来越高、影响越来越大。本届研究生学术文化节系列活动内涵丰富,形式多样,有提升学术视野的名师论坛,也有"百花齐放""百家争鸣"的学术研讨,对于丰富研究生校园文化生活,建设优良学风、校风,培养研究生创新精神和实践能力,营造研究生肯钻研、爱研究、重实践的良好学术氛围,不断提升研究生培养质量有着重要意义和积极作用。

党的十九大报告强调指出:"人才是实现民族振兴、赢得国际竞争主动的战略资源。"研究生教育作为国民教育体系的顶端,是培养高层次人才和释放人才红利的主要途径,是国家人才竞争和科技竞争的重要支柱,是科技第一生产力、人才第一资源、创新第一动力的重要结合点。对于发展成长中的湘潭大学来讲,研究生教育在学校的人才培养体系中更是起着举足轻重的作用,与落实"立德树人"根本任务、与提升办学核心竞争力、与推进"双一流"建设都紧密相关,必须高度重视好、科学谋划好、统筹推进好。

作为校长、同时也作为一名研究生导师,利用今天这个机会,我想和大家谈一谈对于研究生教育工作的一些思考和体会,概括起来就是三句话:

一、新时代、新使命,研究生教育要服务国家建设需求

今年5月28日,习近平总书记在中国科学院第十九次院士大会、中国工程院第十四次院士大会上强调,要充分认识创新是第一动力,提供高质量科技供给,着力支撑现代化经济体系建设。研究生教育是高校拔尖创新人才培养的重要组成部分,是高校创新力和高质量科技供给的重要来源。着力提升研究生教育质量,是深入落实创新驱动发展战略、建设创新型国家的迫切要求。对我们而言,办好研究生教育,就是要更新教育理念,瞄准国家重大战略需求、世界科技前沿,推动研究生教学、科研与服务国家建设需求紧密结合,将"为国家做贡献"的使命和理念融入研究生人才培养、科学研究的全过程。同时,坚持以目标为导向,创新研究生教育模式,以导师"大团队"带动研究生"小团队",强化好奇心驱动和问题驱动,有意识地培养、组建师生参与、特色鲜明的高水平科研团队,特别是要结合湘大学科优势特色、国家建设需求,凝练科研主攻方向,实现研究生教育与高水平

科研成果产出相辅相成、相得益彰,努力运用知识解决一批高难的科学、工程、社会问题,进一步提升服务国家建设的贡献力。

二、新形势、新要求,研究生培养要紧扣质量提升主题

新时代我国社会的主要矛盾,已经转化为人民日益增长的美好生活需要和不平衡不充分的发展之间的矛盾。在我看来,这一矛盾具体到研究生教育培养领域,就是我们的培养质量还不够高、提升还不够快,与经济社会发展的要求、高素质创新型的目标相比,还存在着一些差距。在今后的工作中,我们要不断强化培养单位的质量保障主体地位和主体责任,不断强化"质量是研究生培养的生命线"的理念,在全校上下形成更广泛、更深入的普遍共识。要坚持把"立德树人"作为研究生教育的中心环节,强化导师的"第一责任人"职责,将思想政治工作贯穿研究生教育教学全过程。今年4月28日,学校已经正式出台了研究生思想政治教育工作管理办法,任务、职责、要求都已经很明确了,请大家认真学习领会、抓好推进落实。要继续深化研究生培养模式改革,提倡开放合作和个性化培养,将寓教于研和寓研于教紧密结合,强化问题导向的学术训练,鼓励跨学科、跨机构的研究生协同培养,充分激发研究生从事科学研究和实践创新的积极性、主动性。要进一步发挥好课堂教学的主渠道作用,改革传统的教学和考试方式,鼓励推广研讨式、辩论式教学;要进一步完善课程建设管理办法,狠抓课程教育质量、课堂教学质量、课堂纪律建设,花大力气提升到课率、抬头率、点头率。研究生培养相关单位要通过自查、听课、调研、座谈、督查等方式,及时发现问题,认真抓好整改。

三、新征程、新作为,研究生青年要崇尚学术追求卓越

在5月28日的大会上,习近平总书记还特别强调,青年是祖国的前途、民族的希望、创新的未来。青年时期是思维最活跃、智力最释放、精力最充沛的黄金时期,博览群书可以过目不忘,拿起笔杆往往文思泉涌,正是学知识、增学识、长见识的好时候。作为同新时代共同前进的一代,希望广大研究生同学要时刻牢记研究生这个身份和"科学研究"这项本职,求真学问,练真本领,争做科研达人、时代先锋,争创一流的学术成果;要始终不忘涵养奋斗精神,与学校、导师、同学在学术研究的天地里,一起奋斗、一道前进,志存高远、勇于开拓,做新时代的奋斗者;要倍加珍惜大学美好时光,努力将科学研究与时代需求、服务国家相结合,既要"重理论"也要"重实践",做知行合一、家国情怀强烈、对国家和人民有价值的青年实干家。

老师们,同学们,研究生教育培养是高校人才培养的高层次部分,研究生学习是个人成长成才的高层次阶段。全校上下要高度重视、关心、支持研究教育培养工作,聚焦学术精神和创新意识培养,抓牢"研究生教育培养质量"这一生命线,努力开创学校研究生教育培养工作的新局面,为有鲜明特色的高水平现代大学建设作出新贡献!

谢谢大家!

做有家国情怀的新时代奋斗者

——在湘潭大学2018届毕业生毕业典礼上的讲话

周益春

（2018年6月21日）

2018届毕业生同学们，各位家长、各位来宾，老师们，朋友们：

大家上午好！

（我今天讲话的题目是：做有家国情怀的新时代奋斗者！）

又到这个时节，还是这个地方。你在台下话别，我在台上送别。因为你们毕业了！你们准备好了吗？

毕业是个动词，意味着离别的转身；毕业是个名词，象征着转变的身份；毕业是个形容词，代表着六月的心情；而此刻，毕业更是一个感叹词——祝你们毕业快乐！

今天在座的你们，陌生又熟悉。陌生的是，我叫不出每个人的名字，说不出每个人的专业；熟悉的是，我们或者在教室听过课，或者在食堂拼过桌，或者在校园擦肩而过。特别是这些天，你们在校园里合影留念，照出了青春、照出了美，惊艳了校园、惊艳了我。我想，假如颜值可以当饭吃，你们一定可以养活整个世界！

同学们，告诉你们一个不是秘密的秘密，毕业典礼校长讲话是有套路的，回忆是必须的！每天清晨五点多，跑到图书馆排队占座；熬到半夜不睡觉，谈天谈地谈人生；周末花上五块钱，在俱乐部看两场电影；等等这些难忘的情景，你们还记得吗？

还有你们创意改编的校园民谣，更是“刷爆了”朋友圈，从湘大版《南山南》到《不说再见》再到《湘大姑娘》，你们用自己的方式，让这些广为流传的歌曲烙上了湘大的印记，流进了所有湘大人记忆中最柔软的地方。那些熟悉的歌谣，你们还记得吗？

不管你们记不记得，回忆就在这里，不多不少，留下的都是满满的感动，回味的都是甜甜的青春。

今天，我站在这里，又一次跟大家确认了眼神，你们都是杠杠的湘大人！都是永远的湘大姑娘、永远的湘大小伙！我提议，伸出你们的双手，拿出你们的热情，为自己“修成正果”点赞！为自己扬帆起航加油！为自己美好明天祝福！

同学们，一代伟人、湘潭大学倡办者毛泽东主席说过：世界是你们的，也是我们的，但是归根结底是你们的！临别之际，饯行的酒没有，离别的话还是有那么几句：

*终点亦是新起点，重整行装再出发。*同学们，今天是你们学生时代最后一次集体亮相，共同告别属于你们的大学青春。毕业之后，你们将走上新的舞台、拥有新的角色、进入新的环境，虽然不用再为课程作业、考试、论文烦恼了，但是会面临职场的竞争、创业的艰辛、买房的压力，甚至还会有被催婚的无奈，等等。总之，需要考虑的问题会更多，需要处理的关系会更复杂。不过，同学们不要过分担心，也不用过多焦虑，要相信终点亦是新起点，办法总比困难多。希望同学们调整好心态，整理好心情，带着在湘大学到的知识、掌握的本领，自信地、勇敢地走向人生新征程。我们坚信：是金子总会发光，湘大的学子无论走到哪里都会

是好样的！同学们，你们不是一个人在战斗！今年是学校建校60周年，这是第一个甲子历程的终点，更是下一个甲子征程的起点。湘大将与你们紧紧站在一起，重整行装再出发，不忘初心从头迈。

青春遇上新时代，建功立业莫等闲。同学们，个人的命运与时代的变迁从来都是紧密相连的。生在一个伟大的时代，能成为新时代的同行者、见证者，是十分幸运的。特别是，当青春遇上新时代，爆发的能量会超乎想象。当然，刚刚踏入社会的你们，可能还做不成惊天大事，踩不到七彩祥云，但只要有目标、有行动，咬定青山不放松，撸起袖子加油干，就一定能实现更好的自我。不过，作为湘大的校长，我还一直有一个理念，湘大不只是湘大人的湘大，更是国家和社会的湘大，培养的学生要以服务国家建设为使命。国是最大的家，家是最小的国。国家好，民族好，个人才会更好。希望同学们要有境界、有情怀、有抱负，多一些对国家、对民族、对社会的大爱，少一点对物质、对名利、对得失的小爱，不断升华自己的人生理想，做有家国情怀的新时代奋斗者、建设者，成为一个对国家有为、对社会有用、对人民有益的人。

再见定能再相见，湘大因你而美好。在这里，我还想对大家说一声感谢，感谢你们过去几年来，对学校的理解、支持与包容！感谢你们在求学期间，对知识的敬畏、渴望与执着！感谢你们把最好的年华留在了湘大，成就了今天的湘大！同学们，虽然要说再见了，但再见定能再相见。还是那句话："一朝跨进三拱门，此生都是湘大人。"毕业是离别，但你们与湘大的情缘永远割舍不断，这是游子与家的心手相依，这是绿叶与根的经脉相连。希望你们，无论走到哪里，身在何方，都能常回母校走一走、看一看。无论你们从事什么样的工作，取得多大的成就，都能一如既往关注母校、关心母校、支持母校。湘大，一定会因你们而更加美好！

同学们，再过81天，就是60周年校庆纪念日了。在此，我诚挚地邀请大家，届时回来共庆母校华诞，共叙师生情谊，共话美好明天。9月10日，让我们相约湘大，不见不散！

同学们，青春无问西东，奋斗自成芳华。每个人都是自己的英雄，每条路都可以成就传奇。趁着年轻，带着梦想，奋斗吧！

问苍茫大地，谁主沉浮，有我湘大学子！

在 2018 级新生开学典礼上的讲话

周益春

（2018 年 9 月 1 日）

亲爱的 2018 级同学们，各位家长，

向宇院士，各位来宾，老师们、同学们：

大家上午好！

相逢总是在九月，一切都是刚刚好。在湘大建校 60 周年的特殊时刻，正值芳华的你们，牵手青春的湘大，开启一段有你、有我、有湘大的全新旅程。欢迎你们加入湘潭大学这个大家庭。一朝跨进三拱门，此生都是湘大人！

刚刚结束的暑假，你们体会了没有作业、没有补课的轻松与惬意，经历了等待高考成绩、录取结果的忐忑与紧张，也享受了金榜题名、举家欢庆的幸福与喜悦。当然，还会有对大学的美好憧憬，对湘大的无比好奇。作为一名老学长，这种憧憬我有过；作为一名“老湘大”，这份好奇我也懂！作为你们的校长，第一次的面对面，我还想告诉大家的是：

60 年的湘大，改变的是“容颜”，不变的是初心！1958 年 9 月 10 日，在中南海的菊香书屋，毛泽东主席亲笔题写了湘潭大学校名，亲切嘱托“一定要把湘潭大学办好”。由此，一所承载着主席期许、肩负着光荣使命的大学，诞生在了伟人故里、湘江之畔。60 年来，湘大从过去的荒山上劳作、农舍里研讨、油灯下备课，到如今的山水式校园、综合性楼群、现代化设施，旧貌换新颜。学校是国务院确定的首批 16 所综合性全国重点大学之一、全国首批硕士学位授权单位，是湖南唯一一所省政府与教育部共建大学、省政府与国家国防科工局共建高校，综合实力居泰晤士高等教育 2018 年亚太地区大学排名榜内地高校第 51 位。有 4 个 ESI 排名前 1%学科、7 个学科入选 2018 软科世界一流学科，均排名湖南省属高校第一。60 年来，湘大初心不曾改，始终坚持以学生为中心的理念，建成了从本科到博士的完整人才培养体系，努力办学生满意的大学，培养出了两院院士、道德模范、文化名流、商界精英等一大批优秀人才。特别是，湘大的毕业生质量排名要高出生源质量排名 40 多位，这意味着经过在湘大的学习，你们将“身价倍增”！就在五天前，你们的学姐、14 级公共管理学院行政管理专业的贾一凡同学，和队友一起赢得了亚运会的女双冠军，为中国代表团摘得本届亚运会羽毛球单项的第一块金牌！你们的学长学姐们就是这么给力！我相信，只要你们也足够努力，湘大就是你们的“梦工厂”“大舞台”。同学们，你们准备好了吗？

一出好戏，导演是你，主角还是你。大学的时光，说短不短，说长也不长。今天，你们的大学剧幕正式拉开，排演什么样的剧情，演绎什么样的故事，“票房”高不高，结局美不美，都要看你们如何规划大学生活、怎样度过大学生活。现在正是你们思维最活跃、精力最充沛的黄金时期，博览群书可以过目不忘，拿起笔杆往往文思泉涌。希望同学们保持朝气蓬勃的劲头，激发澎湃昂扬的荷尔蒙，对即将到来的大学生活充满好奇与热情，敢于尝试新事物、乐于拓展新视野，培养开放自信的品质，让活力成为“大学剧本”的鲜明注脚；希望同学们延续热爱学习的习惯，燃烧如饥似渴的求知欲，读好有字之书、读懂无字之书，学精书本知识、学通实践知识，通过读书增长学识，通过学识升华气质，让学习成为“大学剧情”的唯一“主线”。千万不要赢在了高考，却输在了大学！希望同学们锤炼脚踏实地的品格，填充行稳致远的能量包，少一点浮躁，多一些沉稳，一步一个脚印，积跬步至千里，让进取成为“大学剧目”的最美“画面”。要坚信每一个小目标，都能通往心心念念的大梦想！

新时代的青年，可贵的是“小宇宙”，可赞的是大情怀。同学们是与新时代同行的一代，你们的人生黄金时期，同“两个一百年”奋斗目标的实现完全吻合。习大大说，你们是可爱、可信、可为的一代。你们每个人心中都有一个“小宇宙”，蕴藏着无限的能量，也装着一些小心思、小想法、小追求……只要是向上向善的，就都是可贵的。但是我认为，湘大的学子光有这些还不够，还要追求更高远的东西，要有超越小我、至诚报国的大情怀。因为，湘大不只是湘大人的湘大，更是国家的湘大、社会的湘大，培养的学生要以服务国家建设为使命。希望同学们从今天开始，多一些对国家、对民族、对社会的大爱，少一点对物质、对名利、对得失的小爱，正确认识世界和中国发展大势，正确认识中国特色和国际比较，正确认识时代责任和历史使命，正确认识远大抱负和脚踏实地，把爱国之心、强国之志、报国之行统一起来，把人生理想融入实现中华民族伟大复兴“中国梦”的奋斗中，做一个对社会有用的人，对国家有贡献的人。

同学们，再过几天，就是60周年校庆日了，这既是湘大一甲子的生日，也是全体湘大人的节日。你们是最年轻的湘大人，希望大家尽快转变好角色，拿出最饱满的热情，与来自全球各地的校友们一起，共同庆祝母校60周年华诞。

同学们，韶峰高，湘水长；湘大学子，扬帆起航！让我们一起，怀着对美好未来的期许，去拥抱每一个充满惊喜的明天。指点江山，激扬文字，看我湘大学子！

谢谢大家！

牢记嘱托　艰苦创业　追求卓越

——在纪念毛泽东同志题写校名并指示“一定要把湘潭大学办好”暨建校60周年庆祝大会上的讲话

周益春

（2018年9月10日）

尊敬的各位领导、各位来宾、各位校友，

老师们、同学们、朋友们：

大家上午好！

甲子华诞日，恰逢教师节，可以说是“节上加节、喜上加喜”。今天，我们相聚一堂，隆重纪念毛泽东同志题写校名，并指示“一定要把湘潭大学办好”暨建校60周年，共同庆祝第34个教师节。此时此刻，作为校长、作为一名资深湘大人，我心潮澎湃、倍感自豪！我谨代表湘潭大学全体师生员工，向各位领导、各位来宾、各位校友，表示最热烈的欢迎！向全球湘大人，致以最诚挚的问候！向长期以来关心支持湘大发展的社会各界，表示最衷心的感谢！

六十年弹指一挥间，忆往昔峥嵘岁月稠！

一位伟人，一纸校名，一句嘱托，一所大学。60年前的今天，毛泽东主席在北京中南海菊香书屋，亲笔题写“湘潭大学”校名，亲切嘱托“一定要把湘潭大学办好”。从此，一所承载着主席期望、浸润着红色基因、肩负着光荣使命的大学，诞生在伟人故里，扎根在湖湘热土，崛起在中华大地，奋进在时代前列。

历史是最好的见证者。无论我们走了多久、走得多远，都不能忘记来时的路。在湘大经风雨、求大道的一甲子征程中：

我们始终记得：为了加快恢复建校工作，李先念同志亲笔起草批文，邓小平、华国锋等中央领导人亲自圈阅批办，湘大成为唯一一所由国务院下发专文批准恢复的大学；虽然国事繁忙，但毛泽东主席始终惦记着家乡的大学，1974年最后一次回湖南期间还专门催办；改革开放以来，江泽民、李鹏、贺国强、刘延东等党和国家领导人，先后对学校的建设发展，给予了高度重视与亲切关怀。一想到这些，我们就深受鼓舞、倍感振奋！

我们始终记得：复校初期，国务院再次发文号召全国高校支援湘潭大学建设，北京大学、清华大学等近百所高校支援了教师600余名、图书资料28万多册，开创了中国高等教育发展史上“百校建一校”的先河；在荒山起家、劳动建校的艰苦年代，当年的初创者们身居陋室、心怀湘大，搭草棚、宿农舍、点油灯，边劳动建校，边教学科研，谱写了一曲感人的创业赞歌。一想到这些，我们就激情满怀、豪情万丈！

我们始终记得：长期以来，历届省委、省政府特别高看一眼、厚爱一分，将“办好湘潭大学”作为一项重要的历史责任、政治责任，省发改委、教育厅、财政厅、科技厅等省直部门坚决落实、全力支持；历届市委、市政府坚持把湘大的事当成自己的事来办，开创了今天的校地共建历史最好时期；社会各界对于湘大的各项工作，也是非常关注、热心支持、加油鼓劲，为学校加快内涵式发展营造了良好的外部环境；还有我们可爱的校友们，经常捐资捐物、建言献策、多方奔走、牵线搭桥，关键时刻更是有求必应、相当给力！一想到这些，我们就心怀感激、无比感恩！

我们始终记得:在六十年的发展历程中,湘大人最不缺的就是精气神!我们有“牢记嘱托,艰苦创业,追求卓越”的湘大精神,有“博学笃行、盛德日新”的湘大校训,有“自带干粮去长征”的优良作风,有“想大事,干大事,并把大事干成”的宝贵传统,有“湘大自信、湘大人自信和湘大精神自信”的信念支撑,有“人心齐、人情真、人气旺”的干事氛围。这些积淀传承的精神财富,将继续激励全体湘大人意气风发、昂首阔步,朝着有鲜明特色的高水平现代大学奋勇前进。一想到这些,我们就使命在心、责任在肩!

踏遍青山人未老,风景这边独好!

六十年的风雨兼程,是一部艰苦创业、自强不息的创业史,是一部与时俱进、勇于创新的改革史,是一部攻坚克难、负重前行的拼搏史,是一部团结协作、和衷共济的奋斗史。

60年的湘大,爬坡过坎、蓄势聚能,今朝胜往昔。从建校杨嘉桥到复校羊牯塘,湘大经历了因故停办的15年,但“一定要把湘潭大学办好”的嘱托始终牢记于心;从文理工综合性大学到综合性全国重点大学,湘大只用了4年,创造了中国高等教育史上绝无仅有的高起点办学。进入新世纪以来,学校重整行装再出发,连续成为省部共建、省局共建高校,综合办学实力稳居全国高校百强行列,国际榜单的排名稳步提升,国家重点学科、一级学科博士点相继实现突破;等等。这些攻坚克难的每一步,都让我们更加懂得创业维艰、守业不易,艰难困苦、玉汝于成。

60年的湘大,立德树人、传道授业,桃李满天下。得天下英才而育之,既是君子之乐,更是湘大之愿。我们的老师,“讲台上,梅花傲雪”;老一辈的湘大人,将“足迹印在139级台阶上”,只为成就更多、更好的建设者、接班人。我们的湘大学子,不论走到哪里,都是好样的!60年来,从三道拱门下,走出了3名院士,一大批长江学者、娃娃教授、模范人物、文化名流和商界精英;60年来,一批又一批湘大学子,从这里奔赴五湖四海、世界各地,成为各行各业的中坚栋梁,为母校的人才培养工作,赢得了“实践能力强、发展后劲足,特别能吃苦、特别讲奉献”“洞庭湖的垂杨柳、倒着插也能长”等赞誉。这些出彩出色的湘大人,都让我们更加坚定以人为本、关爱学生,立德树人、潜心育人。

60年的湘大,改革引领、创新驱动,旧貌换新颜。“敢为人先”的湖湘文化精髓,“敢教日月换新天”的伟人壮志豪情,始终根植在湘大办学发展的灵魂血液之中。60年来,当初的泥泞小道、简陋校门,已变成恢宏的北京路、广东路、铜像广场;曾经的荒山土岭、农舍草棚,已建成今天的山水校园、现代楼群。60年来,我们的湘大变得更美、更亮、更有品位了,变成了一个适合读书、做学问的好地方。令我们更加自豪的是,在湖南高等教育改革史上,20世纪90年代末期,湘大先后在人才培养、科学研究、师资建设等改革创新方面创造了七个全省“第一”;当前我们全力推进的人才培养、人事制度、后勤服务等综合改革,也正在“快马扬鞭自奋蹄”。这些来之不易的新发展,都让我们更加坚信唯改革者进、唯创新者强、唯改革创新者胜。

60年的湘大,追求卓越、兴校报国,盛世谱华章。湘大从来都不只是湘大人的湘大,更是国家的湘大、社会的湘大。努力为国家和区域经济社会发展服好务,湘大60年来一直是这么想、一直也是这么做的:我们的毛泽东思想研究、习近平新时代中国特色社会主义思想研究,主动服务党的思想建设战略需要,积极唱响“湘大声音”、贡献“湘大智慧”;我们的相关学科,深度服务“创新引领、开放崛起”战略,投身富饶美丽幸福新湖南建设,赢得了“计算湘军”“法学重镇”“红色旅游智库”等美誉;我们的军工科研,深入落实国家军民融合发展战略,聚焦国防科技创新,研究特色不断彰显;我们的流变力学、消费经济学源自首创,并从这里走向全国;等等。这些至诚报国的凌云志,都让我们更加坚守初心使命、伟人嘱托,服务社会、引领社会。

特别是,党的十八大以来,我们坚持以新思想引领新发展,综合办学实力位列泰晤士高等教育,2018年亚太地区大学排行榜,内地高校第51位;4个学科的ESI排名进入全球大学和科研机构前1%,一级学科博士点达到15个;近四年来国家社科基金年度和青年项目立项总数居全国高校24位、湖南省首位;毕业生质量排名,对比生源质量排名，高出40多位；600亩新校区建设如火如荼；等等这些新成绩，都为学校中长期发展奠定了更加坚实的基础。

多少事，从来急；一万年太久，只争朝夕！

老师们、同学们、朋友们，我们正处在实现中华民族伟大复兴中国梦的新时代。党的十九大，为国家高等教育的未来发展，描绘了宏伟蓝图；习近平新时代中国特色社会主义思想，为我们扎根中国大地、办中国特色社会主义大学，指明了前进方向。湘大欣逢盛世，我们恰逢其时！

建设湘大靠湘大人，发展湘大还得靠湘大人。当前，党和国家事业发展对优秀人才的渴求，更加迫切；人民群众享受更高水平、更加优质高等教育的需求，更加强烈；社会各界、广大校友对学校发展的期望，更加关切。等等这些，都在时刻提醒和督促我们，沉下身子、静下心来，想清楚、回答好“到哪里去、怎么去、如何行稳致远”等根本性、深层次的问题。

旗帜是方向的引领。我们将坚持以习近平总书记的重要批示精神为根本遵循，认真领会落实孙春兰副总理的工作批示精神、杜家毫书记和许达哲省长关于学习贯彻好习总书记重要批示精神的要求，不忘初心、牢记使命，不断强化“四个意识”，牢固树立“四个自信”，全面贯彻党的教育方针，坚持社会主义办学方向，把习近平新时代中国特色社会主义思想全面融入办学思想、教育思想，以新思想引领新征程、在新征程践行新思想，努力实现“党和国家满意、人民群众满意、师生员工满意”的办学宗旨。

理念是行动的先导。我们将全面贯彻落实创新、协调、绿色、开放、共享五大发展理念，坚持一张蓝图干到底，实施“五年行动计划纲要”，加快内涵建设与特色发展，打造一个好的“制度”、一个美的“环境”、一个大的“增量”、一个高的“质量”、一个宽的“道路”，力争在建党100周年、毛泽东同志诞辰130周年时取得标志性变化、产出标志性成果。

育人是根本的使命。我们将切实强化“四个服务”，落实“以本为本”，推进“四个回归”，打造一流本科教育“湘大品牌”，推进研究生创新人才培养，全面提高人才培养能力；坚持把立德树人作为中心环节，把思想政治工作贯穿教育教学全过程，实现全程、全员、全方位育人，培养更多担当民族复兴大任的时代新人。

一流是不懈的追求。我们将坚持树立国际视野，继续推行学科特区支持、A类学科提升等专项计划，集中精力推进3大学科群建设，实施“学科高原与高峰行动”，力争有主干学科进入下一轮“世界一流学科”，率先实现湖南省属高校A类学科的突破，当好省属高校学科建设的“领头雁”。

人才是第一的资源。我们将不断拓展世界眼光，坚定不移推进人才强校战略，坚持引进和培养并重，以才引才、以才聚才，聚天下英才而用之，打造高端人才汇聚的“新高地”；继续深化人事制度和分配制度改革，构建更有竞争力的人才制度体系，力争实现全职院士等拔尖领军人才的新突破。

民生是始终的牵挂。我们将自觉践行以人民为中心、以师生为中心的发展思想，牢牢把握师生员工对美好生活的向往，建立民生改善长效机制，大力推进“美丽湘大”建设，不断把师生员工的利益实现好、维护好、发展好，让改革发展成果更多、更公平惠及包括广大校友在内的全体“湘大人”，建设好、打造好我们共同的事业起点、情感皈依、心灵港湾、精神家园。

报国是永恒的主题。我们将始终坚守家国情怀，把学校发展方向，同国家发展的现实目标和未来方向紧密联系，融入科教兴国战略、人才强国战略，大力推进科技创新和政产学研用结合，实施智库建设与成果转化行动，加快推进军民融合协同创新，争当服务湖南经济社会发展的“排头兵”，在服务国家建设中阔步向前、奋勇争先。

雄关漫道真如铁，而今迈步从头越！

老师们、同学们、朋友们，看百凤来仪，喜群贤毕集！今天是湘大的生日、湘大人的节日！我们很多的校友，不辞辛劳、不远千里赶回母校；当然，也有很多的校友，由于各种原因，今天没能赶回来。不管你们回不回来，我们想要说的是：不论你们走到哪里，回忆就在这里，不多不少；不论你们取得多大成就，你们与湘大的情缘，永远割舍不断。这是游子与家的心手相依，这是绿叶与根的经脉相连。一朝跨进三拱门,此生都是湘大人!

老师们、同学们、朋友们,潮起宜踏浪,风正好扬帆!与历史悠久的大学相比,60 年的湘大还年轻;从大学的发展规律来讲,60 年的湘大正年轻。因为年轻,她拥有巨大潜能;因为年轻,她可以成就无限可能。在建设有鲜明特色的高水平现代大学征程中,只要我们团结一心、众志成城,一切困难阻力都是纸老虎!只要我们切实将习总书记"努力把学校办得更好、更有特色"的殷切期望转化为求真务实、砥砺前行的实际行动,就一定能同心共筑湘大梦、建功立业新时代,创造出无愧于时代、无愧于人民、无愧于使命,经得起实践检验、师生检验、历史检验的业绩,为实现"两个一百年"奋斗目标和中华民族伟大复兴的中国梦,作出新的更大贡献!

湘潭大学的明天一定会更加美好!

谢谢大家!

第三部分

人 才 培 养

普通本专科教育

专业综合改革与课程建设　根据学校整体办学规划，停招了8个本科专业，新增了“数据科学与大数据技术”“信用风险管理与法律防控”两个专业。招生的本科专业从84个减少至71个，专业结构与布局渐趋稳定与合理；开展了物理学、材料科学与工程、旅游管理等五个“十三五”专业综合改革试点专业的中期检查；2014年增设的酒店管理、焊接技术与工程2个专业获得学士学位授权资格；计算机科学与技术、通信工程2个专业通过中国工程教育专业认证；制药工程、食品科学与工程2个专业接受了教育部工程教育专业认证现场考察；组织电子信息工程、软件工程、自动化等10个专业向中国工程教育专业认证协会提交了2019年认证申请。目前学校已有6个专业通过了工程教育专业认证，通过数量位居省属高校前列。制定、颁布了《湘潭大学本科课程建设与管理办法》，推进信息化教学手段与课程教学的深度融合。7门课程获批省级精品在线开放立项建设课程选题，立项建设15门校级精品在线开放课程。6门课程在中国大学MOOC平台上线，1门课程在智慧树课程平台上线，1门课程在超星课程平台上线，2门课程在优课联盟课程平台上线。10部教材列入学校2018年度文化素质教育核心课程教材出版资助计划，10部教材列入学校2018年度教材建设基金出版资助计划。建成了课程中心平台，举办了6期课程中心平台使用培训，上线课程191门。开展了2轮教师第一层次信息化教学认定工作，第二层次立项了90多门课程，每门课程资助2.5万元开展重点建设并鼓励院系配套。举办了湘潭大学“泛雅杯”在线课程建设大赛。

教学管理与人才培养　先后制定了《湘潭大学本科课程建设与管理办法》《湘潭大学本科教学荣誉体系实施办法》《湘潭大学本科人才培养质量评价考核办法(暂行)》《湘潭大学辅修专业收费标准调整方案》等教学文件，修订完成了《本科毕业论文(设计)工作管理规定》《本科学生实习管理办法》等教学基本制度，整理、编印了《湘潭大学教学管理规章制度汇编》，进一步完善了制度规范、制度激励、制度育人体系。根据2017版本科人才培养方案，修订了本科课程教学大纲，制定、颁布了《湘潭大学本科人才培养质量评价考核办法(暂行)》《湘潭大学“蓝思科技”学生国(境)外交流学习资助基金使用规划方案》，组织开展了2018年本科人才培养质量评价工作。新增化学类(韶峰班)、公共管理类(韶峰班)等两个教改实验班直接面向高考考生招生，开设了4个辅修专业供学生选修，349名学生获得双学位(辅修学位)。614名优秀应届毕业生获得推荐免试攻读研究生资格，2018届本科毕业生本部考研录取率为25.13%。减少了本科一批的招生计划，控制了一本的招生规模，取消了“清考”制度，严把毕业出口关。开展了毕业论文(设计)选题、开题的改革与创新，规范了毕业论文(设计)的各个流程及要求，严把毕业论文(设计)质量关。在答辩前对毕业论文(设计)进行了检测查重，答辩后，随机外审2018届本科毕业生毕业论文(设计)电子档案280份。

学科竞赛和创新创业教育　承办了2018年湖南省大学生力学竞赛、湖南省第二届虚拟仪器设计大赛、湖南省大学生日语演讲比赛，开展了34项校级学科竞赛；在省级以上各类学科竞赛中，获奖数达到701项，国家级特等奖5项、一等奖37项、二等奖99项、三等奖159项；省级特等奖9项、一等奖73项、二等奖116项、三等奖143项；多人次荣获优秀指导教师、各类竞赛优胜奖、入围奖、创意奖和优秀组织奖。获批国家大学生创新创业训练计划项目21项(含兴湘学院3项)，湖南省大学生研究性学习与创新性实验计划项目55项(含兴湘学院10项)，立项校级大学生创新实验计划项目135项，对136项项目进行了中期检查，对190项申请结题项目进行了评审。立项建设5门创新创业教育精品课程。与教师教学发展中心、创新创业学院联合举办创新创业教育专题培训班。

实践平台与教学条件建设 获批国家级示范性虚拟仿真实验教学项目1个、湖南省虚拟仿真实验教学项目2个、2018年教育部产学合作协同育人项目14个、湖南省2018年普通高校创新创业教育中心4个。信息工程学院、化学学院、化工学院、艺术学院申请的4个基地被认定为湖南省校企合作创新创业教育基地。2016年获评的4个省级校企合作创新创业教育基地通过了湖南省项目绩效评价。在建设经费有限的情况下,投入380万元重点支持现代教育技术中心、兴湘学院、工程训练中心等7个项目建设;投入200万元支持制药工程实验室、生物与食品工程实验室等2个项目的建设;投入630万元重点支持机械工程基础实验室、微电子科学与工程实验室等11个项目建设。从2018年一流本科人才培养公共平台建设经费中拿出195万元用以补充一般教学设备经费投入不足。将学校所有多媒体教室改造成智慧教室,新建6个韶峰班专用多媒体教室;建设了219间云教学教室、10间普通录播教室、2间精品录播教室。

教师发展与教学改革成效 制定、颁布《湘潭大学本科教学荣誉体系实施办法》,首届湘潭大学本科教学荣誉体系奖项,评选出青年教学标兵5名、教学名师2名、杰出教学贡献奖3名。16位教师获得湘潭大学2018年教师课堂教学竞赛奖,推荐10名教师参加湖南省普通高校教师课堂教学竞赛,获得二等奖2项(含兴湘学院1项),三等奖4项。组织开展2018—2022年教育部高等学校教学指导委员会的推荐遴选工作,13位教授入选,其中副主任委员1名,委员12名。1项成果获评教育部高等教育国家级教学成果二等奖(成果名称:高校思想政治理论课中加强中国共产党革命精神教育的探索。成果完成人:李佑新、李雅兴、李益顺、唐正芒、黄显中、刘建平)。8项课题获批湖南省教育科学"十三五"规划2018年度立项课题,13项课题通过结题验收;44项项目获批省级教改项目,其中普通教育项目33项、公共英语项目3项、继续教育项目3项、对口支援项目2项,其他项目3项;立项湘潭大学第十批教学改革研究项目132项,中期检查项目100项,结题验收项目79项。

(喻祖国)

学位与研究生教育

2018年,新增马克思主义理论、中国语言文学、物理学、化学、力学、图书情报与档案管理和环境科学与工程等7个一级学科博士点,同时还新增力学、土木工程2个一级学科硕士授权点。2018年我校总共录取硕士研究生2347人,一本院校录取1004人,占比42.78%。随着我校研究生宣传力度的不断增大,2019年硕士研究生第一志愿报考人数再创新高,共计5697人,相比2018年增长近40%。2018年录取博士研究生131人。2018年授予博士学位86人,硕士学位1884人。金融硕士、应用统计硕士、社会工作硕士、新闻与传播硕士、会计硕士、图书情报硕士和艺术硕士共7个专业学位参加专项评估,47个学位授权点和学位授权领域参加合格评估。获批省研究生培养创新基地4个;省学位与研究生教育教学改革项目13项,其中重点项目4项;获评2篇湖南省优秀博士学位论文和21篇湖南省优秀硕士学位论文;评选出第二十三届研究生校长奖特等奖20名,优秀奖56名。

举办了"中国特色社会主义法治理论"研究生暑期学校、湖南省第四届高校MPAcc企业案例大赛、湖南省第四届高校MPA案例大赛、湖南省第三届公共管理学科院长(系主任)论坛、"新时代下社工新作为"湖南省研究生创新论坛分论坛。

根据教育部相关文件,修订了《湘潭大学硕士、博士学位授予工作细则》,出台了《湘潭大学全面落实研究生导师立德树人职责实施细则》《湘潭大学研究生思想政治教育工作管理办法》，进一步明确和落实导师的思想政治教育责任。研究生院持续推进以质量为核心的学位与研究生教育内涵式发展。其一是进一步推进了学位点建设与动态调整。根据教育部相关文件对已有的工程硕士专业学位授权领域进行调整，同时将结合学位点合格评估，推动学位点的动态调整，更好地优化学位点资源配置，切实提高学位点建设质量。其二是生源质量提升计划已见成效。加大研究生招生宣传力度，以暑期学校和夏令营活动为契机促进各高校优秀大学生对学校的关注和了解，提高第一志愿报考率和录取率；同时制订推免生指标奖励政策、优质生源专项指标计划等，生源质量逐年提高，生源结构进一步优化。

（王先友）

继续教育

发展概况 全年累计为学校创造学费收入946万余元。一是成人教育工作再次取得突破。成人高等教育报考11744人，比2017年增长57.2%；录取9600余人，比2017年增长57.7%。继2017年之后，报考和录取人数再次创造我校举办成人教育以来的新高。广东省教育厅批准我校在该省设立第二个函授站。二是自学考试工作实现稳健发展。全年招收自考助学班学生1693人。指导各助学点对新生、老生进行注册3258人，为考生在网上报考共21850科次。完成评卷任务17万多份，比2017年增加11%。根据湖南省教育考试院的安排，完成自考命题100余套。三是教学管理工作坚持严格规范。对函授站点进行了1次教学检查及督导。组织完成了2753名2018届毕业生的毕业论文工作。继续教育网络教学平台运行良好，基本做到了小问题当天解决，较大的故障修复不超过72小时。在使用中积累了一些经验，为将来对平台进行完善升级奠定了基础。克服各种困难，全年录制了30门视频课件，现有课件资源达到400余门。四是教育培训工作保持良好势头。着力加大非学历教育培训工作的力度，取得良好成效，2018年共举办短期培训班3个，长期培训班2个，学员共计186人，培训费收入达到130万余元。

特色工作 寻求大“客户”，实现大增长。随着国民整体教育水平的不断提高，成人高等教育生源总体上呈现持续、加速萎缩的态势，但仍然有一定的潜力可挖。继续教育学院自加压力，积极寻求大“客户”，实现了成人教育办学规模较大幅度的增长。一是与生源“大户”建立稳定合作关系。主要是一些高职院校、大中型企业，如湖南永雄股权投资有限公司、株洲北大青鸟、恒企会计培训学校、中公教育等。二是在生源大省设立函授站。经过不懈努力，2018年广东省教育厅批准我校在该省设立第二个函授站。广东作为传统的劳务输入大省，保有大量的具有提升学历需求的务工人员。通过全院教职工的共同努力，2018年共有11744人报考我校成人高等教育，比2017年增长57.2%，比2016年增长164%；录取9600余人，比2017年增长57.7%，比2016年增长173%。继2017年之后，报考人数和录取人数再次创造我校举办成人高等教育以来的最高纪录。

（刘期达）

学生思想政治教育与管理工作

2018 年 9 月 27 日，全省大学生红色经典诵读大赛启动仪式在湘潭大学毛主席铜像广场举行

发展概况 2018 年，学生工作部(处)、人民武装部积极围绕学校中心工作，全面贯彻党的教育方针，遵循习近平总书记的重要批示精神，积极落实“立德树人”这个根本任务，大力培育和实践社会主义核心价值观，在学生思想政治教育、辅导员队伍和学生干部队伍建设、学生日常教育与管理、心理健康教育、学生资助，以及大学生征兵、军训等方面做了大量卓有成效的工作。

特色工作 (1)加强学生思想政治教育。学生工作部(处)继续加强学生的道德理想信念教育和社会主义核心价值观教育。一是加强学生思想政治教育研究。2018 年，学校荣获湖南省高校辅导员工作研究与实践先进单位，有 10 项课题获得大学生思想道德素质提升工程项目立项，4 项课题获得湖南省高校思想政治工作研究立项。另有 2 项课题已通过湖南省教育厅评审，入围教育部思政工作专项课题评审；2 篇论文已通过湖南省教育厅评审，入围 2018 年全国高校思想政治工作优秀论文。二是积极开展主题教育系列活动。2018 年，学校成功举办了班级擂台赛和国防教育系列活动，精心策划了毕业季主题教育系列活动，顺利开展了新生入学教育。三是创新网络思政育人模式。2018 年，学校成立了易班发展中心，易班总用户量突破 1 万。(2)营造良好的学风班风环境。2018 年，学生工作部(处)把学风建设作为学生工作的重心来抓，取得了良好效果。一是狠抓课堂管理，加强课堂考勤，按时通报考勤结果。目前，学生课堂秩序明显好转，课堂到课率、抬头率大幅度提高，课堂玩手机人数大幅度下降，2018 年全校本科生课堂到课率达到 93.04%。二是积极发挥学生养成辅导员和英语辅导员作用，着力提升学生英语四、六级通过率。2018 年上半年，2017 级本科生四级通过率超过 80%。(3)认真做好国防教育工作。2018 年，学校成立了征兵工作领导小组，50 名大学生顺利应征入伍(27 名在校大学生在学校入伍，23 名学生在生源地入伍)，圆满完成上级征兵工作任务，荣获 2017 年度全省高校征兵工作先进单位。同时，积极开展国防知识竞赛、徒步韶山行、“橄榄杯”征文等国防教育实践活动，并在全省大学生红色经典诵读大赛中获得一等奖和优秀组织奖。(4)有效开展心理健康教育工作。2018 年，心理健康教育与咨询中心成功干预心理危机 31 例。新增重点关注学生 12 名，全校重点关注学生共 117 名，其中经医院确诊精神分裂 8 例、抑郁症 50 例、双相情感障碍 10 例、躁狂症 2 例、神经症 4 例。(5)做好学生资助工作。2018 年，全校本科学生(不含独立学院学生)有 19780 人次获得各级奖励和资助(含助学贷款)，奖励资助金额 6481.87441余万元。在新生贫困生入库方面，共有贫困新生 5634 人，其中一般困难 3748 人，特别困难 1886 人。2018 年，湘潭大学荣获“湖南省资助工作研究先进单位”称号。

（朱颖慧）

第四部分
科 学 研 究

自然科学研究

基本概况 全年新增科研经费16043万元，其中纵向经费10631万元、军工经费2483万元、横向经费2929万元。重大科研项目立项取得新突破，获批国家自科基金重大项目1项、重点项目2项，创单年度国家自科基金重大重点项目立项历史新高。新增湖南省重点实验室1个、湖南省国际科技创新合作基地1个、联合外校获批湖南省重点实验室2个。新增湖湘高层次人才聚集工程顶尖创新团队1个，科技部创新人才推进计划1人、湖湘高层次人才聚集工程创新创业人才计划2人、湖湘青年英才计划2人、湖南省杰出青年基金获得者4人。国防科研和军民融合工作取得新进展，学校顺利通过二级保密资格认定；国家国防科技重点实验室建设和军工固定资产投资项目进一步推进；国防特色研究方向进一步凝练；军工科研的整体实力进一步增强；涉军合作单位与合作范围进一步拓展；对接湘潭"军工城"建设进一步深入；学校军民融合的影响力进一步扩大。据中国科学技术信息研究所《2017年度机构产出统计报告》显示，2017年度我校共有518篇论文被SCI数据库收录，全国高校排名第123名；SCI学科影响因子前1/10的期刊论文收录60篇，全国高校排名第95位；386篇论文被EI数据库收录，全国高校排名第106名；学校2008—2017年度有3805篇SCIE论文被引用44871次，在全国高校排名第90名。学校成为湖南省首批高校知识产权中心建设试点培育单位，承担湖南省知识产权培育专项湘潭大学知识产权中心建设项目。2018年专利申请量在全省高校中排第三位。申请专利704件，较上年同比增长38.31%，其中申请发明专利565件，软件登记40件。专利授权297件，较上年同比增长16.02%，其中发明专利授权216件。学校的有效发明专利拥有量在全国高校排名第99位。申报湖南省科技奖励10项，其中自然科学奖8项、技术发明奖2项(目前正在评审中)。1人获霍英东教育基金会第十六届高等院校青年教师奖，2人获湘潭市市长质量奖，2人荣获"首届湘潭市优秀科技工作者"称号。

科技项目 全年各类纵向科研项目共立项251项，经费10631.45万元。其中：国家级项目72项，直接经费4602.2万元；省部级项目116项，经费5359万元；地市级项目22项，经费120.25万元；校级项目41项，经费550万元。

科研基地与研究院 新增物联网与信息安全湖南省重点实验室、湖南省计算科学国际科技创新合作基地；与湖南工程学院联合获批汽车动力与传动系统湖南省重点实验室、与湖南大学联合获批二维材料湖南省重点实验室。复杂轨迹加工工艺及装备教育部工程研究中心通过验收评估、低维材料及其应用技术教育部重点实验室通过周期评估。科学工程计算与数值仿真湖南省重点实验室、环境友好化工过程集成技术省重点实验室等5个省重点实验室通过省科技厅组织的3年一次的评估考核。目前学校共有各类科研平台70个，按建设层次分别是：国家级4个、省部级31个、地厅级科研平台10个、校级科研机构25个。按归口部门分别是：国家科技部1个、国家发改委3个、国家教育部6个、省科技厅15个、省发改委7个、省国防科工局3个、省教育厅10个、学校25个。

湖南先进传感与信息技术创新研究院举行揭牌仪式，副省长陈飞与北京大学原校长周其凤院士共同为研究院揭牌。目前研究院聘任了包括彭练矛教授在内的学术带头人4人，实验室建设工程类人才1人，招收研究生9名，研究院超净室建设正在加快推进。学校与佛山市人民政府和顺德区人民政府共建了"湘潭大学佛山绿色智造研究院"。与东南大学、中建五局联合共建了"建筑技术与信息化联合研究院"。与中国电科西北集团等8家单位联合共建了"智能系统可信导航协同创新中心(湖南)"。与湘潭云萃环保技术有限公司联合申报了"废铅酸蓄电池破碎混料精彻分选关键技术装备研发与示范基地"，与湖南江冶机电科技股份有限公司联合申报了“铅绿色再生产业技术突破及湖南省铅产业结构优化升级与发展研究中心”。

人才计划与科研团队 科技部创新人才推进计划取得突破,1 人入选中青年科技创新领军人才。获批湖湘高层次人才聚集工程创新创业人才计划 2 人、湖湘青年英才计划 2 人。自 2013 年省科技厅设立湖湘青年英才计划以来,我校每年都有科研人员入选,目前共有 7 人入选。新增湖南省杰出青年基金获得者 4 人,至此我校省杰出青年基金获得者增至 20 人。

湖湘高层次人才聚集工程顶尖创新团队取得突破,获批 1 个顶尖创新团队(全省仅 4 个)。目前共有 4 个教育部创新团队、1 个湖湘高层次人才聚集工程创新团队、4 个湖南省自然科学基金创新研究群体、7 个湖南省高校科技创新团队。联合企业围绕产业发展的重点领域,培育了一批贯穿产学研合作全链条的技术开发、成果转化团队。在 2018 年度湘潭市首批产学研融合创新团队评选中,学校 5 个产学研合作团队获得批准,占全市的 50%。

产学研项目对接与校地融合 2018 年产学研工作继续重视深化校、地、企合作,密切与地方科技管理部门及高新园区、经开区的联系,特别是与湘潭市、株洲市、佛山市、广州市、福建莆田市、海南五指山市、湘潭高新区等 10 余家地方政府、园区及园区企业保持紧密合作关系。截至 2018 年 12 月 14 日,2018 年共签订各类技术合同 222 项,其中技术开发 56 项、技术转让 8 项、技术服务咨询 64 项,其他合作类协议 94 项,签约经费 2929.055 万元,到账经费 1461.486 万元。

诚邀企(事)业单位和企业家“走进来”。2018 年,主动邀请并接待了莆田市人民政府、佛山市人民政府、五指山市人民政府、中国化学学会分析化学分会、湖南威胜电气有限公司、广东顺德为艾斯机器人有限公司、湖南恒晟环保科技有限公司等政府部门和单位的负责人来校洽谈合作,充分利用这些机会向企事业单位推介我校相关专家与成果,积极促成产学研合作。校庆期间,以“如何加强高校科研市场化,如何提高高校科研社会服务与经济发展的对接能力”为主题,邀请省内外几十家企(事)业单位来校与科研人员开展深入座谈,并现场与 10 家单位进行了科技合作集中签约。利用 2019 届毕业生供需见面会邀请的 400 余家企(事)业用人单位来校之际,大力宣传和推介我校科研成果,并邀请部分企业召开产学研合作洽谈会,寻求科技合作。

组织科研人员和科技成果“走出去”。组织科研人员参加 2018 年湖南—长三角经贸合作洽谈周·湖南科技创新东南大学专场对接会。参加 2018 中国(湖南)先进储能材料及新能源汽车高峰论坛暨产业合作对接会。与湖南稀土金属材料研究院签订战略合作协议,促进校企双方在新型储能材料、高性能催化剂材料的研究开发、稀土镁铝合金的产品型号开发及应用领域开展合作。组织科研人员赴佛山市开展产学研合作交流,考察佛山机器人研究院和广工大佛山研究院。

成果转化与服务社会 2018 年选派 8 位科技特派专家进驻 8 家湘潭地区企业,为其提供专项技术指导与服务。为贯彻落实湖南省委实施精准扶贫的要求,我校机械学院姚湘老师与湖南省龙山县签订科技合作协议书,开展“龙山土家织锦地标产品申请服务”,旨在有力推进龙山县特色地方产品的品牌建设和推广,实现精准扶贫、科技扶贫。在科技成果转化与产业化方面,环资学院田学达教授团队与郴州市中贵科技有限公司就“一种从金绿宝石型铍矿中提取铍的方法”的专利转让达成一致,帮助对方有效改进生产工艺;化工学院艾秋红教授团队的专利技术“卧式反应器”成功地在连云港中复连众复合材料集团有限公司应用转化,极大地提高了生产效率。2018 年 9 月 12 日《湖南日报》头版头条以题为“扎根伟人故里 服务神州大地——湘潭大学服务地方经济社会发展纪实”对学校服务地方经济社会发展进行了专栏报道。此外,学校正在制订新的《湘潭大学科技成果转化管理办法》,以制度行为激励科研人员创新创业,促进学校科技成果转化。

科研成果、专利及奖励 据中国科学技术信息研究所《2017 年度机构产出统计报告》显示,2017 年度我校有 518 篇论文被 SCI 数据库收录,全国高校排名第123名;386篇论文被EI数据库收录,全国高校排名第106名;50篇文章被CPCI－S数据库收录,全国高校排名第176名;305篇论文被CSCD收录,全国高等院校排名第261名;论文被引用849篇1280次,全国高校排名第250名。2008—2017年度,学校有3805篇SCIE论文被引用44871次,在全国高校排名第90名。出版学术专著1部。在*Phys. Rev. Lett.*,*Advanced Function Materials*,*npj Computational Materials*等领域顶尖期刊上发表论文数篇。

学校成为湖南省首批高校知识产权中心建设试点培育单位,承担湖南省知识产权培育专项湘潭大学知识产权中心建设项目。与国家技术转移中部中心联合成功举办了韶山成果转化专题培训班。与中部知光公司就学校的知识产权工作市场化运作签署协议,对学校的专利挖掘、布局,学校存量专利挂牌交易等工作进行了部署安排。2018年1—10月份申请专利704件,较上年同比增长38.31%,其中发明专利565件,软件登记40件;专利授权297件,较上年同比增长16.02%,其中发明专利授权216件。2018年专利申请量在全省高校中排第三位,有效发明专利拥有量全国高校排名第99位。

2018年度申报湖南省科技奖励10项,其中自然科学奖8项(陶能国、赵斌、杨罗、肖爱国、王威燕、林建国、蔡昌群、刘跃进)、技术发明奖2项(张高峰、潘勇);湖南省专利奖2项(洪波、唐欢容)。马增胜获霍英东教育基金会第十六届高等院校青年教师奖。刘金刚、李正2人获得湘潭市市长质量奖。

军工科研及军民融合 学校国防科研资质取得新突破,顺利通过武器装备科研生产单位二级保密资格认定。国防科研经费再创新高,获得各类军工科研及军民融合项目经费2483万元,其中纵向军工经费1272万元,横向军工经费1211万元,另获得国家科工局国防科技进步奖三等奖1项。学科平台建设稳步推进,4个国防特色学科和4个湖南省国防科技重点实验室的建设和管理得到进一步规范;"航空航天军民融合学科群"的引领和示范作用得到进一步加强;国家国防科技重点实验室建设和军工固定资产投资项目取得重要进展,已通过相关论证,为下一步工作打下了坚实基础。军工科研方向基本定型,现已凝练形成了"航空航天特种功能材料和器件""国防数值计算和模拟""深地工程""人工智能"等4大军工科研特色研究方向。

学校签署两项军民融合战略合作协议,与中国航天员科研训练中心签署战略合作协议,聘任航天员中心6位研究员为兼职教授,推荐5名研究生到航天员中心进行联合培养;与中电科西北集团等8家单位签署战略合作协议共建"智能系统可信导航协同创新中心(湖南)",为北斗卫星导航系统在航空领域的安全应用提供重要支撑。组织两个军民融合产学研推介会,在"2018湖南(北京)军民融合产业推介洽谈会"上,重点推荐了6个军民融合科研合作招商项目;在与湘潭市人民政府联合主办的军民融合产学研合作对接会上,签署6个军民融合合作项目,发布180余条科研方向和技术成果供需信息。加入三个军民融合社会团体组织,成为"中国高等教育学会军民融合教育研究分会"理事单位(湖南省仅我校和中南大学)、"湖南省兵工特种装备产业联盟"理事单位、"湘潭市军民融合产业联盟"副理事长单位。

此外,学校大力推动军民融合协同合作,与中国航发湖南动力机械研究所(608所)、中国航发南方工业有限公司(331厂)、中国航发贵阳精密铸造有限公司(170厂)、中国航发商用航空发动机有限责任公司(上海商发)、航天长征火箭技术有限公司、江麓集团有限公司等军工企业建立了良好的合作关系,并都新签订了横向科研项目合同。积极参与军民融合工作会议,通过参加国家国防科技工业局与地方共建高校联席会议、湖南省军民融合发展座谈会、长株潭国家军民融合创新示范区创建工作会、全国人大代表湘潭小组专题调研座谈会、湘潭市军民融合千亿产业发展调度会、湘潭市军民融合产业发展调研座谈会等会议,为国内高校军民融合发展提供"湘大经验",发出"湘大声音"。深度融入湘潭市军工城建设,积极参与《湘潭市"军工城"发展规划》(2018—2022年)编制工作,多次参加军工城建设座谈会,力争成为湘潭军民融合产业发展的“军工智库”。广泛开展军民融合工作调研，先后赴北京航空航天大学、北京理工大学、上海交通大学、上海大学和国防科技大学等开展学习调研和业务交流，国防科研管理水平得到了较好提升。

科协工作　获批2018年度省科协海智计划项目1项。刘金刚、欧阳建权2人被评为“首届湘潭市优秀科技工作者”。协助省科协开展“科技奖励对科技人才成长的影响”课题问卷调查等工作。完成了各类统计工作，高效完成了2017年度教育部科技统计，并审核了湖南省科技统计上报数据。组织并推荐“步履式全电动真空吸附爬壁机器人产业化”等37个项目参加第五届湖南省创新创业大赛团队组比赛，“步履式全电动真空吸附爬壁机器人”“YOU社”“区块链电商溯源”“故事古镇”“互联网思维下的延伸发展”“乐享吃呗——高校无人零售及B2B新零售物流供应”“黑盒文案策划工作室”等6个项目荣获大赛优胜奖。“步履式全电动真空吸附爬壁机器人”项目荣获第五届“湘潭高新杯”湖南省创新创业大赛湘潭分赛一等奖。

制度建设与日常管理　一是强化服务意识，不断提高管理效率。依托科研管理系统，实现从项目申报、立项到结题的全过程动态信息化管理。定期深入院系检查项目实施情况，掌握项目进展情况、经费使用情况，了解研究中遇到的问题，帮助科研人员解决实际困难。对横向项目进行过程管理，从项目洽谈、合同起草，科技处会同法律顾问和项目负责人与合作方紧密联系，共同完成合同的审核签订，对合同执行、项目进展、经费到账、项目完成结题验收全程跟踪，保证管理的规范和效率。二是推进制度实施，不断优化科研环境。依照《湘潭大学纵向科研项目资金管理办法》《湘潭大学横向科研项目资金管理办法》《湘潭大学野外科研出差费用报销实施细则》等相关科研管理文件，争取使经费为人的创造性活动服务，进一步调动科研工作者的积极性和创造性；不断学习研究国家相关的最新改革方案，着力改革和创新科研经费的使用和管理方式，力求更好地服务科研人员。三是着力特色道路，不断提升融合能力。整合优化科研平台，强调科研团队与人才培育，逐步凝练科研方向，狠抓重大项目，深入推进产学研融通，稳步构建军民融合发展体系，契合企业现实需求和军民融合需求，加快自主创新成果转化应用。

（费俊杰）

人文社会科学研究

2018年5月25日，社科处举行全校人文社科研究项目结题工作促进会

发展概况　2018年，学校人文社科项目立项、研究成果、智库建设、成果转化与应用、学术交流和管理服务等，均取得较好成绩。

一是高级别项目影响继续保持。全年新增科研经费3800万元。新增各级各类社科研究项目275项，其中国家级项目38项、省部级项目149项、地市级项目2项、校级项目38项、横向项目48项。国家社科年度和青年项目获得立项资助27项，排名全国高校第31位、全省第2位；重点项目立项5项，排名全国高校第9位、全省首位，刷新了我校国家社科基金重点项目立项纪录。2015—2018 年四年间,学校国家社科基金年度和青年项目立项 112 项,排名全国高校第 24 位、全省首位。

二是高水平科研成果稳中有升。全年新增学术论文 961 篇,其中 CSSCI 来源期刊 316 篇(含一类期刊论文 13 篇、二类期刊论文 169 篇),SSCI 论文 14 篇,A&HCI 论文 1 篇,被新华文摘、人大复印资料转载 20 多篇次。出版著作 62 部,其中,A 类 4 部、B 类 41 部。全年共 72 项省部级以上项目顺利结项,其中 2 项国家社科基金重大项目通过结题鉴定,2 项国家社科基金、10 项教育部项目免予鉴定结题,6 项省级项目优秀结题,结题成果质量较高。12 项成果获省级成果鉴定,鉴定总数居全省首位。其中,3 项省内领先、4 项省内先进、5 项通过。湖南省第十四届哲学社会科学成果奖申报工作顺利完成,全校共申报 62 项成果,创历史最高申报量。

三是高层次人才和智库建设硕果累累。1 人入选"湖湘青年英才"支持计划。中国区域发展与治理研究院、湖南省党的创新理论研究和学习服务中心获批为湖南省专业特色智库。新增 2 项教育部基地重大项目。与司法部共建全国首个调解理论研究与人才培养基地,成立中国民事诉讼法学研究会 ADR 理论研究专业委员会,湘潭大学廖永安教授担任主任。全国首家强制执行公证文书制度研究中心落户湘潭大学。与湖南省民宗委共建"民族地理研究中心"。湘潭大学习近平新时代中国特色社会主义思想研究中心首批立项重大课题 8 项,在《光明日报》《湖南日报》和各学科专业刊物发表理论文章、学术论文 40 多篇,完成书稿 2 部。成立了以特聘教授陈晓红院士为首席专家的"大数据与智慧城市研究中心"校级重点研究机构。目前,学校人文社科拥有各级各类研究平台 60 个,其中省部级(含共建)32 个。

四是服务经济社会发展能力不断增强。2 项成果被评为第二届湖湘智库研究优秀成果;10 余项研究成果获得省部级以上领导肯定性批示或被省级有关部门采纳;1 项成果刊载《湖南宣传 · 社科成果要报》;6 项成果被中共湖南省委办公厅信息报送专门刊物采用。两个省级专业特色智库凸显服务湖南经济社会文化发展功能。

五是人文社科学术交流活跃。全年联合院系部承办各类学术会议 49 场,支持学院开展学术讲座 98 次,邀请 40 余位院士、国务院学科评议组、长江学者、国家社科基金学科评审组专家来校讲学,营造科研氛围,推动学术交流。12 月 13 日,全国高校哲学社会科学科研工作会议在北京召开,教育部党组成员、副部长杜占元出席会议并讲话。全国共 10 所地方高校应邀参加会议,我校是湖南省唯一参会的地方高校,副校长廖永安代表学校参加会议并在小组讨论中作交流发言,这是我校首次应邀参加教育部举办的全国高校哲学社会科学科研工作会议。

六是社科管理服务精准到位。一是着力提升科研人员素质。全年召开国家社科基金年度项目和其他项目申报动员会、培训会 40 余场,受益科研人员近 2000 人次;组织编印系列学习材料 10 多份,对科研人员进行分层次、分类型精细化指导。二是继续完善科研管理系统。实现与财务处科研经费数据对接,最大程度减轻科研人员和管理人员负担,推动科研经费精准管理。三是完善学术会议、讲座管理。根据国家和湖南省有关规定,下发《关于进一步加强社科学术会议、学术讲座审批的通知》,进一步完善校办学术会议与讲座的管理。四是外拓交流,积极开展校外学习交流。前往省内和省外 7 所社科强校进行交流学习,重点考察高级别项目及奖励获得、顶级成果产出、重要平台获批、智库建设工作的成功经验和做法。

工作特色 2018 年,社科处在项目申报工作形成长效机制、立项高位运行的情况下,把工作重心适当调整到结题工作上来,采取"三化"举措严把项目结题,以结题促立项与成果产出。主要举措有:

一是优化结项流程,以"重要事项通知书"为载体,每年开好两次结题推进会,把好结题成果的政治关、时间关、形式关、规范关。定期召开全校性的结题工作促进会,宣讲各类项目结题的最新政策和规定。对于国家社科基金项目聘请校内外专家严审结题材料的政治方向,安排专人把控项目进程,定时会议或书面提醒项目负责人注意时间节点和材料要求。

二是细化评审标准，以“成果评估指标体系”为抓手，把好结题成果的质量关。社科处参考国家社科工作办的成果鉴定材料，结合学校工作实际，分类指导，因地制宜，制定了系列成果鉴定材料，及时发送给各学院（系、部）和项目负责人，提前介入，加强引导，切实提升结题成果的学术质量。

三是量化评审意见，以“现场鉴定研讨会”为平台，把好结题成果的出口关。社科处联合各学院（系、部），发挥学术委员会、科研团队的集体把关优势，举行结题成果现场鉴定研讨会，量化专家评审意见并当场反馈。此项工作将成为我校严把国家社科基金项目结题“成果关”、提升项目结题速度和质量的常规工作。

（刘中望）

第五部分

学院（系）、教学部情况

碧泉书院

第七届湖湘文化与巴蜀文化高层论坛留影

发展概况　碧泉书院成立于2018年7月,由原哲学系和历史系组建而成。现有教职工55人,学生1000余人。下设4个院属系:哲学系、历史系、社会学系、文化产业管理系。现有哲学、历史学、社会学、文化产业管理4个本科专业,哲学一级学科博士学位授权点以及哲学博士后流动站,哲学、中国史、世界史3个一级学科硕士学位授权点,社会工作硕士专业学位授权点。另有湖南省湘学研究基地、湘潭大学湘学研究所、湘潭大学易经哲学研究所、湖南宗教研究与治理协同创新中心等学术机构。其中哲学、历史学为湖南省高等学校特色专业和省级重点学科,中国近代史、马克思主义哲学为校级重点学科。"中国近代史"为省级精品课程和校级重点课程,"马克思主义哲学"为省级重点课程、省级优秀课程和校级精品课程。

特色工作　一是实施本科生导师制,宗旨在于"关爱学生,因材施教"。在原哲学系和历史系实施的本科生导师制的基础上,制定、完善和实施了《湘潭大学碧泉书院本科生导师制管理办法(试行)》,进一步加强本科人才培养过程中各个环节的管理。二是科学研究继续稳步推进。在传统优势研究领域(毛泽东哲学思想研究、湘学研究)探寻新的增长点,全院教职工在CSSCI来源期刊发表论文40篇,其中学校认定的二类期刊以上18篇。出版学术著作多部。获批2018年度国家社科基金青年项目和后期资助项目各1项,此外还获得了省级项目多项。三是学术交流活跃。承办了湖南省第十一届研究生创新论坛"新时代下社会工作新作为"分论坛和"第七届湖湘文化与巴蜀文化高层论坛"。共举办了20场学术讲座,邀请了教育部长江学者特聘教授周大鸣、台湾阳明大学王文方教授等国际和国内知名学者来讲学。鼓励教师踊跃外出参加各类学术会议。四是注重学生德智体美劳全面发展,效果明显。张俊哲获"湖南省2018年创新创业优秀毕业生"、马成成和赵培浩分获湖南省"党的十九大知识竞赛"一等奖和三等奖、万宝玉和柴千雨获2018年湖南省阳光体操节交谊舞一等奖、许卢珊获2018年湖南省"立德修身　诚信为本"主题教育征文比赛二等奖。

(陈楸榄)

商学院

发展概况　学院现有理论经济学、统计学两个一级学科博士点,理论经济学、统计学博士后科研流动站,理论经济学、应用经济学、管理科学与工程、工商管理、统计学五个一级学科硕士学位点,MBA(工商管理)、MPAcc(会计)、MF(金融)和MTA(旅游管理)四个专业硕士学位点;经济学、国际经济与贸易、金融学、工商管理、市场营销、会计学、审计学、财务管理、电子商务、旅游管理、酒店管理、人力资源管理十二个本科专业，其中经济学、旅游管理专业是国家级第Ⅰ类特色专业，经济学、旅游管理、国际经济与贸易三个专业是省级重点专业，经济学、金融学、旅游管理三个专业是省级特色专业，旅游管理为湖南省综合改革试点专业。有理论经济学、应用经济学两个省级重点学科。有湘潭大学经济管理实验教学中心（国家级实验教学示范中心）、旅游与酒店管理实验教学中心（湖南省实践教学示范中心）、湖南省优秀实习基地（韶山）等实践实验教学平台。有中国红色旅游创新发展研究基地（国家旅游局、全国红办重点研究基地）和湘潭大学社会主义经济理论研究中心（湖南省普通高等学校哲学社会科学重点研究基地）、湖南省经济安全研究基地（湖南省社科规划办重点研究基地）、湖南省预算与会计理论研究基地、湖南省红色旅游研究基地（湖南省人文社会科学重点研究基地）、湘潭大学消费研究院、人口资源与环境经济研究所六个省级研究机构。有湘潭大学企业管理研究中心、湘潭大学中国农村发展研究中心、湘潭大学商业银行经营与管理研究所、湘潭大学旅游科学应用研究所、湘潭大学人力资源管理研究所、大数据与智慧城市研究中心等6个校级研究机构。学院现有教职工175人，专职教师146人，专职教师队伍中有在职教授49人（其中博士生导师31人）、副教授63人，具有博士学位教师为109人。学院60%以上教师拥有半年以上海外留学或访学经历，7位教师从境外获得博士学位。

特色工作　一是学科学位点建设稳步推进。2018年，以学科评估促进学科建设提升工作，顺利完成了5个一级学科学位点合格评估工作，12个本科专业的审核评估工作，3个专业学位专项评估工作和一个本科专业（会计学）的省教育厅专业评估工作。其中，金融硕士（MF）专项评估在第二批授权高校中位列全国第二，湖南省排名第一；会计硕士（MPAcc）顺利通过合格验收；MBA专业水平评估等级为C级，居湖南参评高校第三位。积极推进“双一流”学科的建设工作，围绕“马克思主义理论”全国“双一流”学科的建设，在政治经济学团队建设、科学研究等方面积极支持。在第四轮学科评估中，商学院理论经济学被评为B-、统计学被评为C+，并通过了湖南省教育厅的评审，同时进入湖南省“双一流”建设培育学科。通过导师专业归口调整学科队伍、加强学术交流等措施积极开展2020年工商管理一级学科博士点申报的前期工作。二是科研工作聚焦国际化、特色化。邀请了英国杜伦大学Christos Tsinopolous、洪银兴教授、高良谋等近50多名海内外知名学者来院进行学术交流，举办承办香樟经济学Seminar（湘潭）等多场学术会议，全年举行了75场学术讲座。全院师生参加国际性学术会议或国际交流9人次，参加全国性会议50余人次。科研项目、成果特色突出，2018年学院新增12项国家级项目、16项省部级项目。发表15篇SSCI论文、中文期刊一类期刊1篇、二类期刊61篇、CSSCI期刊113篇、人大复印资料全文转载9篇、《人民日报》发表2篇，出版专著5部、编著或教材3部，1人获得“湖湘青年英才”支持计划省部级二等奖。三是党建工作迈上了新的台阶。院党委政治核心作用和监督保障作用得到了较好发挥。2018年顺利完成了院党委换届工作，在学校“七一”评先表彰活动中院党委获得先进二级党组织、先进分党校等奖项。院党委工作凝练了比较鲜明的特色：一是打造“党建+思政”品牌。创建“‘重师德，强师能，铸师魂’卓越教师训练营”教师思政品牌，提升教师师德水平；同时找准学生思政工作的着力点，为学生成长成才保驾导航。二是打造“党课+新媒体”品牌。院党委创作的视频微党课被评为全省高校微党课视频创

2018年9月8日，商学院主办以“实体经济与金融风险”为主题的首届金融界校友论坛

作竞赛一等奖;视频党课在湘潭市庆祝建党 97 周年党课创作与展示活动中被评为优秀党课。另外利用院党建网页、商驿微信公众号等新媒体加强党的理论、党务工作方面的宣传。三是打造“党建+服务社会”品牌。院党委推荐优秀教师发挥专业知识优势,通过人大、政协代表职务,挂职政府部门等形式服务地方经济发展,为政府建言献策。

(唐文娟)

公共管理学院

发展概况 2018 年学院围绕建设具有鲜明特色的一流研究教学型学院目标,在人才培养、学科建设、师资引培、科学研究、学术交流、学生工作、党建和思想政治工作等方面取得了良好的成绩,学院呈现出蓬勃发展的可喜局面。

新开设了“公共管理类专业拔尖人才培养实验班”,博硕士学位点评估合格,本科审核评估圆满完成。1 人获评全国高校“百名研究生党员标兵”。全年获批:国家社科基金项目 7 项,其中重大专项项目 1 项,实现了国家社科基金项目的重大突破;湖南省社科基金项目 14 项;湖南省社科成果评审委员会项目 7 项。横向项目经费 55.5 万元。在《Journal of Informetrics》《中国行政管理》《档案学研究》《光明日报》等刊物发表高级别论文 146 篇,其中一类、二类等 CSSCI 来源期刊论文 82 篇。在中国社会科学出版社、知识产权出版社等出版学术著作 9 部。获省社科成果一等奖 1 项,3 项社会科学优秀成果在湖南省社会科学成果集中鉴定中喜获鉴定优秀成绩;新增湖南省“优秀青年社科专家”1 名、教育部本科教学指导委员会委员 4 名。引进教授 1 人、优秀博士 4 人。21 名教师被评定为韶峰学者,其中学科带头人 2 名、学术带头人 4 名、学术骨干 17 名。

特色工作 图书情报与档案管理一级学科博士点正式获批,学院是学校唯一一个拥有两个一级学科博士学位授予权的教研单位。公共管理、图书情报与档案管理入选湖南省国内一流培育学科,学院是学校唯一一个拥有两个“国内一流培育学科”的教研单位。承办湖南省第三届公共管理院长(系主任)论坛、“新时代中国公共管理发展与学科建设”学术研讨会、图书情报与档案管理一级学科建设研讨会、湖南省第四届高校 MPA 案例大赛、荀昌荣先生图书馆学学术思想研讨会等重要学术会议(活动)。加强校友联系,积极搭建汇源平台,设立了“创数”奖助学金,开展了一系列学术校庆活动,举办了公管人才校府合作培养研讨等一系列活动,将校庆工作与学术交流推向了高潮。智库建设获新突破,盛明科教授的资政建言成果《补齐湖南公共服务供给短板的着力点》获得第二届湖湘智库研究优秀成果奖。湖南卫视、《湖南日报》、湖南经视、红网、新湖南对成果做了专访和报道。陈建斌教授的《专家认为“微时代”背景下党员干部意识形态层面面临四重挑战》成果建议与咨询报告获得省委办公厅《湖南信息》采纳。

(何贤忠)

法学院·知识产权学院

2018年6月16日,由全国法律专业学位研究生教育指导委员会和中国法学会法学教育研究会主办,湘潭大学承办的第三届中非法学院院长论坛在湘潭举行

发展概况　学院2007年获批法学博士后科研流动站,并被教育部批准为“地方法学人才培养模式创新试验区”和“高等学校法学特色专业建设点”。学院拥有湖南省法学理论研究基地和湘潭大学诉讼法研究中心2个省级社会科学重点研究基地,以及湖南省调解理论研究基地、湖南省专利分析与评估中心、湖南省检察理论研究基地、湖南省知识产权司法保护理论研究基地、湘潭大学反腐败研究中心5个省级社会科学研究基地,拥有全国唯一的“中国—非洲法律理论研究与人才培训基地”。

特色工作　一是学科、学位点建设和科研平台建设。2018年,法学院国家级项目立项共8项,获拨科研经费200万元,其中国家社会科学基金重大项目1项、国家社会科学基金一般项目3项、国家社会科学基金青年项目3项,国家社会科学基金后期资助项目1项;省部级项目立项共20项,获拨科研经费24万元;横向项目立项共12项,获拨科研经费286万元。上述项目获拨科研经费共计510万元。二是师资建设。学院继续鼓励教师到外校或出国进修,做好后备学术带头人与骨干的培养工作,刘铁光老师赴德国马克斯－普朗克创新与竞争研究所访学,万志鹏老师赴台湾东吴大学法学院访学,邓春梅老师赴美国俄亥俄州立大学访学。同时,根据学科学位点建设的实际需要,加大高学历、高职称人员尤其是学术带头人、学科带头人的引进,本年度引进优秀博士3人,引进副教授2人。三是国内外学术交流。2018年,法学院成功举办或协办了湖南省法学会政府投融资法制研究会成立大会暨推动湖南省地方政府投融资法制研究理论研讨会、“第三届中非法学院院长论坛”、“湖南省法学会诉讼法学研究会、强制执行公证文书制度研究中心”成立仪式暨“强制执行公证文书制度改革与展望”研讨会、知识产权强国建设与知识产权人才培养研讨会暨湘潭大学知识产权学院成立十周年大会等学术讲座或研讨会。2018年10月,法学院教师代表团赴乌干达麦克雷雷大学参加“新时代中非法律文化比较与交流”研讨会。2018年12月28日,司法部调解理论研究与人才培训基地揭牌仪式暨调解理论研讨会在湘潭大学召开。2018年,法学院聘请校内外专家学者在院举办学术讲座达36次,其中校外专家学者达32人次;法学院教师参加国际性、全国性学术会议达50余人次,如廖永安教授受邀参加2018年国际调解高峰论坛、肖冬梅教授应邀参加2018强国知识产权论坛、吴勇教授等参加林业国际合作重大问题调研座谈会、欧爱民教授应邀参加“政治学法学理论研究基地第四届高峰论坛”暨“全面依法治国与党内法规体系建设”学术研讨会等。加上此前持续进行的2011协同创新中心讲坛、韶风法学名家论坛、法学院学术沙龙等,法学院学术气氛空前活跃,极大地丰富了学院师生的精神生活,营造了良好的学术氛围,在全校范围内产生了重大影响。在各类学科竞赛中取得优异成绩。组队参加中国国际经济贸易仲裁委员会主办的第十六届“贸仲杯”国际商事模拟仲裁大赛获得二等奖,参加第十一届“北外·万慧达”杯知识产权模拟法庭竞赛获得季军等。

（黄　彬）

信用风险管理学院

发展概况 学院现有教职工8人,其中专任教师3人、教授2人、副教授1人,另有3名特聘教授和20多名产业行业专家兼职(客座)教授;有“信用立法研究中心”校级研究机构,聘请陈小君教授为研究中心首席专家;有本科生73名、硕士研究生12名。

特色工作 (1)永雄楼建设方面。永雄楼“三通一平”及地勘施工于4月20日顺利完工,并于2018年5月31日永雄楼顺利获得《建设工程规划许可证》;先后组织了永雄楼项目初步设计专家评审和绿色建筑设计评审,于8月24日获得湘潭市住建局《关于〈湘潭大学永雄楼项目初步设计〉的批复》和施工图审查备案文件,原则上同意永雄楼项目初步设计。(2)人才培养方面。2018年3月15日,教育部发布《关于公布2017年度普通高等学校本科专业备案和审批结果的通知》,学院申报的新增审批专业——“信用风险管理与法律防控”专业获得批准,列为法学大类下的一项特色专业,代码030104T。学院精心制订了“信用风险管理与法律防控”本科专业人才培养方案和教学大纲,采取“法学基础+信用法特色”“法律+信息管理+信息技术”的培养模式,着力为我国社会信用体系建设培养专门人才。(3)队伍建设方面。学院2018年从香港城市大学法学院引进了前副院长、太平绅士顾敏康教授,并聘为院长。学校通过公开招聘给信用风险管理学院配备了学生专职辅导员1名,增加劳务派遣人员1人。(4)科学研究方面。名誉院长谢勇负责的2018年国家社科重大项目《中国守信激励与失信惩戒机制立法研究》获得立项,顾敏康院长负责项目子课题之一的《构建守信激励与失信惩戒的法理基础》。肖伟志副院长获得2018年国家发改委项目《信用立法基本理论问题研究》。同时,株洲烟草局委托的《信用评价体系在烟草市场治理的应用探索》横向项目已经商定,进入合同签订阶段。学院在《光明日报》、CSSCI、二类期刊等刊物上发表了各类学术论文6篇。学院先后组织召开了“信用法治平台建设协作会”“债权自救与债务人个人信息保护研讨会”“2018首届信用法治·韶山论坛”等大型学术会议,扩大了学院影响,推动了学院科研水平提高。会同捐建方,开展了国内外信用相关法律的收集、整理和翻译工作,拟出版《世界主要国家信用法律汇编》《中国信用法律法规汇编》《中国债务催收行业:机遇与挑战》等专著,并加快推进《信用法治研究》刊物的创办工作。目前各书的初稿基本上已经出来。组织了“2018首届信用法治·韶山论坛”征文活动,评选出了22篇优秀获奖论文,正准备正式出版。(5)交流合作。《关于共建“3+1”全日制法学硕士项目及其他项目的协议及其附件》于2018年2月签订,并明确学院作为项目的执行方。捐建方会同学院前往美国杜兰大学了解落实有关工作。2018年8月以来启动选拔符合条件的人选工作。12月底组织了18名学生赴美国杜兰大学冬令营活动。学院积极与湖南永雄集团开展学历提升合作,协助其公司员工学历提升的教育教学等工作。同时加强对外交流交往,通过组织会议、专家讲座、专题调研等形式,加强了对外交流与交往,学习兄弟院校的先进经验,挖掘行业产业需要,加大与行业产业的合作力度。(6)党建工作方面。2018年4月信用风险管理学院党支部成立以来,支部严格按照上级党组织要求,选举产生了支部委员并进行了细致分工,支部的“三会一课”、民主评议党员、组织生活会和党支部主题党日活动等组织生活规范有序。

(张友平)

马克思主义学院

12 月 23 日至 24 日，第十一届全国“毛泽东论坛”新时代视野中的毛泽东研究在韶山召开

发展概况　学院成立于 2002 年，源于 1975 年学校复校时设立的政治系。2018 年，学校重新组建马克思主义学院，原历史系政治学学科成建制划入学院。现有教职工 78 人，其中教授 19 人，副教授 27 人。在校硕士生 179 人，博士生 43 人，本科生 270 人。拥有 1 个国家重点（培育）学科，1 个湖南省一流学科，1 个部省共建协同创新中心，2 个教育部人文社科重点研究基地。有马克思主义理论一级学科博士点和硕士点，中共党史二级学科博士点和政治学一级学科硕士点，中共党史、国际政治与国际关系以及思想政治教育 3 个本科专业。学院是湖南省重点马克思主义学院，教育部全国高校思想政治理论课教师实践研修基地。

特色工作　2018 年，学院以新院成立和迎接省委巡视为契机，紧紧围绕学校党政中心工作和打造一流学科、培育一流人才、推出一流成果、建设一流学院的目标，统筹推进学院各项工作，取得了新成绩。深入学习贯彻落实习近平新时代中国特色社会主义思想和党的十九大精神，推进教材进课堂进头脑工作，立项建设了 16 个学习贯彻党的十九大精神“名师示范课堂”，举办了习近平新时代中国特色社会主义思想研究性学习成果展示活动。积极推进对标争先，建设一流党建，学院党委入选教育部全国党建工作标杆院系培育创建名单，1 个党支部被评为湘潭市五星党支部，“伟人智慧”和“领袖智慧”系列课程入选湖南省党性教育课程体系建设目录，推出了时代楷模沧南、湖湘师表王向清、致力思政课改革最美教师李雅兴等党员典型。积极加强思想政治理论课建设，1 人入选国家教材委员会委员，3 位教授当选新一届教育部高等学校教学指导委员会委员，1 项教学成果获国家教学成果二等奖。加强学科学位点建设，迎接了教育部学科专项督查，马克思主义理论学科入选湖南省“双一流”学科，在上海软科学科排名中位列全国第 8 位，毛泽东思想研究中心入选省部共建协同创新中心，党的创新理论研究和学习服务中心入选湖南省首批专业特色智库。全年新增各级各类项目 30 余项，其中国家社科基金项目重点项目 1 项、一般项目 1 项、后期资助项目 1 项，教育部人文社会科学项目 5 项。发表学术论文 80 余篇，出版专著 2 部。1 项成果获湖南省第十三届社会科学优秀成果奖一等奖。主办了第四届“高校党史教育论坛”、第十一届“全国毛泽东论坛”等高层次学术会议。加强研究生教育和学生思想政治工作，共招收硕士研究生 67 人、博士研究生 19 人、本科生 76 人。2014 级中共党史班本科生考研上线率为 68%。

（肖信华）

文学与新闻学院

2018 年 12 月 11 日，文学与新闻学院于逸夫楼一报告厅召开全院党员大会，会议选举产生了新一届院领导班子

2018 年，文学与新闻学院始终以学科建设为中心，以人事分配制度改革为手段，以师资队伍建设为支撑，狠抓教学、科研工作，在各方面取得了全面进步。

发展概况　中国语言文学学科在教育部第四轮学科评估中成绩为 C +，并于 3 月由国务院学位委员会正式下文确认为一级学科博士点，10 月被确定为湖南省"国内一流学科培育学科"。积极投入国家的学科评估工作，新闻与传播硕士专业学位点已经通过专项评估，中国语言文学、新闻传播学基本完成学位授权点的合格评估工作。顺利完成教育部本科教学审核评估工作。大力引进人才，师资队伍持续得到加强，本年度引进优秀博士 4 名，另外还有 10 名教授、博士通过了引进程序。始终坚定不移地把握科研导向，2018 年文新院获得国家社科基金项目 3 个。另获湖南省社会科学成果评审委员会项目 6 项，湖南省普通高等学校教学改革研究项目 1 项。成果方面，据不完全统计，到 12 月初已出版了 5 部学术著作，在省级以上公开学术刊物发表 52 篇，其中二类期刊 16 篇，CSSCI 源刊 36 篇。先后邀请了 20 余位国内外知名专家学者来我院讲学和进行学术交流。主办了"明清文学研讨会暨湖南省古代文学学会 2018 年会"。全院 100 余人次参加了国际性和全国性学术会议。

在 2018 年研究生招生中，报考本院人数、本院学生保研考研人数、本院研招上线人数均创历史新高。1 篇学位论文获"湖南省优秀硕士学位论文"，6 位同学获得研究生国家奖学金，3 人获得研究生校长奖学金。派出 10 名学生参加"第三届湖南省首届大学生写作竞赛"，获得了一等奖 1 项，二等奖 2 项，三等奖 5 项的骄人成绩。全校性基础写作课教学成果——大学生优秀作文集《同学少年》第四部编辑完成并交付出版。扩大与新闻界、广告界合作，继续开设由业界专家讲授的实务前沿系列讲座。

特色工作　本年度最具特色的工作是落实湖南省委宣传部与湘潭大学签订的部校共建文学与新闻学院协议内容，各项共建工作全面开始。

（李剑波）

外国语学院

发展概况　湘潭大学外国语学院成立于 2016 年 1 月，其前身分别为湘潭大学外国语学院和湘潭大学大学英语教学部。现有英语、日语、德语、法语、西班牙语、汉语国际教育、翻译 7 个本科专业和外国语言文学一级学科硕士点和翻译硕士（MTI）专业学位硕士点，与文学与新闻学院共建有中国语言文学一级学科博士点，自主设立外国语言与文化二级学科博士点。外国语言文学为湖南省“十二五”省级重点学科，入选湖南省“双一流”国内一流培育学科建设项目。英语专业为国家级第一类特色专业，湖南省省级重点专业，英语专业教学团队为国家级教学团队；大学英语获教育部大学英语教学改革示范点立项，大学英语教学团队为湖南省高等学校优秀教学团队；“综合英语”“大学英语”两门国家级精品课程，同时入选教育部第一批“国家精品资源共享课”。

特色工作 一是抓好党建工作。以习近平新时代中国特色社会主义思想为指引，深入贯彻落实党的十九大精神、习近平总书记对湘潭大学的重要批示精神和全国教育大会会议精神；思政品牌创建活动“教师队伍‘同心圆’建设工程”获得学校立项资助；教工语言中心第二党支部被授予湘潭市首批“五星党支部”荣誉称号。二是加强学科学位点建设和科研工作。在全国第四轮学科评估中，外国语言文学评估结果为 C +，其中 8 个二级指标得分优于同授权类型高校学科平均分；英语专业在湖南省普通高校首次本科专业综合评估中获评 A 等级（30 所高校排名第 2）；获国家社科基金项目 2 项（重点项目 1 项，一般项目 1 项）、教育部人文社会科学研究项目 1 项、省社科基金立项 8 项、省社科评审委员会项目 7 项；发表高水平学术论文 30 余篇，其中 SSCI，A&HCI 论文 1 篇、CPCI - SSH，EI 检索论文 1 篇、CSSCI 论文 10 余篇，出版学术专著 3 部。三是突出教学与人才培养工作。举办提升教师职业能力的系列讲座 30 余场；2 人获全国高等院校英语教师教学基本功大赛一等奖；获省部级以上教改课题 6 项；2018 届本科毕业生考研率为 29.18%，就业率为 96.44%；2018 届研究生就业率为 97.10%；学生在各类外语学科竞赛中获得国家级奖 4 项，省级奖励 35 项。四是认真组织开展校庆系列活动。新航道国际教育集团董事长兼 CEO、1979 级英语专业校友胡敏捐资 500 万元设立了“胡敏全球胜任力培养奖学金”；2004 级百位校友国庆期间同天返校为湘大加油，并捐资 10 万元用于学院建设和学生资助。

（蒋孟昕）

2018 年 10 月 2 日，外国语学院 2004 级百位校友返校为湘大加油

数学与计算科学学院

发展概况 党建与思想政治工作：深入开展学习贯彻习近平新时代中国特色社会主义思想、党的十九大精神和全国教育大会精神活动；围绕立德树人根本任务，切实加强师德师风和校风学风建设；加大党支部书记培训力度；全年发展学生党员 41 人；对学院党委副书记进行了调整，完成了各党支部换届工作；获校级优秀党务工作者等多项校级奖励。

师资队伍建设工作：新增教育部长江学者奖励计划讲座教授 1 人，湖南省百人计划特聘教授 1 人，湖南省海外名师 1 人，湘潭大学兼职教授 1 人；新晋升二级教授 1 人、三级教授 4 人；新评副教授 4 名；续聘非全职特聘教授 2 人、全职教授 2 人；引进优秀博士 4 人；数学博士后科研流动站进站 3

人,其中1人获中国博士后创新人才支持计划资助项目、中国博士后科学基金面上二等资助项目,1人获中国博士后科学基金面上一等资助项目;数学博士后科研流动站出站5人,其中3人为优秀;统计学博士后科研流动站出站2人。另:调出专任教师2人,调入管理人员1人,续聘合同制管理人员3人,新聘合同制管理人员1人。

学科、学位点和平台建设工作:数学学科获批湖南省“双一流”建设学科,统计学学科获批湖南省“双一流”培育学科;新获计算科学湖南省国际科技创新合作基地、计算科学湖南省海智基地;数学学科继续保持ESI 1%学科,入选2018世界软科一流学科;完成了智能计算与信息处理教育部重点实验室的五年评估(评估结果为良好),科学工程计算与数值仿真湖南省重点实验室三年一次绩效评估;完成了应用统计专业硕士学位授权点专项评估,对数学一级学科博士学位授权点自评估报告进一步修改、定稿。

教学教改、人才培养工作:新增数据科学与大数据技术本科专业,并已招生;主持教育部新工科研究与实践项目1项,参与1项;新获批省级教改项目2项、校级教改项目7项;获省级教师课堂教学竞赛三等奖1项;指导学生获省级硕士学位论文奖、校级优秀博士学位论文奖各1项,大学生(研究生)创新性实验计划项目23项(其中国家级1项,省级1项)、结题12项(其中2项为优秀),全国大学生数学竞赛(数学类)决赛一等奖、美国数模竞赛一等奖等各类学科竞赛奖110余项;获国家奖学金11人、省优秀毕业生9人、省百佳大学生党员1人;研究生发表被SCI、EI等收录论文20余篇,本科生发表SCI收录论文1篇;保送中科院等知名院校28人,选拔2016级优秀学生9人到北京大学访学;获校级教师课堂教学竞赛奖一等奖等多项校级奖励;圆满完成了2018年本科审核评估并受到专家组高度评价。

科研与学术交流工作:获国家自科基金项目、中国博士后创新人才支持计划资助项目、省自科基金项目等国家级、省部级科研项目25项;出版专著和教材各1部;发表SCI收录论文75篇;获中国系统仿真协会“2018年优秀科技工作者”奖励1项;成功举办国际、全国性学术会议、暑期学校8次;接待国内外学者来访70余人次;教师参加国内外学术会议、外出访问和讲学60余人次,作邀请报告20余人次;与俄罗斯东北联邦大学在科学研究和人才培养方面签订了《湘潭大学与东北联邦大学合作谅解备忘录》;1人连任教育部数学类专业教学指导委员会副主任,一批老师任中国工业与应用数学学会副理事长等学会职务。

湖南省国际科技创新合作基地
认定证书
基地名称：湖南省计算科学国际科技创新合作基地
基地类型：国际联合实验室
湖南省科学技术厅
2018年3月

2018年3月26日,由湘潭大学数学与计算科学学院黄云清教授牵头申报的计算科学湖南省国际科技创新合作基地获批立项。计算科学湖南省国际科技创新合作基地依托我校“计算数学”国家重点学科、“数学”湖南省优势特色重点学科、“数学”ESI全球前1%学科组建,已与多个国际高校开展深度合作,取得了一系列高水平研究成果

特色工作　(1)依托数学省“十二五”重点学科,数学学科获批国内一流建设学科,统计学学科获批国内一流培育学科。(2)2018年,计算科学湖南省国际科技创新合作基地获批立项。基地以学院现有重点学科、重点实验室、特色专业为支撑,旨在面向全省发展需求,充分对接国际资源,通过:第一,引进聂家旺、李金艳、张上游、袁锦昀、李继春、刘海亮教授等多名海外高层次人才;第二,选派多名教师赴国内外著名高校访问,接待西班牙加泰罗尼亚技术大学热量转移技术中心等多个专家团来校访问,与俄罗斯东北联邦大学在科学

研究和人才培养等方面签订了《湘潭大学与东北联邦大学合作谅解备忘录》等提高自主创新能力和国际竞争力，构建“四位一体”国际科技创新平台及人才培养基地。(3)2018 年 7 月 15 日—8 月 3 日，主办国家自然科学基金委员会数学天元基金 2018 年湘潭大学“应用数学”暑期学校，招收正式学员 120 人，邀请了 20 余名(9 名海外专家)国内外知名专家为学员们介绍应用数学领域最前沿的研究成果。

(何四娥)

物理与光电工程学院

发展概况 学院下设物理系、光信系、微电子系、测控系、大学物理教学中心、基础物理实验教学中心、专业实验教学中心和行政办。学院现有物理学一级学科博士点 1 个、物理学博士后科研流动站 1 个、物理学和电子科学与技术一级学科硕士点 2 个、集成电路工程和光学工程硕士点 2 个。拥有物理学、测控技术与仪器、微电子科学与工程、光电信息科学与技术 4 个本科专业。学院现有教职工 91 人，其中教授 19 人、副高职称 28 人，博士生导师 20 人，国家和部省级人才 10 余人，包括万人计划领军人才、长江学者、省百人特聘教授、芙蓉学者、全国教学名师、全国模范教师、国家“百千万人才工程”专家，等等。学院是湖南省物理学会理事长单位。钟建新教授连任湖南省物理学会理事长，唐翌任秘书长。学院现有研究生 317 人，本科生 1053 人。

特色工作 一是强化师资队伍建设，提高师资国际化水平。从中国科学院大学等高校引进了 9 名优秀博士和优秀老师。以访问学者等身份外派 2 名老师赴美国、澳大利亚等发达国家学习，青年教师的国际化水平有所提高。二是加强学科学位点建设和科研工作，提高学院核心竞争力。物理学一级学科博士点成功获批，在全国第四轮学科评估中物理学获得 B－，物理学学科在湖南省高校“双一流”建设中获得国内一流培养学科项目。2018 年，学院共获得国家自然科学基金项目 6 项，其中青年科学基金项目 2 项(吕铭、肖永亮)、面上项目 4 项(钟建新、陈元平、彭向阳、杨雪娟)，经费 307 万元。陈元平教授课题组在物理学国际顶级期刊《物理评论快报》(*Physical Review Letters*, *PRL*)上发表题为 *Symmorphic intersecting nodal rings in semiconducting layers* 的研究成果，提出了通过堆垛半导体薄膜材料的方式寻找新的拓扑材料和拓扑相，发现在这种堆垛结构中存在丰富的拓扑金属和半金属。青年教师何朝宇副教授以第一作者身份在《物理评论快报》上发表最新研究成果 *Complex low energy tetrahedral polymorphs of group IV elements from first－principles*。成功预测出 281 个全新的三维 sp3 碳晶体结构，极大地丰富了碳同素异构体家族的晶体结构数据库。此外，2015 级韶峰班本科生尹衡闯同学在何朝宇副教授等老师的指导下，在 *Physical Review B: Rapid Communications* 发表研究论文，发现了一种稳定的新型二维石墨烯异构体。该刊是美国物理学会主办的国际一流物理学术期刊之一，主要发表凝聚态物理领域的高水平前沿学术成果，其快速通讯栏目旨在以快速出版的方式发表学术界普遍关注的重要研究成果。尹衡闯同学是物理与光电工程学院第一位在该级别期刊发表学术论文的本科生。学院科研工作取得了国内外瞩目的研究成果，全院共发表学术论文 80 余篇，受理专利 17 项，已授权 10 项，其中实用型专利 3 项、集成电路专利 7 项。2018 年，成功主办了湘赣物理学学术前沿研讨会、X 射线天文学研讨会、第一届湘潭大学物理学人高端论坛等，2018 年共邀请国内外知名专家讲学 20 余次。三是严格教学管理，培养高素质人才。组织开展教学改革和教学研究，年内获批校级教改项目3项，设立院级教改项目7项，全院获湘潭大学大学生创新实验项目8项；积极组织学生参与各级各类学科竞赛，获得湖南省大学物理竞赛一等奖1项、二等奖7项、三等奖8项；承办第二届湖南省虚拟仪器大赛，获得3个一等奖、5个二等奖、5个三等奖的好成绩；积极做好本科教学审核评估迎评工作，得到了专家好评。

（彭海燕）

材料科学与工程学院

著名固体力学家、美国西北大学冠名讲席教授、中国科学院外籍院士、美国国家工程院院士、欧洲科学院外籍院士、欧洲科学与艺术院院士黄永刚院士作客韶风名家论坛，受聘为我校名誉教授

发展概况　材料科学与工程学院成立于2014年，目前开设有材料科学与工程、金属材料工程、新能源材料与器件等3个本科专业，以及一个材料类精英班“师昌绪班”。学院拥有“材料科学与工程”一级学科博士点和博士后科研流动站，并建设有5个省部级重点实验室，材料学科ESI排名已进入全球大学和科研机构前1%。学院现有教职工90人，其中专任教师75人（教授25人，副教授22人），形成了一支以中国工程院院士、国家千人计划特聘教授、国家杰出青年基金获得者为学术带头人，以“百千万人才工程”国家级人选、国家“万人计划”青年拔尖人才、全国教学名师、教育部跨（新）世纪人才、湖南省百人计划和芙蓉学者计划特聘教授等为中坚力量的科研教学团队。2018年学院共招收博士研究生13名、硕士研究生136名、本科生332名，现有研究生422名（其中博士53名），本科生1239名。

特色工作　(1)完成院党委换届，选举产生中共湘潭大学材料科学与工程学院第二届委员会。(2)欧阳晓平院士领衔的“车用高比能固态锂电池的开发和产业化创新团队”入选湖南省2018年湖湘高层次人才聚集工程，研究经费1000万元。(3)黄建宇教授入选国家“千人计划”特聘教授；杨丽教授入选“青年长江学者奖励计划”；李正教授团队代表学校加盟国内顶尖院所组建的“粒子物理前沿”卓越创新中心，李正教授被评为湘潭市首届“最美同心人物”；廖敏教授入选“湖湘青年英才”计划；马增胜副教授荣获霍英东青年教师奖；毛卫国教授荣获湘潭市青年科技奖。(4)学院科研经费再创新高，达5000余万元，包括国家自然科学基金重大项目（杨丽，452万元）、重点项目（李正，330万元）、面上项目7项（500万元）、青年项目6项（144万元）；军委科技委前沿创新项目（廖敏，800万元）；长株潭国家自主创新示范区专项2项（700万元）等。(5)研究生培养取得丰硕成果，马增胜指导研究生高翔获湖南省优秀硕士学位论文奖；钟向丽教授、周益春教授指导研究生张园、刘运牙教授指导研究生彭金霖分别在《自然》子刊 *NPJ Computational Materials* 发表高级别论文。(6)师昌绪班人才培养模式改革显成效：首届师昌绪班22名学生，共发表第一作者论文数6篇，发表国家发明专利1项，主持国家级创新实验1项，揽获国家级竞赛奖项13项，已有15名学生被保送至清华大学、北京大学、中科院物理所等单位院士团队深造，另外7名学生选择出国或考研深造。(7)学生高水平学科竞赛获佳绩：获第七届全国大学生金相技能大赛一、二、三等奖各1项，团体总分二等奖，王鑫铭、赵满秀获优秀指导教师奖；获第六届“蔡司·金相学会杯”全国高校大学生金相大赛特等奖和一等奖各1项，二等奖2项，王鑫铭、赵满秀获优秀指导教师奖；获第四届全国高校大学生“莱州·华银金相学会杯”材料综合技能大赛特等奖1项。

（文诗华）

化学学院

2018年11月，召开环境友好化学与应用教育部重点实验室学术年会

发展概况　化学学院前身为化学系，1978年招收化学专业本科生，2006年获化学一级学科硕士点，2017年获化学一级学科博士点。目前学院拥有化学博士后科研流动站，化学一级学科博士点，应用化学二级学科博士点，化学一级学科硕士点和应用化学二级学科硕士点，化学工程与材料工程2个专业硕士学位类别。设置化学、应用化学、高分子材料与工程、材料化学和药学5个本科专业和化学类(韶峰班)特色班。学院现有教职工112人，本科生1354人、硕士研究生506人、博士研究生53人，博士后在站人员15人。教师中有教授31人、副教授31人。学院拥有国家和省部级教学科研平台十余个，化学学科为ESI前1%学科。

特色工作　全面深入学习贯彻党的十九大报告内容、全国高校思政工作会议、全国教育大会精神以及习近平总书记对湘大的殷殷嘱托；组织党员教职工到革命圣地井冈山开展特色党日活动，举办了湘大“明道信道”宣讲活动，邀请校长周益春教授主讲。成立学院本科教学督导组，出台了系列本科人才培养的规章制度。新获批拔尖人才培养计划——化学韶峰班实验班，组建了化学学院创新创业实验班。新增2项湖南省教改课题，其他校级以上教改项目5项，获教育部、省级大学生研究性学习与创新性实验计划项目6项，获批校企合作创新创业教育基地1个。新增湖南省优秀硕士学位论文2篇，5人获湘潭大学校长奖，12名研究生获国家奖学金资助。全年新增科研项目46项，经费1000余万元，其中国家自然科学基金8项，横向项目9项；发表SCI论文160余篇，获发明专利授权13项。陈华杰副教授获湖南省杰出青年基金，李银辉副教授入选长株潭高层次人才聚集工程。完成了高分子材料应用技术湖南省重点实验室的考核工作，举办了环境友好化学与应用教育部重点实验室学术年会及绿色有机合成与应用湖南省重点实验室学术年会。化学学科ESI排名已进入前0.5%。学院制定了《化学学院危险品管理办法》《化学学院易制毒化学品管理办法》等实验室管理细则并落实。完成了院党委委员、分工会的改选工作。积极参加学校60周年校庆活动，院友新设立展辰新材奖助学金、金毅-桑尼森迪助学金，捐赠金额超过300万元。2018年学院引进优秀博士5人、专职学生辅导员2人，2位教师出国访学,2 人晋升为教授,8 人晋升为副教授。组织学生参加湖南省第八届大学生化学化工实验与创新设计竞赛获一等奖 5 个,二等奖 1 个。

（王　果）

化工学院

“环境友好与资源高效利用化工新技术”湖南省高校 2011 协同创新中心学术委员会会议

发展概况　化工学院拥有化学工程与工艺、制药工程、生物工程、食品科学与工程 4 个本科专业;化学工程与技术一级学科硕士点、博士点和博士后流动站,化学工程和食品工程 2 个工程硕士专业学位授权点。学院现有教职工 83 人,其中正高 17 人,副高 29 人,具有博士学位 51 人。现有本科生 900 余人、研究生 270 余人、博士后 15 人。拥有化工过程模拟与强化国家地方联合工程中心、教育部工程研究中心、湖南省 2011 协同创新中心、国家级教学示范中心等一批国家和省部级学科与人才培养平台。

特色工作　重视师资队伍与学科建设。引进博士 4 人、教授 1 人,教师出国访学 2 名,教师访学回国 4 名,湖南省“百人计划”人才工程一人参与答辩。邀请国内外知名专家学者来学院进行学术交流和指导学科专业建设,召开了湖南省高校“2011 协同创新中心”学术委员会会议。

加强科研及科研管理工作。获批国家自然科学基金 6 项,省部级项目 7 项,其中湖南省杰出青年基金 1 项,实现了省杰青的突破;纵向经费 425 万,横向到账 153 万;获授权国家发明专利 31 项,发表各类论文 75 篇,其中 SCI/EI 论文 60 篇,获湖南省自然科学奖与进步奖三项。

严格教学管理,切实做好本科生的培养工作。完成了“食品科学与工程”和“制药工程”两个专业工程认证现场考查,获批了“湘潭大学—湖南千金湘江药业股份有限公司”普通高校创新创业教育中心、“四塔甲醇精馏 3D 虚拟现实生产实习仿真”省级虚拟仿真实验教学项目;多个实习基地挂牌成立;获湖南省教学改革研究项目 1 项、湘潭大学教学改革研究项目 4 项,获湘潭大学首届本科教学荣誉青年教学标兵 1 人,发表教改论文 3 篇;学生获得国家级奖项 125 人次、省级奖项 327 人次、校级奖项 420 人次。

着重研究生的培养与管理、提高研究生的培养质量。完成硕士研究生招生 106 人;硕士研究生 79 名、博士研究生 4 名(含 1 名国际留学生)顺利毕业;获湖南省优秀博士学位论文和湖南省优秀硕士学位论文各一篇;获国家奖学金 5 人;获 2018 年湘潭大学校长奖特等奖 1 人,优秀奖 3 人。

抓好学工、党建、维稳工作,把思想政治教育和意识形态工作作为学生工作的核心内容,突出学风建设的中心地位;在全院党员中深入开展“两学一做”、党的十九大精神学习;强化学院安全管理、监督检查和重点防范工作,学院党委书记直接抓安全,聘请了专职安全巡视员,24 小时对实验室安全进行巡视检查。层层落实责任制,把安全工作作为学院第一要事列入议事日程,做到了“警钟长鸣”,确保学院的安全工作格局进一步巩固。

（黄荣辉）

机械工程学院

刘金刚课题组获湖南省科技进步一等奖

发展概况 学院现有教职工121人,其中教授18人,副教授及相当职称者41人,博士生导师17人。在校研究生414人、本科生2074人。

特色工作 一是以党的十九大精神统领全局,促进学院党政工作新发展。顺利完成机械工程学院党委换届工作;成功召开学院第五届第一次教代会;获2018年度"先进工会组织"荣誉称号;获湘潭大学第二十三届百灵杯辩论赛冠军及湘潭大学"联合杯"辩论赛冠军;以校庆、院庆60周年为契机,积极发动校友资源:成立潘际銮教育基金,黄立新校友捐款100万设立天一焊接奖学金;承办第十七届全国机械工程学院院长(系主任)联席会议,共有来自全国210所高校机械工程学院院长、系主任及相关企业代表600余人参会,增强了学院及学校在全国机械行业的影响,提升了学院办学影响力和社会声誉。二是师资队伍建设不断加强。获2018年教师"思政品牌"1项;柔性引进谭建荣院士为学院"双聘院士""特聘教授",共引进优秀博士12人、硕士师资2人、辅导员1人;2位老师赴国外交流访问;2位老师获批国家留学基金委出国研修项目。三是本科人才培养成果突出。2018年共计491本科生顺利毕业;获省级虚拟仿真实验教学项目1项、省教改项目2项,3项省教改项目通过结题验收,获省教育科学"十三五"规划课题1项;大学生获省级竞赛奖励40余项;圆满完成本科教学工作审核评估工作;持续改进,积极准备机械专业认证复评及其他2个专业专业认证工作。四是研究生培养质量不断提高。高标准完成硕士点的评估工作,进一步凝练学科方向,积极谋划机械工程博士点申报;2018年一志愿报考率、上线率居全校前五,理工科第二,共招收研究生149人;新增研究生培养创新基地1项,签订研究生联合培养实践基地1个;获研究生精品课程1项、省学位与研究生教改课题1项、研究生创新研究项目(博士)2项;获省优硕论文1篇、校优硕论文1篇,获推荐2019年省优硕论文1篇、校优硕论文2篇;获省创新创业优秀毕业生2名;获全国海峡两岸青年创客设计大赛一等奖等奖励6项;研究生发表高级别论文等科研成果50篇,知识产权成果84项;获湘潭大学2017—2018年度优秀研究生会分会二等奖,2018届毕业生就业率为98.23%。五是教师科研综合能力增强。2018年获批国自科基金6项,总经费477万元;省自科基金13项,总经费139.5万元;地市级、校级等共立项18项,总经费46万元;2018年共计立项横向项目35项,总经费392万元;刘金刚主持,李明富、刘思思参与项目获2018年省科技进步一等奖,马秋成获省科技进步二等奖、唐新姿获省科技进步三等奖,获2018年湘潭市产学研融合创新团队3项;与江麓机电集团有限公司、湖南崇德工业科技有限公司签订2项合作协议;刘金刚荣获"首届湘潭市优秀科技工作者"称号,并获湘潭第二届"市长质量奖"质量创新奖等;授权专利107项,专利转化到账经费合计20余万元;2017年发表高水平论文80篇,其中SCIE 21篇,EI 18篇,CSCD 36篇,CPCI-S 5篇。

(尹艳辉)

信息工程学院

自动化专业校友会成立

发展概况　信息工程学院现有教职员工 164 人，专任教师 118 人，其中教授 26 人，副教授 68 人，博士 80 人，博士生导师 11 人。目前在校研究生 512 人，本科生 2817 人；实验教学用房面积 14500 平方米，教学仪器设备 6400 余万元。

特色工作　学院项目立项稳中有进。2018 年，学院获批 6 项国家自然科学基金，其中 3 项面上，3 项青年基金；获科技部中青年科技创新领军人才 1 项，省科技厅重点研发计划 1 项，湖南省杰出青年科学基金项目 1 项，湖湘高层次人才聚集工程创新人才 1 项，宝钢教育奖 1 项，湖南省自然科学基金 9 项，湖南省工程研究中心科研平台运行费 1 项；在横向项目方面，2018 年签署技术开发、技术服务、产学研合作协议等 32 项合同，合同经费 371.8 万。

学院学科学位点建设初显成效。2018 年，学院组织 4 个科学学位硕士点和 4 个专业学位硕士点完成水平评估的校内评估工作并提交评估总结报告；学院成功举办优秀大学生夏令营活动，81 名学生参加，居全校之首；成功申报“物联网和信息安全湖南省重点实验室”。

学院重视师资队伍建设。2018 年从武汉大学、华南理工大学、湖南大学等名校引进优秀博士 5 人，从桂林电子科技大学引进教授 1 人；学院鼓励青年教师加强国际学术交流，扩大国际视野，有 5 位博士分别赴英国、美国、德国、加拿大访学。

学科竞赛和创新教育是学院本科教育教学工作的特色和亮点。2018 年组织教师和学生参加各类国家和省级竞赛活动，获国家一等奖 6 项、二等奖 22 项、三等奖 27 项，省一等奖 21 项、二等奖 39 项、三等奖 36 项，其中第 43 届 ACM 国际大学生程序设计竞赛亚洲区域赛中获得的两项国家级金奖是学校在该项竞赛中的“首金”；学院积极进行教学改革，2018 年学院把专业认证与网络学习空间结合起来，应用空间教学手段促进 OBE 工程教育模式的实践，促进教师明确自己在面向产出的教学评价机制下的责任；为深入落实成果导向本科工程教育（OBE）理念，学院开展优秀教学空间评选活动，评选出 30 位优秀教学空间教师。教育部教育发展研究中心战略发展部主任马陆亭、省教育厅原副厅长王键、副校长刘长青等担任评委。2018 年学院稳步推动本科工程教育认证工作，计算机科学与技术、通信工程两个专业顺利通过工程教育认证；同时，自动化、软件工程、电子信息工程专业申请了工程教育认证。

利用 60 周年校庆契机，成立了学校第一个专业校友会——自动化专业校友联谊会。2018 年学院顺利进行了党委换届。

（谢红宇）

土木工程与力学学院

第六届全国工程安全与防护学术会议

发展概况　土木工程与力学学院下设“五系、一所、一中心”，即：建筑工程系、工程力学系、道路与桥梁工程系、地下建筑与工程系、测绘系、流变研究所、实验中心。拥有力学博士后科研流动站、力学一级学科博士点、力学一级学科硕士点、土木工程一级学科硕士点。学院现有教职工 85 人，其中专任教师 68 人、实验师 6 人（高级实验师 3 人）以及行政管理与辅导员 11 人。学院 77% 的专任教师具有博士学位，其中教授 14 人，副教授 24 人，讲师 30 人。

特色工作　一是党建和思政工作。认真履行院党委党建主体责任、党风廉政建设主体责任。加强理论武装工作，学习贯彻党的十九大精神、十八届六中全会精神和习近平新时代中国特色社会主义思想。组织教职工认真学习李保国、廖俊波等同志的先进事迹、利用“易班”开展《平“语”近人——习近平总书记用典》知识竞赛。院党委中心组集体学习 6 次，安排学习内容 8 项。召开党委会 10 次，研究党务工作 10 项，编印《党委会会议纪要》10 期。发展学生党员 68 名、教工党员 1 名。行政实验支部被评为先进党支部，七人被评为优秀共产党员。二是教学教研工作。学院先后开展了专项培训、知识竞赛、试卷检查、专家及院领导听课、见习检查、实习教学活动检查等专项工作，通过了本科教学审核评估工作。学院将继续以审核评估报告为基础进行整改落实，结合学校及学院“十三五”事业发展规划、“双一流”大学建设方案，进一步加强教学改革，规范教学工作，提高教学质量，全面提升学院的办学水平。6 月 24 日，学院承办了第十四届湖南省大学生力学竞赛，来自全省 28 所高校的 715 名大学生参加。在尹久仁教授等团队的努力下，学院获得了一等奖两名、二等奖三名、三等奖七名的好成绩，并获得了本届比赛的优秀组织奖。三是科学研究与学术交流工作。10 月 12 日至 14 日，承办“第六届全国工程安全与防护学术会议”，欧进萍、陈政清、邓铭江、任辉启、陈湘生等 5 名中国工程院院士，近 400 名全国各地的专家学者、高校师生、行业工作者汇聚湘潭，就工程安全防灾减灾新理念新技术进行学术交流和探讨。在本届大会上，学院当选为中国岩石力学与工程学会工程安全与防护分会的常务理事单位。10 月 20 日至 23 日，承办“第十四届全国流变学学术会议”，会议评选了中国化学会中国力学学会“第十届中国流变学青年奖”，三位青年学者获奖。2018 年，共邀请 19 名国内外知名院士、专家来院讲学，这些学术报告活跃了学院的学术气氛，激发了教师、学生的研究与学习动机，对提升教学、科研、学习的质量起到了积极推动的作用。7 月 27 日，由湖南省人民政府主办，湖南省科技厅与东南大学承办的 2018 湖南—长三角经贸合作洽谈会上，学校与东南大学、中建五局正式签订合作框架协议，拟共建“建筑技术与信息化联合研究院”。积极组织院内优势科研力量，凝练方向，申报各类课题，学院获得了一些国家级、省级和横向课题，如参与了已经获批的深部国防军事防御（2018—2030）重大专项；鼓励老师发表高级别论文，2018 年学院老师发表论文 57 篇，其中 SCI 或 EI 论文 38 篇。四是学生教育管理工作。为迎接建校 60 周年，学院举办了湘潭大学第八届建筑文化节。以“匠心共筑，笃志前行”为主题，本着“彰显建筑模型特色、突出建筑模型内涵，发展绿色智能建筑、扩大建筑文化影响”的原则，吸引了全校10余个院系200多支队伍参赛。受到了新湖南、湘潭大学新闻网、三翼校园等多家媒体关注报道。2018年学院的本科应届毕业生总共为416人，就业人数为401人，就业率为96.4%。其中升学(包括出国、出境留学)共100人，升学率达24.04%，较去年有大幅提升；基层就业公务员和选调生共4人，占比为0.96%；去往部队应征入伍1人，占比为0.24%。就业率、升学率、基层就业率、应征入伍率指标位居学校前列。五是管理服务及其他工作。推进学院事业改革发展进程，制定实施了《2018年党政工作要点》《土木工程与力学学院科研业绩奖励办法(暂行)》《“十三五”期间硕士研究生指导教师上岗条件》。推进民主办学、集体决策，全年召开党政联席会议11次，研究议题21项，编印《党政联席会议纪要》五期。落实综合治理责任制，切实担负起维护安全稳定的政治责任。成立综治维稳工作领导小组，定期组织开展安全隐患排查、消防安全检查和整治工作。制定了《保密工作责任分解表》，与学院涉密人员签订了保密责任书。完成了保密自查、消防安全自查工作。组织开展了工会、团委各项工作。

(易　晓)

环境与资源学院

葛飞教授受聘担任2018—2022年教育部高等学校环境科学与工程类专业教学指导委员会委员并参加委员会第一次工作会议

发展概况　环境与资源学院新增环境科学与工程一级学科博士学位授权点，建有环境科学与工程一级学科硕士授权点和环境工程专业学位硕士点，环境工程、环境科学、环保设备工程、采矿工程、安全工程5个本科专业。学院有教职工57人，全日制在校研究生129人，本科生1003人。

特色工作　一是学位点建设稳步推进。学院制定了环境科学与工程一级学科博士点博士生培养方案，遴选了2019年具备博士生招生资格的导师，制定了2019年博士生招生简章。开展了环境科学与工程一级学科硕士授权点和环境工程专业学位硕士点的评估工作。二是师资队伍建设有新进展。葛飞教授入选2018—2022年教育部高等学校教学环境科学与工程教学指导委员会委员，入选湘潭大学韶峰学者特聘岗位学术带头人2人、学术骨干5人，新增湖南省普通高校青年骨干教师培养对象1人，新增湖南省科技创新平台与人才计划1人，新进优秀博士1人，新晋升三级教授1人，新晋升教授职称2人、副教授职称1人。获湘潭大学首届杰出教学贡献奖1人，获2018年第二届全国高等学校采矿工程专业青年教师讲课比赛一等奖1人。三是人才培养有新举措。学院鼓励教师开展以成果导向为核心的课程建设和教学研究，获得省级教改项目2项，学校立项教改项目5项，1门课程获湖南省精品在线开放课程选题立项。承办第十届全国大学生节能减排社会实践与科技竞赛湘潭大学校内选拔赛，推选出15项作品代表湘潭大学参加全国比赛，获得一等奖1项并获优秀组织奖。完成环境工程专业工程教育认证第二轮申请,并成功举办环境工程专业工程教育认证新形势与新要求解读会。四是学生素质能力培养有成效。组织、指导学生参加第八届全国高等学校采矿工程专业学生实践作品大赛,获全国二等奖2项,三等奖8项。获批湘潭大学大学生研究性学习和创新性实验计划项目8项,其中国家级1项,省级3项。五是科学研究得新成绩。新增国家自然科学基金青年项目2个、湖南省重点研发项目1个和子课题7个、湖南省战略新型产业攻关项目1个、湖南省自然科学基金3项;立项横向科研项目31个;新增湖南省发改委企业技术中心1个,湘潭市产学研融合创新团队1个;推进复杂重金属废水高效净化与应用技术湖南省工程实验室、铅锂电池资源高效循环利用湖南省工程研究中心等科研平台建设。学院2018年各项科研经(平台)费累计达1715.6万元。六是学术交流取得新进展。邀请到中国工程院郝吉明院士、刘文清院士等国内外知名专家学者教授来校学术交流与指导工作。葛飞教授受聘担任2018—2022年教育部高等学校环境科学与工程类专业教学指导委员会委员并参加委员会第一次工作会议。学院教师参加国内外学术会议24次并口头学术报告7人次。七是校庆工作成绩显著。学院成立了由院领导、系、部门负责人及教师代表组成的校庆筹备工作组,组织做好校友联络与校庆宣传工作。9月9日—9月10日校庆六十周年庆典期间,有150余名环保校友、200多名能源校友返校参加学院与学校的庆典活动。校庆期间收到学院校友和教师捐资80余万元。

(贺龙祥)

体育教学部

林鑫获首届韶山红色国际半程马拉松赛冠军

发展概况 2018年是全面贯彻落实党的十九大精神开局之年,更是在新时代开启新征程、续写新篇章的积极作为之年。以习近平新时代中国特色社会主义思想为指导,以及习近平总书记"努力把学校办得更好、更有特色"的重要批示精神为根本遵循,紧跟我校"双一流"建设步伐,以科研为支撑,以全面提升全体师生健康为目标,以体育课程建设为基础,广泛开展校园体育活动,办好高水平运动队,在培养具有竞争意识、创新意识、社会适应能力的德智体美劳全面发展的高素质人才的指引下,体育教学部在人才培养、科学研究、学术交流、师资建设、党建和思想政治工作等方面取得了良好成绩。

特色工作 一是行政管理工作有条不紊。(1)充分发挥了体育馆综合馆的功能。2018届毕业生典礼、2019届大学生供需见面会、60周年校庆、CUBA中国大学生篮球赛(女子组)西南赛区湖南省选拔赛等大型活动均在馆内成功举办。另外,场馆中心对体育馆主馆顶棚、木地板等进行了改造修缮,对馆内的健美操馆、瑜伽馆、健身馆进行了全新的装修并添置了新器械,并对室外场地器材进行了安全检查、加固、更换等工作。(2)为认真贯彻落实关于实施《国家学生体质健康标准》有关事项,认真做好了《国家学生体质健康标准》

项目测试及测试数据的上报、管理工作，体育教学部对全校各个班级对实行《标准》的测试项目以及锻炼方法进行经常性的宣传教育，帮助学生了解健康的意义和锻炼目的。(3)积极组织教师申报教改课题。从提高老师的创新精神和教育教学潜力入手，抓好常规教学检查工作，组织好常规教学活动，改革并优化了课堂教学过程，提高了课堂教学效率。在申报学校第十批教改课题中，朱爱民、雷慧、葛幸幸三位老师的课题都获得立项；在2018年省教改课题申报中，葛幸幸老师积极申报，最终获得立项。(4)鼓励教师外出学习交流。为提高业务水平，丰富教学内容，配合体育部的计划，根据老师们申报情况和教研室讨论，今年暑假派出蒋琳和宋海霞两位老师到沈阳进行学校体育文化培训，派沈兰清老师到北京体育大学进行导引养生培训。周丽华、胡峰两位老师参加省第四届高校青年体育教师课堂讲课比赛均荣获二等奖。二是运动队建设与校外体育竞赛有新的突破。体育部竞赛办现有高水平运动队、重点运动队和集训队，其中田径、羽毛球、男篮和女篮四支高水平运动队常年坚持训练效果显著。赵伟丽老师带领女篮获得省大学生篮球赛第三名的好成绩，并在今年CUBA联赛中打入全国总决赛；2018年5月，在全国大学生羽毛球超级赛中获得团体第三名；在湖南省大运会田径赛中，共获得四金、四银、五铜；我校2016级同学林鑫夺得韶山红色国际马拉松冠军。并且，我校已积极申报“普通高校高水平足球运动队”，必将推进学校体育工作的进一步发展。此外，10月26日，湘潭大学体育发展基金成立，由95级国际贸易专业校友彭嵩、张鞍、贺雷、吴新星共同捐赠50万元，作为该基金的第一笔款项。他们的捐赠主要用于奖励体育教学部师生，进一步促进学校体育教育事业的发展。三是校园体育活动进行得如火如荼。2018年，由体育运动委员会主办，体育教学部协办的学生体育赛事及活动有：校田径运动会、环校长跑比赛、“校庆”长跑、“校庆”篮球、“湘大杯”羽毛球团体赛、羽毛球个人赛、篮球联赛、足球联赛、排球联赛、乒乓球团体赛、乒乓球个人赛、街舞比赛、台球比赛、武林大会等；由校工会主办，体育教学部分工会支持的教职工赛事有：篮球比赛、气排球比赛、足球比赛、羽毛球比赛等。共计20余个单项，3000余场比赛。做到了月月有赛事，周周有比赛。四是科学研究质量稳步提升。积极鼓励教师进行科研项目的申报，体育教学部今年新增各级各类项目多项：(1)陈文胜老师积极申报省级课题并获得立项；(2)刘国光老师申报一项省社科基金项目；(3)葛幸幸老师发表论文2篇；(4)葛幸幸、陈文胜老师的论文获得湖南省第十一届大学生运动会科学大会一等奖，雷慧老师的论文获得湖南省第十一届大学生运动会科学大会优秀奖。

（王　卓）

艺术学院

发展概况　学院有教职工39人，专任教师29人，特聘教师9人。其中，教授7人、副教授10人，博士及在读博士4人，享受国务院政府津贴的专家1人，中国数字艺术设计工程师专业技术资格认证专家委员1人。有艺术设计学、视觉传达设计和动画3个本科专业，有艺术硕士专业学位点，在校本科学生743人，研究生54人。

特色工作　一是科研成果有较大突破。艺术学院一直高度重视科研工作，积极培育科研基础，孕育科研团队，激发教师尤其是青年教师的科研兴趣，明确强调青年教师要尽早凝练科研方向，重视科研积累。2018年度学院教师获得科研项目共8项，其中教育部人文社科研究项目1项、省级重点项目2项、省级优秀青年项目1项、省级一般项目4项，共发表各类论文35篇，其中核心期刊10篇。二是“三全育人”机制有效融入学院人才培养系统。学院组织了“蔓延的风景——2018风景写生作品展”“2016级艺术硕士中期艺术作品展”“校庆60周年海报设计大赛”“湘潭大学纪念建党97周年艺术作品、先进典型风采展”“动漫《雷锋》进中学”等艺术展演活动，同时，利用寒暑假期，学院还开展了湘西扶贫、田野写生、农村调研等三下乡活动。三是“红色筑梦、精准扶贫”项目深度对接课堂教学。学院建有省级创新创业研究基地——非遗品牌化创新创业研究基地1个，创立湘潭大学“百湘果”非遗品牌文化传播中心1个，成立非遗文化研究专项实习基地并开展一系列活动。艺术学院“传侬”非遗研究中心组织、策划“红色筑梦　精致扶贫”文创成果展，展出“本顺”品牌形象设计作品八十余件，获得湖南卫视、湖南经视、湖南教育台各级媒体重点报道。拍摄品牌形象宣传片，开通“酉酉橙”品牌公众号，对品牌进行整合品牌营销推广，策划、执行“酉酉橙”品牌上市仪式，举办“酉酉橙”文创展览。四是学科竞赛成绩突出。教师指导学生在国际艺术设计大赛、第十一届中国大学生计算机设计、国家包装创意设计大赛、NCDA全国高校数字艺术设计大赛、第六届全国高校数字艺术大赛、全国大学生工业设计大赛、全国大学生广告艺术大赛、中国大学生DV文化艺术节、中国印刷艺术设计双年展等获全国各类奖项64项。在第六届湖南艺术节、湖南省大学生体育舞蹈比赛专业和普通组、湖南艺术节——湖南文创创意产品成果展等省级奖项获得36项。

（尹晓燕）

2018年6月29日，省委常委、省委组织部部长王少峰一行观摩湘潭大学组织部与艺术学院党总支共同举办的“不忘初心跟党走　牢记使命建新功——湘潭大学纪念建党97周年艺术作品、先进典型风采展

兴湘学院

发展概况　湘潭大学兴湘学院是经教育部和湖南省人民政府批准设立，由湘潭大学举办的独立学院。学院设有49个本科专业，在校学生5509人。学院秉承湘潭大学“博学笃行、盛德日新”的校训，加强基础，注重素质，强化能力；倡导“以学生为主体，以教师为主导，注重多样性、开放性、应用性、创新性和复合性”的教育理念，引导学生“高品位做人、高层次成才、高水平就业”。在《2018中国大学评价研究报告——中国高考志愿填报指南（校友会版）》发布的2018中国独立学院综合实力排行榜中，学院名列湖南省独立学院第一。

特色工作　一是积极探索学院办学模式。深入开展调查研究，参加全国独立学院年会、全国独立学院规范与转型发展高峰论坛，赴安徽、浙江等地与多所独立学院考察交流，探索独立学院规范转型、内涵式发展等问题。深入开展制度设计，起草了《湘潭大学兴湘学院管理办法》及人事、财务、教学等一系列配套规定，向学校提出4种发展模式的建议。二是不断加强工作队伍建设。选拔5名劳动合同制人员担任科室副主任，进一步优化科室管理人员结构，激发队伍的主动性。不断完善和优化绩效考核体系，实施"3+X"月度绩效考核机制，实现结果考核与过程考核相结合，充分调动工作的积极性。积极组织教职工外出培训，全年累计参加辅导员技能培训、职业指导培训、心理咨询培训等19人次。三是不断提升人才培养质量。学风浓厚，学生考研蔚然成风，在2018届毕业生中，共计138人(含出国深造6人)考取硕士研究生。在校学生积极投身创新创业活动，在第十二届iCAN国际创新创业大赛中，学生团队荣获湖南省总决赛一等奖，在第四届湘潭大学"互联网+"大学生创新创业大赛中，学院获得优秀组织奖。学生中涌现出一大批优秀典型，学生肖嘉英资助10名山区学生的事迹被人民网、中央人民广播电台、湖南教育电视台、《今日女报》、《湖南日报》等主流媒体争相报道。

（胡　诚）

2018年11月2日，学院第四届"互联网+"创新创业大赛表彰大会暨第三届"创兴湘"大学生创新创业论坛开幕式在图书馆报告厅举行。院长王金斌、党委书记颜文革、副院长唐春、副院长罗建文、党委副书记樊军等出席会议

第六部分
综合管理工作

学校办公室工作

2018 年 4 月 18 日，湖南省教育厅党组书记、厅长、省委教育工委书记蒋昌忠来学校调研。党政办主任陈旭参加调研座谈会。蒋昌忠表示省委省政府、湘潭市委市政府和省教育厅都非常支持湘潭大学的建设和发展，希望各方一起努力把湘潭大学建设得更好

综合工作　一是争取资源助推发展。在校党委、行政的正确领导下，加强向上级部门及领导的请示汇报，积极争取党和国家领导人的亲切关怀以及国家有关部委、省委省政府的关心支持，习近平总书记对学校作出重要批示，孙春兰副总理对学校作出工作批示，陈宝生部长、杜家毫书记、许达哲省长等领导对学校发展高度重视、亲切指导。二是协调推进重点工作。全力参与学校“双一流”建设、60 周年校庆、本科教学审核评估、省委巡视等大事要事，做好居中协调，引导全校上下齐心协力谋大事，进一步统一思想、凝聚共识、形成合力。三是扎实做好综合事务。编撰完成《湘潭大学年鉴（2017）》；审核把关《高基报表》等统计报表近 20 余套；审核编撰学校“教育人物志”（615 人，近 30 万字）；组织协调全校性会议活动 30 余场；处理发文、通知 500 余件；接收、流转上级来文 900 余份，完成学校印章、校长印章使用 90000 余次，文件流转、印章使用、机要传达等实现“零拖延”“零差错”。全年接收各类来访 1820 件，师生员工满意率达 99.23%。四是统筹做好文稿服务。牵头完成或参与撰写领导讲话、工作报告、汇报材料、总结计划、经验材料等各类文稿 200 余件，PPT 文稿 30 余件。五是牵头做好接待服务。全年接待上级领导、校外嘉宾、兄弟院校同仁来校视察、调研或交流 40 余次。制定或修订《湘潭大学公务用车制度改革实施方案》《湘潭大学国内公务接待管理办法》等规章制度，进一步完善了用制度管权、管事、管人的工作机制。六是认真做好法律咨询服务，审定、校对合同等法律文书 100 余件，对 300 余份合同建立台账并动态督办；为职能部门提供政策制度、诉讼案件等法律咨询 40 余次。

特色工作　一是紧扣中心工作开展调研，起草了《湘潭大学核心办学指标数据分析报告》《湘潭大学 2005—2018 年武书连大学排行榜分析报告》等调研报告，部分建议转化为校党委、行政的决策部署。二是服务科学决策贡献智慧，理顺信息报送采用工作机制，优化调整《每周信息专报》栏目，编撰《每周信息专报》35 期，上报《湘大信息》16 期，向省教育厅、湘潭市委办报送各类建言献策类信息 40 余条，6 篇研究成果被选编刊发，在省委办公厅信息工作座谈会作经验发言。三是推动决策部署落地生根，全年向省委督查室上报 3 次督查报告；对党委会、校长办公会纪要以及校领导交办的事项，开展督查督办近 60 次。

（孙清平）

发展规划与学科建设工作

发展概况　谋划学校发展规划，做好学校决策参谋助手：完成碧泉书院和学术交流中心的建设规划、形成《提升学术权力行使效力，增强学校内部治理能力》《关于对〈湖南省深化教育体制机制改革的实施意见〉的建议》《湘潭大学一级学科博士点师资比较》等调研报告。全面推进学校“双一流”建设：制订《湘潭大学贯彻落实习近平总书记重要批示精神五年行动计划》《湘潭大学推进一流学科建设方案》；推进学校“国内一流建设学科、国内一流培育学科、校内优势特色学科”等3种类型学科建设，对学科群核心学科以及国内一流建设（培育）学科，在政策、资金等方面按照一流学科标准进行重点培育和建设；召开“新时代高等教育发展”大学校长论坛，为学校的“双一流”建设和发展搭建了平台；组织2018年党委务虚会议，探讨推进“双一流”建设和创建一流本科教学工作的方法、路径、着力点和任务；按照学科评估的关键性指标，对马克思主义理论、数学、材料科学与工程三个学科分别与目标高校对标分析学科差距，完成对标分析报告。全力推进学科建设，增强学科竞争力：学校进入ESI前1%学科4个，其中2个学科进入前0.5%；学校在泰晤士世界大学排名保持全球801+等级，在全国高校排名上升至第43位；在2019年USNEWS世界大学排名中位列全球千强；7个学科入选2018上海软科世界一流学科排名；组织完成了省“双一流”建设项目申报、湖南省一流建设（培育）学科的遴选工作，学校进入国内一流大学建设高校A类行列，15个学科被确定为国内一流建设（培育）学科；完成了2017年“双一流”建设专项资金绩效评价工作；完成湘潭大学2018年“双一流”学科经费分配工作；组织完成毛泽东思想研究协同创新中心省部共建协同创新中心申请认定工作，获得首批省部共建协同创新中心；加强对3个省级协同创新中心建设的指导、管理和服务工作；组织申报2020年中央财政支持地方高校发展资金项目10个。

特色工作　一是做好湘潭大学排名的数据收集与分析，对武书连大学排行榜等几大影响较大的大学排行榜做好了连续的关注和分析。二是加强学术委员会工作。组织校学术委员会及各专门委员会完成了学校学术事务的审议、评审和评议29次。三是扎实推进章程实施督导。围绕完善党委领导下的校长负责制、校院两级管理机制、学术管理机制、民主管理机制等方面建设情况，总结了湘潭大学章程实施的举措、成效和不足，完成章程实施总结汇报工作。

（邹　娟）

人事管理工作

发展概况　人事处紧密围绕学校中心工作，大力加强人才引进选拔力度，整章建制，稳步推进人事制度综合改革，积极建设高水平师资队伍，不断优化人事管理体制机制。一是人才引进取得良好成效。共引进优秀博士84人，特聘教授20人，名誉教授2人，兼职教授22人，客座教授8人。与谭建荣院士、彭练矛团队等17名高层次人才签订柔性引进（聘用）协议。二是人才选拔工作成效突出。入选国家“千人计划”创新人才长期项目人选1人，国家“万人计划”科技创新领军人才人选1

人，享受国务院政府特殊津贴专家3人，湖南省外专"百人计划"人选1人，湖南省121创新人才培养工程人选13人，2018年湖湘高层次人才聚集工程创新人才杰出人才1人，2018年湖湘高层次人才聚集工程创新人才青年人才1人，2018年"湖湘青年英才"支持计划人选3人；1个团队入选2018年湖湘高层次人才聚集工程创新团队。三是博士后流动站建设取得新成效。全年进站博士后20人，出站博士后27人，现有在站博士后85人；2人入选2018年度博士后创新人才支持计划，2人获得中国博士后科学基金第十一批特别资助，9人获博士后科学基金面上资助。四是开启第二轮岗位聘用工作，13人被聘至专业技术二级岗位，70人被聘至专业技术三级岗位，25人被聘至专业技术四级岗位，58人被聘至专业技术七级岗位，70人被聘至专业技术十级岗位。五是成功组织完成了硕士师资和非教学人员公开招聘工作，共招聘师资14人（含硕士师资7人），非教学人员43人（含专职辅导员21人）。

特色工作　突出重点，精准施策，人事制度综合改革稳步推进。根据学校综合改革总体部署，在广泛调研、反复讨论修改的基础上，修订完成《湘潭大学工资发放办法》《湘潭大学高级专家延长退休年龄规定》《湘潭大学辅导员选聘与管理工作办法》《湘潭大学实验人员考核暂行办法》等，各项改革举措有序推进。（1）修订《湘潭大学工资发放办法》，进一步规范和优化教职工工资发放程序，明确不同类型人员工资计发标准，使工资结构、名称、发放方式、标准和程序更加符合我校绩效工资改革实际，提高了部分出国人员、长病人员生活补贴标准，规范离校人员工资发放，补充规范借调、挂职人员的工资发放，适当调整部分受处分人员处分期扣发工资额度，既达到惩前毖后的效果，又体现学校的人文关怀。（2）修订《湘潭大学高级专家延长退休年龄规定》，进一步规范高级专家延聘条件和办理程序，更好地发挥高级专家在我校学科建设和师资队伍可持续发展中的骨干、引领作用。（3）制定《湘潭大学辅导员选聘与管理工作办法》《湘潭大学实验人员考核暂行办法》，进一步完善学校辅导员和实验人员队伍的保障与激励机制，着力强化学校辅导员队伍和实验人员队伍的建设和管理工作。

（王协舟）

计划财务工作

发展概况　一是资产负债状况。截至2018年12月30日，学校总资产28.97亿元，其中流动资产4.18亿元（含可用资金1.90亿元），长期资产24.79亿元；总负债1.44亿元，其中日元贷款0.21亿元，其他负债1.23亿元；资产负债率4.97%；净资产27.53亿元。二是经费收支情况。2018年学校实现收入11.99亿元，其中财政补助收入7.16亿元、教育事业收入3.52亿元、科研收入1.00亿元，其他收入0.31亿元；2018年学校实际支出12.08亿元，其中教育事业支出8.85亿元、科研事业支出1.11亿元、行政管理支出0.45亿元、后勤保障支出1.57亿元、离退休人员支出0.10亿元。

特色工作　一是积极筹措经费，统筹安排资金。2018年学校充分利用政策，积极筹措办学经费，如湖南省"双一流"建设经费1.39亿元、各类科研经费到账1.40亿元、专项经费1.35亿元、各类捐赠资金到账0.267亿元，学校办学经费实现小幅增长。二是加强财务管控，防范财务风险。2018年，学校内部控制体系建设工作全面收官，形成《湘潭大学风险评估报告》《湘潭大学内部控制手册》等一系列建设成果。为规范财务管理，参与修订了《湘潭大学国内公务接待管理办法》《湘潭大学公务用车制度改革实施方案》《湘潭大学公务交通费用报销管理办法》，主持下发了《关于进一步规范工作餐管理的通知》。三是落实放管服政策，优化财务服务。2018 年，为进一步落实“放管服”精神，在学校全面推行了科研财务助理制度，通过一揽子配套措施推进制度落到实处。具体有：联合多部门建立了齐抓共管的联动机制；组织全校各部门多次召开科研财务助理培训；深入院系进行宣讲，把政策送上门；重新编制存量科研经费预算、简化科研经费审批流程。四是提升队伍素质，创建学习型组织。2018 年学校财务开展了形式多样、内容丰富的队伍建设活动，积极创建学习型组织。一是坚持每周一次政治业务学习，全年共组织政治业务学习 40 余次。二是分层分类开展财务人员培训。三是承办湖南省教育会计学会湘中片组新政府会计制度培训工作。五是做好实施新政府会计制度准备工作。为确保学校 2019 年顺利实施新政府会计制度，学校财务牵头制定了《湘潭大学实施新政府会计制度准备工作方案》《湘潭大学政府会计制度实施工作方案》，开展了资产核查等一系列专项工作。

（钟希余）

招生与就业工作

2018 年，学校招生就业工作圆满完成。学校被评为湖南省普通高校招生工作先进单位。2018 届毕业生年终就业率达到 95.09%，毕业生就业满意度为 96.42%，用人单位对毕业生的总体满意度和对学校的人才培养满意度均为 99.92%。

招生工作 2018 年，本科一批共招收 6007 人，其中湖南 3040 人，占比 50.61%（国家专项计划 172 人、地方专项计划 505 人、普通本科一批 2208 人、中外合作办学 50 人，高职对口升学 65 人、艺术类 23 人，高水平运动员 16 人、非藏籍定向西藏就业 1 人），其他省份共 2954 人（普通本科一批 2774 人、南疆计划 9 人、艺术类 163 人、高水平运动员 8 人），港澳台 13 人。另外，兴湘学院招收 1467 人。一是进一步加大招生宣传力度。继续推行招生宣传二级学院（系）负责制，成立 44 个招生宣传组，组织 300 余名教职工到全国开展招生宣传；组织 400 余名学生志愿者利用寒假回中学母校开展宣传；举办湖南省重点中学校长研讨会、大学高中人才培养座谈会等活动 3 场；启用“湘潭大学本科招生”微信公众号；与省级媒体平台合作，联合拍摄 30 期《专业解码》；针对 6000 名本科新生开展志愿填报问卷调查。通过一系列举措，逐步实现招生宣传的常态化、立体化和精准化。二是近三年来本科生生源质量稳中有升。第一，文理科投档线逐年提升。2016—2018 年，文科投档线高出湖南一本控制线 21、25、37 分，理科投档线高出湖南一本控制线 27、28、51 分。2018 年，在湖南省文科投档名次较 2017 年略有上升。第二，普通本科一批在全国各科类第一志愿录取率逐年提升，录取平均成绩超一本控制线分差逐年提升 10 分左右。2018 年普通本科一批在全国各科类第一志愿录取率接近 100%。2018 年普通本科一批招收新生平均分与各省最低控制线分差与 2017 年比较，27 个文史类招生省份中有 15 个省份上升；26 个理工类招生省份中有 22 个省份上升。第三，学校特色专业、优势专业进一步得到了考生及考生家长的认可。2018 年，教改实验班报考持续火爆，如数学类（韶峰班）在湖南省第一专业志愿报考率为 770%，法学（卓越班）为 930%，经济学（韶峰班）为 310%，材料类（师昌绪班）为 240%。其他专业包括数学类、计算机科学与技术、软件工程、数据科学与大数据技术、法学、汉语言文学、经济学、金融学、会计学等专业在全国的第一专业报考率都达到130%以上。

就业工作 2018届毕业生共7639人，其中本科生5858人，硕士与博士毕业生1781人。毕业生年终就业率为95.09%，其中本科为94.54%，研究生为96.91%。一是深入开展就业指导。第一，加大就业指导师资队伍建设。2018年，举办首届就业指导实战演练专题培训；选派20余人次参加国家级和省级就业专题培训；组织20余名就业教师到三一重工、远大科技等知名企业走访调研。第二，多形式开展职业生涯规划与就业指导活动。2018年，举办"就业创业大讲堂"5场，免费举办公务员备考讲座、体验课及全真模拟考试20余场，开展简历制作专项培训指导，举办就业经验交流会和模拟求职大赛、简历制作大赛、公务员素养大赛等比赛，帮助学生提升综合素质和求职竞争力。近两年，组织450余名家庭经济困难毕业生赴宁波、珠海、长沙等地参加招聘会。第三，不断完善就业跟踪调研反馈机制。2018年，开展2012届毕业生"毕业五年职业发展"调研、2019届毕业生就业创业意向调研和用人单位评价反馈调研，5600余名毕业生和1000余家用人单位参与调研。二是精心做好就业服务。第一，精准推送就业信息。"湘潭大学云就业服务平台"入驻企业9862家，用户在25000人以上，日均浏览量12000次以上，提供招聘信息岗位50000余个。第二，大力开拓就业市场。2018年，共邀请接待1800余家用人单位来校招聘，举办大型供需见面会1场，中小型专场招聘会10余场，企业宣讲会830余场，累计提供就业岗位74000余个。第三，将日常服务落实落细。2018年，为636名家庭经济困难毕业生发放求职补贴50.88万元；推选出省级、市级优秀毕业生610余人，评选出校级优秀毕业生1260余人；转递毕业生档案7970余份。

（赵家文）

实验室与资产管理工作

2018年5月10日，我校承办全国高校实验室安全管理培训班，周益春校长出席并作重要讲话

实验室管理 完成了26个实验室维修改造项目的立项管理工作，立项金额3168146元；制定了《湘潭大学实验人员考核实施办法》，修订了实验人员职称评定标准；五月份承办了"全国高校实验室安全培训班"，106名实验教师参加培训；制定了《湘潭大学实验室突发事件应急预案》和《湘潭大学危险化学品安全管理办法》；签订实验室废物处置协议，共处置实验室废液18.83吨、实验室废渣38.59吨；处置报废气体钢瓶132个；完成了2017/2018学年高等学校实验室信息统计上报工作。

设备管理 制定了《湘潭大学仪器设备共享收费管理实施细则》和仪器设备共享收费标准；完成了大型仪器共享使用管理系统与财务管理系统对接工作；267台仪器设备进入大型仪器共享使用管理系统，实际使用机时数约1.6万时，测试样品数约4万个，共享使用经费总计约40万元；完成了34项教学科研仪器设备升级改造项目验收；与11家维修公司签订维修协议，升级维修管理系统，维修设备850多台套次,维修费用约99.26万元。

招标采购 完成货物和服务采购计划约584项,采购预算约22268万元,中标金额约17331万元,节约预算资金4937万元,资金节约率22%,比上年增加8968万元,增长67%;其中政府采购项目50项,采购资金约18682万元,占总采购规模的84%;完成校内招标采购76项,总金额约1957万元;完成政府采购协议供货29批,采购资金约795万元;完成网上竞价项目429项,采购资金约860万元;共签订各类采购合同512项,金额约18278万元;完成262万元的耗材采购工作。完成的重大采购项目有学生宿舍5000台空调、1500万元的教材、1150万元的中央空调、1500万元的保安服务等。10月12日,启用了危险化学品管理系统,实现危险化学品的申购、审核、入库和使用的全周期信息化管理。

资产管理 办理验收票据1809份,总计10219台件,资产金额8858.48万元;单价20万元以上资产共计63台(套),共计3282.2万元;现场验收10万元以上大型项目140余个,总金额约1亿元;通过网上竞价系统验收小额设备共一千余台件,金额617.53万元;完成11079台套的设备变动及报废清理工作,处置报废设备3463台套,原值共计2381.5万元,通过拍卖公司处置报废设备5批次,获得拍卖残值14.8万元。通过现场竞拍处置报废设备13批次,获得拍卖残值7.43万元。房产管理完成了行政办公用房的清理整治工作;处理房租异动变更200余户;组织鉴定第四教学区教职工住宅危房;配合完成东坡村征拆工作;整理学校所有房屋信息;清理公用房房产证并进行编号;清退老印刷厂内违规使用房屋17户;配合保卫处完成了家属区违章建筑和门面清理处置工作。

特色工作 为保证周转房的良性周转,解决新进教职工的住房问题,一是开展周转房的全面清理腾退,通过宣传发动、自查申报、现场督察等措施清理腾退周转房89套;二是维修维护腾退的周转房67套;三是修订《湘潭大学周转房管理办法》。本年度为100余名新进教职工提供住房。

(刘晓梅)

国际交流工作

2018年12月麦克雷雷大学孔子学院获评全球“先进孔子学院”

发展概况 一是校际交流合作方面。2018年与国外大学签订合作协议6个,目前5所大学正在洽谈;2018年全校6个团组26人次因公出国,访问国外合作学校、参加学术会议及参与海外高层次人员招聘,全年共接待20起国外合作大学来访,共137人次;2018年共派出交换、访问学生项目本科生、研究生共61人,接外国交换学生16人。二是汉语推广和孔子学院建设方面。新派出13名汉语教师志愿者赴西班牙莱昂大学孔子学院及乌干达麦克雷雷大学孔子学院任教,1名普通志愿者赴法国任教;乌干达麦克雷雷大学孔子学院被评为2018年度先进孔院,获此荣誉的孔院全球仅25所。下半年,完成了麦克雷雷大学孔子学院中方院长换届；2018年度实施“中非高校20＋20合作计划”项目“乌干达中学本土汉语师资培训项目”，为乌干达培养首批本土汉语师资15人。三是2018年学院的合作办学项目开始对外省招生，今年共招收新生48人；2018年学院该项目共有35名学生出国学习，其中法语国际经济与贸易项目9人、西班牙语机械项目26人。四是来华国际学生规模和层次得到提升。2018年我校国际学生招生规模有了新突破，共计招收语言生41人次；有398人次来我校进行短期语言交流培训。本年度来校的国际学生人数已达到551人，其中在校生人数154人，形成了包含长、短期汉语言培训生、本科生、硕士研究生以及博士研究生教育的多层次人才培养体系。五是累计共聘请长期外教23名，形成语种多、来源国多、受益学生层次多等特点。六是各类国家公派出国项目取得了较好成绩：2018年国家留基委的教师公派出国项目共计25人获批，学生公派出国项目共有4名研究生和7名本科生获批。

特色工作　国际学生招录工作取得突破性进展，本年度来校的国际学生人数已达到551人；乌干达麦克雷雷大学孔子学院被评为2018年度先进孔院；2018年度我校共承办三次孔子学院活动，分别为5月份乌干达教育高访团访问活动、7月份西班牙莱昂大学孔子学院夏令营活动和9月份乌干达麦克雷雷大学孔子学院夏令营活动。

（曾秀梅）

审计工作

2018年11月23日，湘潭大学承办湖南省教育审计学会湘中片组会议

发展概况　2018年，审计处积极履行审计监督、服务职能，圆满完成了各项审计任务。政治思想工作方面，学习并坚决贯彻落实习近平总书记重要指示和党中央决策部署，牢固树立“四个意识”，坚定“四个自信”，坚决维护习近平总书记在党中央和全党的核心地位，坚决维护党中央权威和集中统一领导。严格要求审计人员遵守政治纪律和审计行业规章制度，依法审计，尽责担当，切实抓好了思想、作风、反腐倡廉建设，保证了2018年审计处无一起廉政方面的事故。党支部开展了一系列主题党日活动，凝聚了人心，坚定了理想信念。业务工作方面，审计处围绕学校的发展、60年校庆等工作开展工程审计，完成建设项目预算审计161项，审计金额13700.69万元，核减726.17万元，核减率5.30%；完成结算审计项目174项，审计金额3483.05万元（含合同金额3041.81万元），其中按实结算和变更送审金额441.24万元，审定为370.28万元，核减70.96万元，审减率16.08%，切实有效地维护了学校利益，推进了建设项目监督和管理；另外还对综合实验大楼、南苑食堂进行全过程跟踪审计。财务审计工作方面，共完成项目19项，其中完成处级领导干部经济责任审计11项；完成2017年度预算执行与决算审计工作，并如期上报省教育厅，审计报告获得良好评价；根据省委第九巡视组要求完成了13个科研经费审计项

目；委托事务所完成3个基建项目竣工财务决算审计；应国际交流学院请求，审计处对其负责的中外合作办学项目进行了审计；受后勤处委托，完成了“节约型校园节能监管体系建设项目”审计工作；根据党委会会议精神，及时落实校医院审计整改工作。队伍建设方面，新进1人，1人通过高级职称评审，2人通过中级技术职称资格考试，职称结构进一步优化。派出11人次参加各级协会业务培训。

特色工作 审计处积极开展对外交流。协助组织了湘潭市内部审计论文撰写交流会，审计处2人受邀主讲；承办湖南省教育审计协会湘中片区研讨会，审计处1人作为专家作主题报告。2018年一篇论文获中内协优秀审计论文二等奖；2017年完成的校医院内部控制专项审计项目获省内协优秀审计项目评比一等奖。

（黄春枝）

后勤与产业管理工作

2018年3月26日，我校节能监管平台一期通过国家住建部验收

发展概况 后勤保障处在学校党委和行政的正确领导下，持续深化后勤改革，全处上下齐心协力，通力合作，克服困难，全心全意为学校教学科研和师生员工提供了有力的后勤服务保障。

饮食服务工作 对雅园、乐园餐厅进行装修改造，更换老旧设施设备，加固“三防”设施，消除安全隐患，改善用餐环境。暑假期间，在乐园、雅园、公一、琴湖4个学生餐厅安装油烟净化系统，有效地降低了空气污染排放。校庆期间，请全体校友和师生免费用餐，达35000余人次。据统计，2018年学生餐厅营业额共计7861万元。

维修服务工作 全年共处理零星维修任务21800余件，大型紧急抢修任务46次。为迎接校庆，实施工程项目160余项，立项金额3700万元。对南苑、北苑、琴湖学生宿舍等的外环境及第一教学楼、第三教学楼、逸夫楼、校医院住院部进行整体提质改造。全校师生员工对维修工作高度认可，维修服务质量评分为4.91分(总分为5分)。

楼舍服务工作 在多媒体教室配置收纳盒200余个，教学楼安装亚克力门牌和课表牌400余块，清洗教室窗帘400余幅，新安装教室窗帘650余幅，在第一教学课、逸夫楼精心打造教师休息室4间。在北苑学生宿舍区安装消防安全疏散示意图54块，给毕业生发放环保编织袋6000余个，组织开展毕业生爱心捐赠活动，收到捐赠衣物3000余件；同时，迎新期间，在新生宿舍区域设置4个迎新服务点，服务新生及家长，并免费发放矿泉水。

校园服务工作 全年清运垃圾8000多吨，冲洗校园马路150余次，大范围清洗垃圾箱50余次，更换垃圾箱240余个，更换老式灭鼠盒350余个，安装校园文明标牌100余块；签署绿地认养协议40余份，认养面积达10000平方米；校庆期间，设计并组织摆放植物、花卉50000余盆(株)，营造绿色、美好、青春、热烈的喜庆氛围。湘潭市城管创卫信息处理400余条，荣获湘潭市第三季度大专院校城市管理工作第一名。

能源服务工作 完成我校节约型校园节能监

管平台一期建设，并通过国家住建部验收；完成学生宿舍空调安装5033台，实现学生宿舍空调全覆盖；完成学生宿舍智能电表8224块，全面推行微信缴费系统，方便学生自主购电，进一步规范收费管理。

其他服务工作　接待服务中心顺利完成共计140余批次的餐饮住宿接待任务。校医院对学生宿舍、教师及公共场所消毒20余次，完成保健任务100余次。计划生育办全年办理各类证明1200余人次，清查我校流动人口异动情况1900余人次。分工会组织参加各类文体活动，均取得优异成绩，充分展现了后勤职工开拓进取、创先争优的良好精神风貌。

（严忠德）

基建工作

发展概况　全年共签订合同70项，其中：基建设计5项、施工2项，维修设计6项、施工31项，地勘、拨地测量及检测9项，前期服务及代理12项，代建1项，全过程工程咨询3项，施工图审查1项；工程立项23项；召开基建监管小组会议17次、党务工作会议11次、处务工作会议12次，答复第七届教代会第五次会议提案3个；填报学校会议议题15个；移交基建技术资料83卷。

基建项目　全年新增建筑面积36608平方米。(1)工程训练中心，建筑面积22645平方米，合同价4209.70万元，省建三公司承建，1月完成竣工验收。(2)综合实验大楼，建筑面积26108平方米，合同价5194.36万元，省建四公司承建，已进入检测和验收环节。(3)600亩区域桥梁工程，全长90米、桥宽18米，为钢筋混凝土三拱桥，合同价1093.02万元，已于12月完成验收。(4)南苑学生食堂，建筑面积10500平方米，合同价2428.12万元，省建五公司承建，已进入验收环节。(5)600亩中央空调系统第一期，已完成综合实验大楼空调末端的验收，以及对提交能源站的设计图进行审查。

维修改造　全年共开展维修工程17项，合同总金额2848.17万元，主要内容有：广东路、体育馆屋面维修、计算机中心机房改造、学生活动中心网架及钢构架屋面维修、南苑学生食堂室外及消防工程、智慧健康校园项目健身步道；在600亩区域的工程有：地覆绿工程、排水与挡土墙工程、水域景观工程、土方及排水管工程、综合实验大楼室外工程等。

规划与设计工作　完成了600亩校区修建性详细规划设计、校园生态型修复及城市设计、毛泽东思想研究大楼的设计与规划报批，环境与资源实验大楼、文科实训大楼、西湖学生公寓第一期3个项目的立项、地勘、方案与初步设计审批，以及设计、代建与全过程咨询单位的招标；完成了第四田径运动场的立项与地勘工作、北苑学生综合食堂在省教育厅的立项等。

特色工作　完成了60周年校庆学校交办的工作；接受省委巡视第九组对我校基建工作的巡视检查；配合完成学校本科教学评估；2018年荣获湘潭大学第七届教代会第四次会议“提案办理先进单位”。

（张晓慧）

图书馆工作

图悦·读讲坛第八讲：潘知常谈《红楼梦》中青春故事

发展概况 图书馆现设办公室、采编部、流通部、阅览部、信息部、数字资源部、技术部等7个部门，在编职工81人，本科及以上学历者70人，其中博士1人、硕士22人；高级专业技术职称23人，其中正高职称2人、副高职称21人、中级职称50人。截至2018年底，馆藏印本文献308万余册，现刊1364种，电子数字资源数据库109个，其中湖南省高校数字图书馆共建共享数据库26个。电子图书129万余种，学位论文612万余篇，电子期刊近5万种，数字图书馆容量扩充至135T。本年度新增印本图书5万余册。全年文献借还量达43万册，文献阅读量60万余人次。2018年查新课题38项，出具论文查收查引报告182份，通过湖南省高数图平台传递文献4207篇，湖南省联合在线咨询平台传递文献5142篇，CASHL平台完成文献请求数17件，Calis平台完成文献请求数34件。在文献检索教学工作方面，完成9个班硕士、本科生1884名学生的教学工作，总计完成624个课时。截至12月31日，对图书馆主页添加新闻公告713条、资源动态169条、资源122条；修改栏目管理210次、本馆概况42次，教学培训21次，还有其他数据添加修改总共1362次。开展了“悦·读湘大”阅读文化活动，组织各类阅读文化活动42场，打造阅读文化活动子品牌共15项。为使图书借还更方便快捷，引进“RFID图书自助借还系统”并投入使用。引进了座位预约系统，解决了长期以来图书馆抢座占座现象。加强了与网络中心的联系，提前同步了一万多名新生的数据，让新生在军训前就用上了图书馆；积极配合查找系统漏洞，敦促供应商及时处理，保证了图书馆系统的安全。加大物防投入，进一步完善了监控系统。加强了对古籍书库的保护，安装了恒温恒湿习通，更换了灭火系统。邀请省消防中心的教官来图书馆进行消防知识讲座。本年度每周二下午均组织全馆职工参加政治学习和业务学习，先后邀请校外专家作了4场讲座，观看视频教学14次，职工学习交流5场，派出人员外出参加各类培训42人次。2018年1月召开了二级教代会，通过了《绩效津贴分配办法》和《科研管理及奖惩办法》。全年新增省、校级课题立项9项，其中主持省级课题7项，获湖南省社会科学成果鉴定论文2篇；全年发表科研论文6篇，其中CSSCI刊物3篇、国家级刊物2篇、省级刊物1篇，2篇论文分别获得2018年中南六省高校图书馆学术年会优秀成果一、二等奖。截至2018年，有5名职工入选湖南省图书馆学会中青年人才库，1人入选湖南省图书馆学会中青年人才库优秀成员，3人担任公共管理学院硕士研究生导师。加强馆际交流，岭南师范学院、三峡大学来图书馆调研参观交流；湖南大学、永州职业技术学院等兄弟院校工会来访交流。

特色工作 2018年的“悦·读湘大”阅读文化活动着力创新活动方式，挖掘活动文化内涵，“悦·读湘大”已成为学校阅读文化品牌。全年组织各类阅读文化活动42场，参与活动的读者1186617人次，其中线下读者35440人次，线上读者1151177人次，打造阅读文化活动子品牌共15项。创新性地开展了“‘阅读+’让阅读立体化”“青衿讲坛”“悦·读课堂”等活动。其中“青衿讲坛”已举办四期，学校官方媒体、学生自媒体对青衿讲坛报道共计32次，点击量62943次，线下参与人数289人。在组织参加湖南省教育厅举办的“一校一书——经典、精读、经世”阅读活动中，我校获得优秀组织奖；“让阅读活起来（话剧《北鸢》）”获创新案例奖；唐盈，严曼华，唐明思，韩雪，陈文楷，王栩获优秀征文奖。获湖南省高校图书情报工作委员会颁发的荣誉有：“未开学先入馆——新生入馆教育”获知网杯服务创新案例三等奖，“青衿讲坛”获创新案例奖，周凌云获优秀阅读推广人奖。发布了湘潭大学首份阅读报告，组织并指导读者参加全国大学生中华经典美文诵读大赛并获得二、三等奖以及优秀组织奖，同时培养了一支优秀的图书馆学生助理团队。

（肖可以）

网络与信息化建设工作

2018年12月8日，2018年度湖南省教育网络协会年会

发展概况　湘潭大学核心校园网具备万兆或千兆到汇聚，千兆或百兆到终端用户桌面的传输速率，拥有中国电信、中国移动、中国联通、中国教育与科研计算机网等网络出口，出口带宽达到38Gbps，使用流控墙设备对出口流量进行合理分配。开通了IPv6作为IPv4的补充，拥有20个完整的C类CERNET网IP地址、32个中国电信IP地址、29个中国移动IP地址、5个中国联通IP地址。2018年，湘潭大学教学、科研和管理用户以及师生个人校园网用户70397个，邮箱用户60064个，网络节点43022个，交换机1040台。湘潭大学建有中英文门户网站，门户网站下属独立网站109个，其中学院、教学部网站22个，党政管理机构网站24个，群团组织机构网站2个，直属单位机构网站13个，其他网站48个。

特色工作　一是校园网络基础设施的改造与升级。(1)完成校园网免费无线建设，覆盖校园内的主要教学区和部分活动较为集中的室外区域。(2)完成一教东附楼（38个信息点）、老计算中心（139个信息点）、南苑食堂（49个信息点）的网络改造工程。(3)完成两台锐捷7716－X出口路由器部署，单机可支持120Gbps出口带宽，并实现双机互备。二是机房及数据中心平台建设。(1)完成模块化机房二期建设，新增数据机柜15个，可提供525U标准机柜设备托管容量。提供双路最大75KVA负载。集成温湿度控制、环境监测、消防、防雷系统。(2)完成数据中心200TB容量存储建设，虚拟平台可用容量达约130TB，可提供300台虚拟机以上的资源分配能力。三是智慧校园建设。新增实现校园大数据平台、智慧教室集中管理软件、互动教学平台、开放式虚拟仿真实验教学管理中心、采购管理信息平台等5个系统的统一身份认证。数据中心平台已实现全校49个应用系统的数据对接，创建数据交换401条。四是网络与信息安全建设。(1)完成堡垒机、日志审计、防火墙和WAF防护等安全设备部署。(2)完成服务器操作系统及数据库安全策略部署。五是信息化与教育教学融合的基础设施建设。智慧教室完成实施，该项目包含云桌面系统、智慧教室、标准化考场三个子项目，建设完成210间智慧教室，配套实施云桌面系统，建设完成263间数据与湖南省考试院无碍联通的标准化考场。六是参加比赛及获奖情况。(1)参加“2018高校网络信息安全管理运维挑战赛”，获华中赛区三等奖。(2)参加“2018年湖南省教育网络安全竞赛”，获三等奖。七是承办2018年度湖南省教育网络协会年会。12月8日，湖南省教育网络协会年会暨第四届会员代表大会在我校学生活动中心报告厅召开。同时，湖南省第二届大学生网络安全技能竞赛决赛在学生中心活动大厅举行。

（曾　玄）

教学质量监督与评估工作

湘潭大学本科教学工作审核评估专家意见反馈会

完成教育部本科教学工作审核评估工作　一是组织开展迎评促建工作。制定《湘潭大学本科教学工作审核评估实施方案》《湘潭大学本科教学工作审核评估自评整改实施方案》，明确各单位的工作任务和目标，确定责任人，加强自评整改，做好评估准备工作。二是组织编写评估材料。撰写《自评报告》《本科教学质量报告》，编印《本科教学状态数据分析报告》，完成26盒评估支撑材料的收集、整理和编目建档；编印《支撑材料目录》《实习基地一览表》《就业单位一览表》等16项专家案头材料，把高质量的评估材料提供给专家。编发《本科教学工作审核评估知识手册》等。三是组织开展专家进校考察工作。制定专家进校考察工作方案，各工作组组织全校师生以良好的精神风貌迎接专家考察，保证专家进校考察期间的各项工作正常有序地进行，获得专家的一致好评。四是组织开展审核评估整改工作。根据教育部审核评估专家反馈的意见，结合学校的实际情况，制定《湘潭大学本科教学工作审核评估整改工作方案》，上报教育部评估中心，并以文件形式下发到各单位，加强整改。

质量监控制度和队伍建设　一是完善质量监控制度，完成《湘潭大学本科教学质量监控制度汇编》工作。二是加强学院(教学部)督导组队伍建设及工作落实。组织学院(教学部)制定《本科教学质量监控工作实施方案》《本科教育教学督导工作实施方案》，建立由158人构成的19个学院(教学部)督导组，落实学院(教学部)教学督导津贴和督导激励机制，推动学院(教学部)督导组开展工作。三是通过多渠道的学习培训提升质量监控人员的业务水平。

日常监控及运行　一是开展教学质量检查。组织督导团听课评课帮课，检查教学秩序、考风考纪、试题质量和试卷评阅质量、本科毕业论文(设计)质量及答辩等工作，对文化素质教育核心课程进行专项评估。二是开展学生网上评教工作及本科教学状况学生问卷调查。三是结合审核评估工作开展课堂教学专项督查。学校督查组及本科教育教学工作督导团的全体人员，深入教学第一线，检查教师和学生到课情况，发现问题，及时向学院和职能部门反馈，保证课堂教学质量。

监控结果反馈与利用　一是健全“四位一体”

(学生、教师、督导团专家、教学管理人员)的教学信息反馈体系,开展常态化信息反馈工作。二是实行"问题实时通报"制度,将检查情况及时向学院(教学部)和相关职能部门反馈,提出整改建议。三是公开评价结果并督促整改。编印《教学评估与督导通讯》2 期,对教学检查中发现的问题进行通报。四是组织开展调查分析。撰写《2018 届毕业生在校四年学习满意度的跟踪调查报告》《2017—2018 学年本科人才培养调查报告》《2018 届毕业生学习满意度调查报告》,向《每周信息专报》投稿数次,供学校领导决策参考。五是积极推动评价结果运用,引导教师重视本科教学工作。

(宋贡湘)

出版社工作

第十四届全国流变学学术会议开幕式

图书工作 一是重点项目申报、实施工作成效显著。《邓小平与当代中国改革开放》《南方主要少数民族乡规民约与社会治理研究》等 2 种图书获 2018 年度国家出版基金资助;《跨越式发展与现代化经济体系建设》增补入选国家"十三五"重点出版物出版规划项目,出版《南方主要少数民族乡规民约与社会治理研究丛书》国家"十三五"重点出版物出版规划项目;全年共有 6 种图书获奖,其中《马桑树儿搭灯塔》《伟大的民族英雄:毛泽东与抗日战争》《命脉——中国水利调查》3 种图书获第四届湖湘优秀出版物荣誉奖,《湖南方言系列》《晚清湖南学术思想史》《中国共产党革命精神巡礼》3 种图书获第四届湖湘优秀出版物图书奖;《袁龙蔚文集》在第十四届全国流变学学术会议开幕式上举行首发式。二是出版品种、销售码洋稳步增长。全年共出版图书 180 种,其中新书 96 种,再版重印图书 84 种,印制码洋 1300 万元。三是合作空间、销售渠道不断拓展。承办全国地方综合大学出版社 2018 年年会;与山东世纪金榜集团、广东省新华书店、上海香港三联书店签订合作协议;90 余种新版图书亮相深圳第二十八届书博会。

期刊工作 编辑出版《湘潭大学学报(哲学社会科学版)》6 期、《湘潭大学自然科学学报》6 期、《中国韵文学刊》4 期。《湘潭大学学报(哲学社会科学版)》入选 CSSCI 来源期刊,获 2018 年度湖南省重点报刊出版专项资金资助。《湘潭大学自然科学学报》在《中国学术期刊影响力因子年报》中的影响力指数(CI)学科排序由 2017 年的第 107 位提升至 2018 年的第 65 位,被中国高校科技期刊研究会评为 2018 年度中国高校优秀科技期刊。《中国韵文学刊》入选中文核心期刊,被国家新闻出版广电总局认定为 A 类期刊。在 2018 年湖南省第二届报刊编校知识大赛中获团体二等奖。

(肖映辉)

档案馆工作

2018 年 04 月 13 日，副校长刘长青一行赴湖南省档案局学习参观

发展概况 2018 年，湘潭大学档案工作由副校长刘长青同志分管。现有专职人员 8 人，其中副高职称 1 人，中级职称 4 人；硕士 4 人，本科 3 人。目前，学校档案馆馆藏综合档案 56533 件，84614 卷，干部人事档案 4003 卷，专业技术档案 2278 卷。

特色工作 一是加强制度建设，注重提升学校档案管理意识。4 月 13 日副校长刘长青带领人事处、档案馆等相关部门负责人到湖南省档案局(馆)就档案管理流程、制度化建设、档案信息化、档案资源建设等方面进行学习考察。档案馆组织人员赴中南大学、深圳大学等院校进行考察、学习，并拟制了《湘潭大学文件材料立卷归档工作规范》《湘潭大学档案馆档案利用制度》等工作制度和管理流程报批。分管档案工作领导多次在学校党政工作例会(扩大会议)上谈到档案工作，强调档案工作的重要性，明确档案工作责任，提升了学校整体档案管理意识。二是加强业务指导，强化档案收集，丰富并优化馆藏。2018 年，学校全面推行形成部门立卷制度，学校档案馆工作人员一方面加强了对各文件形成部门的业务指导，切实保障 2017 年度各门类档案材料归档工作顺利开展。全年收集整理综合档案共 6791 卷，4321 件，照片 511 张，光盘 149 张，实物 19 件；接收 64 人的人事档案，转出 45 卷，接收人事档案散材料 16501 份。另一方面加强了对毕业生合影的收集工作，进一步优化了学校档案馆藏，为我校保留了珍贵的档案资料。三是不断优化利用服务，推进馆藏纸质档案数字化。学校档案工作紧紧围绕学校教学科研、职称评审、60 周年校庆、巡视、本科教学评估等学校中心工作开展优质档案利用服务，并对部门网页进行了修改。全年共接待综合档案利用 2953 人次，6679 卷次；干部人事档案 150 人次，1217 卷次；专业技术档案 307 人次，1147 份。以优先利用为抓手，在经费投入有限、人力不足、用房受限的条件下，档案馆对馆藏利用率高的学生成绩等档案进行数字化加工处理，共扫描加工 8000 多张，提高了档案利用效率和档案服务水平。档案馆不断加强档案资源收集，在为学校各项工作服务的同时，抽调工作人员暑假加班完成了《湘潭大学 60 周年校史》“附录”和“大事记”部分的编纂工作。2018 年度，徐晓云同志被中共湘潭大学委员会评为优秀共产党员。熊璟慧妮在湘潭大学“大爱铸师魂，建功新时代”青年教职工演讲比赛中荣获三等奖。

(肖友桃)

校地共建工作

南校门(毛主席铜像广场)提质改造工程

发展概况 校地共建中心 2018 年继续秉承“共建、共享、共生、共荣”理念,联合校属各单位全力推动校地双方结成命运共同体、利益共同体、荣誉共同体,已基本形成全员参与校地深度融合发展的新常态。校地共建中心正在着力打造全省校地合作的示范单位。

特色工作 一是借“精美湘潭”建设之力,湘大最靓丽的风景——主席铜像广场改造工作完美收官。由政府投资约 7000 万元,对南校门毛主席铜像广场(面积 6.46 万平方米)进行提质改造,项目分为两期建设。一期工程以主轴为主,于 2017 年 5 月 18 号正式动工建设,8 月 30 日完工。二期工程以“二山”为主,2018 年 8 月底完工。二是推进与湘潭地方经济社会深度融合工作进入新高地。学校与湘潭市经济社会深度融合发展 2018 年项目共 36 个,其中,有 19 个项目为日常事务合作项目,有 17 个项目为联合攻关项目。2018 年度湘潭市产学研融合创新团队评审会上,全市共评选出 10 个产学研融合创新团队,湘大占据 5 个。三是构建新型校村关系,化解各类纠纷。2018 年 1 月,协调雨湖区政府成功拆除了卫星村在学校原煤店自建的过渡门面 42 家,收回了学校土地,消除了安全隐患;校村各类纠纷比 2017 年下降了 30%。四是成功拆除东坡村三栋房屋。2017 年 10 月,通过雨湖区拆迁事务所依法对东坡村 5 栋、10 栋、11 栋三幢老建筑进行征收,2018 年 3 月成功拆除。本项目学校出资 1950 万元,地产集团代表市政府出资 800 万元。三栋房屋的拆除为打通广东路,彻底解决东门交通拥堵状况提供了先决条件。

(罗兆祥)

工程训练工作

发展概况 湘潭大学工程训练中心,其前身是始建于 1985 年的“湘潭大学实习工厂”。2012 年 7 月开始筹建湘潭大学工程训练中心;2015 年工程训练中心大楼正式启用;2016 年 4 月,湘潭大学正式成立校级工程训练中心;2016 年 7 月,将实习工厂成建制纳入工程训练中心。工程训练中心隶属于学校的直属教学单位,现有建筑面积 25000 余平方米,教学设备总值 3000 多万元,在职教职工 35 人,其中教授 1 人、副高 4 人、中级 13 人、初级 7 人、其他 10 人,另有兼职理论教师十余人。

特色工作 中心作为学校的公共平台,服务于全校师生员工,其主要职能是对学生开展工程实训,提升学生解决复杂工程问题能力和工程素养,为学生创新活动与学科竞赛提供硬件与技术支持。中心以工程训练模块为框架,融合知识、能力、素质教育于一体,逐步实现“训练手段由传统向现代转变、训练项目由单一向综合转变、训练方向由技能向素质转变”，构建将能力培养贯穿始终的实训教学体系。创新教学理念，建立中心文化理念，为培养复合型、具有大工程意识和创新能力的高素质人才打下坚实的基础。(1)中心目前开设的实训项目有普车、钳工、铣刨磨加工、齿轮加工、焊接、铸造、热处理、数车、数控铣和数控加工中心、线切割、激光加工、3D 打印、现代测量、三坐标测量、VR/AR、电工电子实训。(2)中心建设了创新模块，成立智能车竞赛创新实训室、移动机器人创新实训室等九个创新实训室，为学生创新创业、开展各级各类学科竞赛提供了一个开放的平台。(3)按照专业认证要求，完成了对管理制度、教学大纲的修订，教学内容、教学手段的调整，教学设施、教学设备的完善。配合学校圆满完成教育部本科专业认证工作。(4)中心以教育部本科教学审核评估为契机，按照“以评促建、以评促改、以评促管、评建结合、重在建设”的方针，切实加强内涵建设和特色发展，改善中心实训条件，加强师资队伍培训，提升教学质量；进一步夯实实践教学工作基础，加强实训环境文化建设。(5)2018 年，中心十分重视教研教改、创新研究。成功申报了省级教改课题 1 项，校级教改课题 2 项；组织并指导学生参加各级各类竞赛，获得了《第五届湖南省大学生工程训练综合能力竞赛》省级一等奖等奖项共计 25 项。

中心不仅是全校文、理、工各学科专业开展全方位工程实训的实践教学基地，也是开展学生创新能力培养与课外学科竞赛的重要支撑平台，还是学校服务地方经济建设的有力保障，并充分发挥对周边高校与企业在人才培养方面的辐射与引领作用。

(周　书)

工程训练中心 2 栋

子弟学校工作

基本情况　2018 年，子弟学校(以下简称“子校”)共有教师 60 人，其中在编职工 42 人；通过公开招聘，新增唐琪、曾惠、周思、卢小媛、易少霞、刘信兵、潘桂平等 7 位合同制员工，邱天 7 月辞职。截至 12 月底，校聘合同制教师 18 人。幼儿园共有教师 34 人，其中在编职工 7 人，华顺派遣人员 27 人。合计 94 位教师。在校中小学生共 658 人，其中 1—6 年级 555 人，7—9 年级 103 人；共有 19 个教学班，其中小学 15 个班，初中 4 个班。幼儿园在园幼儿 236 人，8 个教学班。全校合计学生 894 人，27 个教学班。梁小平 3 月退休，彭炯 12 月退休。

特色工作　一是子校中考取得优异成绩。本届初三共 25 人参加中考，合格率达到 100%，九科总平均分、优秀率均在全区排名第一。上市一中以上名校录取线的有 7 人，名校上线率为 28%。二是教研方面。一是继续全面实施教研组创优达标竞赛。公开课活动有声有色。全年各教研组总计推出校内公开课和校外公开课 28 节。推出两堂对外公开课，一堂是面向雨湖区的张蓉晖老师的科创教育公开课，一堂是面向乌干达教育高访团的张湘萍老师的语文公开课，都获得了很高的评价。李海英老师的论文在省级刊物上发表，胡炳初老师的论文获得省一等奖，李海英、陈军、张水香、唐杉杉、张蓉晖、宋轶、李皓、莫芬、傅静雅、黄蝶等七位老师的论文获得区一等奖，张湘萍、宋迷、邱天、刘敏、朱碧云、蒋蓉、周思程、张顺等八位老师的论文获得区二等奖。“一师一优课”晒课活动成效显著，今年共有46位老师参与了网上晒课，共晒课48堂。三是赛课方面，傅静雅在雨湖区英语教学竞赛中荣获一等奖。在雨湖区“为未来而学”深度课改教学竞赛中，周卓为获一等奖，唐杉杉获二等奖。

队伍建设及人员获奖 党建方面，小学支部荣获湘潭大学先进党支部，刘秋月、宋迷获湘潭大学优秀共产党员称号，邹民安、黄娟、莫芬获子弟学校优秀共产党员称号。班级管理方面，在2017—2018学年三优评比中张湘萍老师获评市级优秀班主任，所带班级89班获评市级优秀班级。李海英老师获评区级优秀班主任，所带78班获评区级优秀班级。初78班、小82班获评区“文明班级”，王彦君、李依檀获评区“文明学生”称号，其中小82班参评市文明班级，李依檀参评市文明学生。陈施宇、钟汐菡荣获市级三好学生称号。陈秋潭、罗谦之、冯浩被评为区级三好学生。杨依甜同学获区“美德少年”称号。钟晓希等十名少先队员获评湘潭大学“十佳少先队员”。体育竞赛方面，在湘潭市青少年校园足球联赛中，子校女队获得第二名，男队获第七名。在雨湖区足球联赛中，子校高年级女队夺冠，低年级混合队获第三。学生竞赛方面，张蓉晖指导学生参加全国中小学生电脑制作比赛，王若茜获一等奖，刘玳汐、王宛坻、易吹寒、李祯珍、彭启航获三等奖，张蓉晖获全国优秀指导老师，子校获湖南省优秀指导单位。在湖南省第六届中小学艺术展演活动中，陈军指导的两幅作品分获绘画类一、二等奖。

（邹民安）

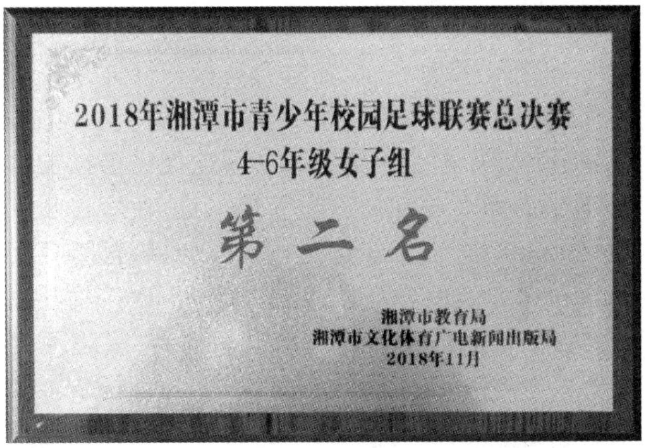

2018年湘潭市青少年校园足球联赛荣获4—6年级女子组第二名

校友会、教育基金会

发展概况 2018年，校友会办公室、教育基金会办公室与校庆办公室合署办公，筹备湘潭大学60周年校庆工作。（1）加强队伍建设。先后抽调6名同志到校庆办公室专职从事校庆筹备工作，培训600余名学生志愿者投身校庆接待工作；加强对学生助理团和兼职校友联络员队伍的培训和指导，强化工作理念和服务意识。（2）共谋双赢发展。依托优势资源，促成学校与校友、社会企业、高校以及地方之间在科研开发、人才培养、学生就业等方面的合作。与校友、校友企业或所在单位共建教学科研平台、开展课题攻关和成果推广、建立人才培训基地、实习基地和就业创业基地。通过邀请知名校友回校举办讲座、在开学毕业典礼上做演讲，聘任校友为兼职教授等方式，指导学生的成长和职业规划。组织多场校友捐赠仪式、奖助学金座谈会，培养学生感恩，传承善举。（3）拓展服务能力。在2018届毕业生毕业典礼现场为毕业生派发近万份纪念品。组织广州、佛山、东莞、长沙等校友会举行校园招聘专场,近百家校友企业回校招聘提供千余岗位。

特色工作 (1)健全工作体系,加强组织建设。3月24日组织召开首届校友会会长、秘书长联席会议,通过了《湘潭大学校友分会会长、秘书长联席会议制度》,建立了校友会组织常态化交流机制。9月10日组织召开校友总会第五次会员代表大会暨理事会换届大会,组建新一届校友总会组织机构。推动和指导新成立了欧洲校友会、江门校友会、江苏校友会、四川校友会及自动化专业联谊会。(2)完善信息平台,加大宣传力度。开通了校庆专题网站,编印了12期校庆简报和4期校庆专刊,在学校官微、校友总会官微等开辟了校庆专栏。通过学院征集信息、校友返校聚会、走访各地分会和应届毕业生信息收集等途径完善校友信息,实现校友数据库的科学管理,目前在库校友有效信息达10万多条。运营校友总会、教育基金会网站和官方微信公众号,社汇 App 平台。校友总会官方微信活跃度多次跃居全国榜首,多篇原创文章被新湖南等媒体转载,获"2018年度校友会微信公众号百强榜单"最受欢迎奖。(3)创新主题活动,激发全员参与。线上推出点亮校友地图线上活动,24小时内吸引了46个国家、35000多人次参与。6月2日举行校庆倒计时100天启动仪式暨迷你马拉松大赛,4000余名在校师生和校友以奔跑的方式喜迎校庆,宣传校庆。2018年全年组织开展了以"湘大,因你而美好"为主题的校友秩年返校活动。据不完全统计,全年返校班级超过100个,累计人数逾万人。其中校庆日前后返校校友超过了6000人。指导各地校友分会为学校拍摄毕业生祝福短片和60周年校庆祝福视频,举办座谈会、联谊会、庆典等各种形式的庆祝活动。组织校友组队返校参加校友篮球赛、足球赛等。(4)挖掘社会资源,助推学校建设。挖掘捐赠潜力,引导热心企业和社会各界、广大校友捐资助学,参与学校管理和基础设施捐建。2017年以来,各项捐赠累计达2.3亿元。实际到账资金3000万元,基础设施或物资捐赠折算超过1000万元。教育基金会线上捐赠平台自上线以来,累计参与人数超过3100多人,累计捐赠超过200万元。泰康保险、宇业集团、新华联、京东集团、蓝思科技等热心企业及社会各界对学校给予了极大关注与支持。校友捐资助校的热情高涨。北京校友会筹资捐建北京路,广东地区校友会筹资捐建广东路,长沙校友会捐建校园健康跑道,永州校友会捐资更换俱乐部座椅,浙江校友会捐赠校庆随手礼,北美校友会捐赠外文书籍,等等。校友谭曼、胡敏、陈小华、陈寿生、刘帅辉、陈云、费东平、覃九三、周孝伟、黄立新等出资回馈母校。

(申　慧)

2018年3月24日,首届校友会会长、秘书长联席会议举行签署捐赠协议仪式

第七部分
党建与思想政治工作

组织(党校)工作

2018 年 6 月 29 日,省委常委、省委组织部部长王少峰来校讲授主题党课

发展概况 一是推进"两学一做"学习教育常态化制度化。坚持完善学习机制、丰富学习形式、强化学习载体、加强督导检查,着力推进"两学一做"学习教育常态化制度化。6 月 12 日,校党委书记黄云清、副校长刘建平分别在"学习新思想千万师生同上一堂课" 活动上做主题报告;6 月 29 日,省委常委、省委组织部部长王少峰来校讲授"赓续红色基因,矢志践行初心"主题党课。二是配合做好省委巡视和选人用人专项巡视检查有关工作。积极做好沟通配合、组织协调和调查核实、材料上报工作,并根据反馈情况,认真抓好整改落实。三是规范做好发展党员工作。2018 年共计发展党员 1560 人,其中发展教职工党员 18 人、研究生党员 298 人、本科生党员 1244 人;发展女性党员 1082 人;发展少数民族党员 87 人。四是加强基层党组织建设。修订《湘潭大学教学院(部)党组织会议和党政联席会议制度》;做好二级党组织换届(补选)工作,22 个二级党组织完成了换届(补选)工作;制定了《湘潭大学教师党支部书记"双带头人"培育工程实施方案》并认真组织实施;探索新形势下党费收缴的途径和方法,实现了在职教职工党员、学生党员的党费网上缴纳。五是着力加强教育培训力度。2018 年,党校共举办各类主题培训班 9 期,培训学员 7519 人次;组织 39 名党务干部赴井冈山开展了"不忘初心,牢记使命"党务干部党性教育专题培训;承办了 2018 年全省高校党支部书记专题培训班等。六是扎实做好驻村帮扶工作。2018 年初,组建了学校 2018—2020 年驻村帮扶工作队,于 3 月 19 日正式进驻泸溪县洗溪镇张家坪村。2018 年,学校先后投入各类扶贫资金近 200 万元,张家坪村 23 户 101 人实现脱贫,驻村帮扶工作获评"优秀"等次。七是进一步规范干部信息管理工作。组织开展领导干部人事档案整治深化行动;做好集中排查清理领导干部违规在企业兼职(任职)工作,进一步加强和规范了处级领导干部因私出国(境)证件监管和因私出国(境)审批管理工作;开展处级领导干部个人有关事项年度集中填报工作,随机抽查了 14 名领导干部个人有关事项报告情况,并完成了比对处理工作。

特色工作 着力推进"对标争先"建设计划。2018 年,马克思主义学院获评全国党建工作标杆院系,公共管理学院学生张旭进入首批高校"百名研究生党员标兵",3 个党支部获评湘潭市首批"五星"党支部;举办庆祝"七一"评优创建活动,积极开展先进典型风采展示。举办了"不忘初心跟党走 牢记使命建新功——湘潭大学纪念建党 97 周年艺术作品、先进典型风采展",省委常委、省委组织部部长王少峰对展览给予高度评价。

(李逻辑)

宣传思想工作

理论教育　一是理论宣传教育。组织开展校党委中心组专题学习，组织专家解读党的十九大精神，组织师生代表召开学习座谈会，开展“学习新思想千万师生同上一堂课”活动。二是依托三个基地开展理论研究。获省中心委托研究项目2项，省思想政治工作研究课题2项，发表论文4篇，基地2项成果获中宣部评优资助。三是加强舆情信息员核心队伍建设。加强工作协调和网络舆情信息监控，上报舆情信息391篇，被省委宣传部采用20篇，中宣部采用1篇；妥善处置涉校舆情，全年保持了舆情总体平稳。四是抓好思想政治工作队伍建设。健全学校思想政治教育工作机制，进一步强化宣传思想工作一把手负责制与责任追究机制。五是做好意识形态责任制相关工作。校党委将加强意识形态工作和思想政治理论课程建设的有关重大问题多次纳入到校党委会议、校长办公会议议题；完善意识形态责任落实机制，制订出台了《中共湘潭大学委员会意识形态工作责任制实施细则》等；学校领导班子成员和各二级党组织签订《意识形态责任书》；积极配合省委巡视组开展意识形态工作责任制专项巡视。

新闻宣传　一是全面推进对外宣传。全年在《人民日报》、《光明日报》、中央电视台、新华网、新浪网、香港《大公报》、《湖南日报》、湖南卫视、湖南经视、湖南都市、湖南教育台等媒体刊发、播出新闻稿件1000余篇(条/次)。二是面向全校师生加强典型宣传。加强对“时代脊梁”沧南、王向清、杨怀保等老师教育教学教研事迹以及优秀毕业生事迹报告会等的宣传和报道。三是加强校报、电视台、广播、新闻橱窗和新闻网等校内舆论阵地的建设。

校园文化建设　一是加强对各类宣传品制作、横幅的规范管理。除重大活动与重要会议以外，尽量减少在校内悬挂横幅，更多地利用办公楼、逸夫楼等地的电子显示屏，以厉行节约和美化校园环境。二是积极开展校园文明创建工作。在校园宣传橱窗、主干道灯杆、公共楼寓显要位置等张贴创文展板和公益广告500余块；在校属网站首页设置创文主题图片，全校电子显示屏24小时滚动播放相关内容。三是发挥校园文化活动育人作用。组织记者节活动，协同组织韶风名家论坛、“百灵鸟”杯辩论赛、大学生DV文化节等学术文化活动。四是开展“七五”普法和学法考法。利用校园媒体平台开展法治宣传教育；年度学法考法参学率100%，考试通过2008人，报考率99%，通过率99%。

60周年校庆　一是牵头组织缅怀伟人主题活动，编辑出版《湘潭大学校史》《回眸——校友散文选集》《回眸——校友诗歌选集》《毛禹居诗词笺析》校庆系列丛书，完成校庆宣传画册和学校形象宣传片制作，组织开展校史馆改造布展工作，确定了湘大精神内涵，即“牢记使命、艰苦创业、追求卓越”。二是通过校内外媒体营造校庆氛围。《光明日报》《中国教育报》《红旗文摘》《湖南日报》、人民网、光明网、湖南卫视等相继刊发和播放相关的稿件、节目。官方微信推送的校庆宣传视频阅读量达25.5万次，点赞量2787次，留言1088条，各项数据均创新高。通过宣传栏、电子显示屏、灯杆旗、投放户外广告等营造校庆氛围。三是做好校庆期间的媒体报道工作。新浪、红网时刻和《新湖南》对60周年校庆纪念大会和校庆晚会等活动进行了直播，访问量分别为457.8万次、94.5万次、75万次。新华社、人民网、《湖南日报》、湖南卫视、中国教育在线、中国社会科学网等媒体平台对系列校庆活动进行了宣传报道。

其他工作　一是完成迎接湖南省高校思想政治工作专项督查迎检工作。加强对哲学社会科学学术活动的严格把关。加强部门制度建设和干部学习。二是完成各项重要活动和事件专题档案资料的收集、整理和归档工作，全年收集、整理、归档学校重大活动和重要事件照片2500余张，对外宣传剪报400余篇。三是做好报刊订阅和宣传橱窗专题布置工作。

（邹　鹏）

统战工作

2018 年 11 月 7 日，党委统战部组织召开各民主党派和无党派人士座谈会，传达学习习近平总书记重要批示精神，凝心聚力，砥砺同心，助力学校“双一流”建设与改革发展

发展概况 一是坚持用习近平新时代中国特色社会主义思想教育引导广大统战成员。传达学习了汪洋、尤权同志在中共中央发布“五一口号”70 周年系列纪念活动上的讲话。深入学习了习近平总书记关于宗教工作的重要论述和全国宗教工作会议精神以及新修订的《宗教工作事务条例》。召开了党外代表人士座谈会，传达学习了习近平总书记对湘潭大学建校 60 周年的批示精神。二是稳步推进党外人士队伍建设。制定了《湘潭大学党外干部培养规划》。推荐无党派人士夏珺担任学校工程训练中心副主任、湘潭海泡石产业研究院副院长(兼)。推荐民进会员欧爱民教授担任湘潭大学社科联副主席(正处长级)。推荐九三学社社员杨柳春赴株洲市高新区挂职。选派李勇飞、陈才学参加省委统战部举办的第七期无党派人士培训班。选派刘云、陈梦兮参加市委统战部举办的第三期无党派人士培训班。三是指导各民主党派加强自身建设。支持各民主党派开展纪念“五一口号”发布 70 周年系列活动。全年发展民主党派新成员 5 人。四是加强党外知识分子工作载体建设。推荐胡夏一等 8 人当选省知联会第四届理事会理事，胡夏一当选副会长。协助市委人才工作领导小组和市归国华侨联合会成立湘潭市海外高层次人才联谊会，李正当选为首届会长。钟建新、李正、欧爱民同时入选湘潭市首届最美同心人物。五是积极引导统一战线成员发挥作用。民建支部提交的《发挥科技支撑作用，推动我省乡村振兴战略实施》调研报告在 2018 年 12 月 13 日杜家毫省委书记主持的参政议政会议上进行报告，效果良好。六是扎实做好民族宗教工作。统战部工作人员积极参加上级部门组织的宗教工作培训。认真开展宗教工作自查，集中取缔校园周边一处基督教私设聚会点。七是切实做好侨眷侨胞工作。钟建新、段斌获市侨界杰出人物荣誉，胡夏一获市归侨侨眷先进个人荣誉。钟建新当选为市侨联第八届委员会兼职副主席。八是积极配合省委巡视工作。党委统战部主动接受巡视，自觉接受检查，诚恳接受监督，接受意识形态谈话 2 次，向巡视组提交了《党委统战部落实意识形态工作责任制自查报告》等相关材料，强化了统战部门的责任担当。

特色工作 一是推进联谊交友工作规范化制度化。进一步落实各级党委委员与党外代表人士联谊交友制度，出台了湘潭大学《关于进一步加强党员领导干部同党外代表人士联谊交友工作的实施办法》。《办法》就联谊交友对象、工作范围、工作内容、工作机制等作出明确规定，有力地推进了党员领导干部同党外代表人士联谊交友工作的规范化、制度化、长效化。二是认真开展统战理论研究工作。成立了湖南省毛泽东统一战线思想研究基地。全省统一战线理论政策研究课题委托项目获批 8 项，其中重大课题 2 项。立项率与立项数量均位列全省前列。无党派人士胡夏一、谭曼庆成功中标 2018 年度“知识力量参政议政学术团队”行动计划调研课题。中央统战部来湘调研，李雅兴、刘建军参加了调研座谈和个别访谈。盛明科在鄂湘粤三省高校统战理论研讨会上作了《以高度的政治自觉和使命担当做好学校统战工作》的研讨报告。

(刘建军)

教师教学工作

4 月 28 日，组织开展"寻足迹忆伟人、迎校庆铸师魂"重走毛泽东小道活动，近 100 名中青年教师相聚伟人故里，一起重走毛泽东小道

发展概况　党委教师工作部、教师教学发展中心对标新时代新形势新要求，落实立德树人根本任务，大力加强师德师风建设和教师思想政治教育，着力加强教师培养培训，积极开展教学研讨，促进教师良好发展。主要做了以下几项工作：一是加强组织领导。成立师德师风建设委员会，负责师德师风建设工作的总体部署、协调等工作。推进师德师风建设和教师思想政治教育的组织实施，落实二级党组织的主体责任。二是完善工作机制。出台《中共湘潭大学委员会关于进一步加强师德师风建设的决定》，构建教育、宣传、考核、监督、奖惩相结合的师德师风建设工作机制；建立师德师风建设联席会议制度，组建学生信息员队伍，构建师德师风状况调查常态机制。三是加强宣传教育。举办"学习新思想千万师生同上一堂课"1 次，"师道大讲堂"2 次，"明道信道"宣讲活动 15 次，受训教师 2000 余人次；开展"师德师风建设月"活动；开展最美教师、最美教师团队、湖南省师德典型的评选推荐工作，沧南教授入选感动中国之感动湖南人物，王向清教授入选湖湘师表；确定 6 个教师"思政品牌"创建项目；举办"大爱铸师魂建功新时代"青年教职工演讲比赛，组织"寻足迹忆伟人、迎校庆铸师魂"重走毛泽东小道活动，组织青年教师赴徐特立故居参观学习；通过新闻网、微信、宣传橱窗等渠道，宣传师德典型。四是着力教师培训。构建立体教育培训体系，组织教师岗前培训、教学能力提升专题培训等培训班 14 期，组织教师参加上级部门组织专题培训、外出业务培训和网络培训多期，受训教师 2200 余人次，获 2017 年度湖南省高校教师岗前培训管理工作先进集体一等奖（全省共 3 个）；承办 220 余人参加的全省高校教师教学能力提升高级研修班 1 期。五是注重教学示范。组织校级教学示范观摩课 4 场、院级教学示范观摩课 6 场。六是开展教学研讨。组织"提升教师教学能力，推进一流本科教育"教学研讨会等研讨会 5 场。

特色工作　根据习近平总书记"传道者自己首先要明道、信道"的讲话精神，组织各学院开展"明道信道"系列宣讲活动。宣讲内容包括习近平新时代中国特色社会主义思想、党的十九大精神、师德师风、全国教育大会精神等，各学院教职工参加。全年举办宣讲活动 15 场，黄云清、周益春、刘建平等校领导及其他专家作宣讲报告。

（陈　欢）

离退休工作

发展概况　离退休人员情况：截至2018年12月31日，湘潭大学有离退休人员1320人，平均年龄73岁，其中离休干部27人，本年度退休人员37人，去世25人，净增12人。部（处）党委设有22个支部，党员647人。

党建工作　（1）加强政治建设。组织各支部认真学习党的十九大精神、习近平新时代社会主义思想和新《党章》、习近平总书记对湘潭大学重要批示精神。（2）加强思想建设。一是部（处）党委中心组2018年组织中心组学习6次；二是开展主题党日活动：组织全体离退休党员开展"悟初心、守初心、践初心、助发展"大讨论，"传承红色基因，争做时代新人"学习教育活动，向姜开斌同志学习、认真学习贯彻习总书记对湘潭大学的重要指示精神等；三是分批次组织四百离退休党员到湘潭市第一湾——窑湾开展"爱我新湘潭、共筑中国梦"参观学习主题党日活动、组织离退休骨干赴彭德怀故居"缅怀革命先烈、传承红色基因"学习活动。（3）加强组织建设。一是组织党支部支委以上干部共计70人在韶山举办一期离退休党务干部能力提升培训班；二是加强经费保障，落实湘办〔2017〕32号文件精神，按每个离退休干部党组织每月600～800元的标准包干给予党组织负责人工作补贴；三是做好困难党员的走访慰问工作，全年共走访慰问困难党员上百人；四是按照党支部五化建设要求，开展争创示范性党支部活动，教师公寓离退休党支部第五支部被评为全省离退休干部示范性党支部。

管理与服务　一是畅通交流沟通渠道。学校坚持每年向离退休人员通报学校建设和发展情况的制度，分管校领导坚持每月接待老同志制度。二是认真落实各项政策和待遇。落实《中共中央组织部 财政部 人力资源社会保障部关于提高生活长期完全不能自理的离休干部护理费标准的通知》（组通字〔2017〕37号）文件精神，提高离休干部护理费标准，由1000元/月提高到2500元/月；全年共探望离退休住院病人270人次，生日祝寿220人，重大节日走访慰问老同志上百次，并赴广东省、浙江省宁波等地慰问居外地的老同志；坚持为全体老同志购买意外保险和学校大病爱心医疗互助，组织1300多名老同志进行了体检，发放困难补助148629.6元，协助处理离退休人员丧事25起。三是加强老年活动场地建设，对棋牌活动室的座椅进行了补充，对综合大厅的音响室、储藏室进行了改造，对老年大学的桌椅和空调进行了更换，并增添了电视机，把"文化养老"落到了实处。

活动开展情况　一是按照学校统一部署组织做好60周年校庆活动。9月10日顺利召开历届校领导座谈会，组织开展了"不忘初心、牢记嘱托、追寻历史记忆"校园游、"迎60周年校庆、书画创作颂党恩"书法、美术、摄影作品展以及"迎校庆60周年，我与湘大"征文活动。二是组织各大协会参加省市文艺汇演、三八门球赛、钓鱼比赛、气排球比赛等各种活动30余次，多个项目获奖。三是举办第十届老年人运动会，35个项目共有819名退休人员参加，充分享受趣味运动带来的乐趣。四是举办"听党话、跟党走、感党恩"2019迎新年文艺演出，离退休老同志们自编自演了数十个精彩节目。

获奖情况　离退休工作部（处）荣获"湘潭市离退休工作先进单位"、获学校"先进二级党组织"，老科协获"湘潭市老科协工作先进集体"，教师公寓第五党支部被湖南省委离退休工委授予全省示范离退休干部党支部，并于2018年8月授牌；副校长宁建民获湘潭市"热心支持老科协工作的好领导"，陈斌同志荣获"湘潭市十佳孝亲敬老个人"，尹立新荣获湘潭市"离退休干部先进个人"，柳树林、张安珍、梁以德获"湘潭市先进老科技工作者"，刘业超获"湘潭市老科技精英奖"。

（*汤　辉*）

纪检、监察工作

2018 年党风廉政建设联席会议

发展概况 2018 年以来,湘潭大学纪检监察在校党委和上级纪委的正确领导下,坚持把纪律和规矩挺在前面,学校党风廉政建设工作取得了新的成绩。

2018 年,校纪检监察荣获全省教育系统纪检监察先进单位;校纪委副书记、监察处处长罗凤华获评全省教育系统执纪审查先进个人,校纪委副书记蔡一文获评全省教育系统纪检监察卫士奖。

特色工作 一是强化"四个意识",落实"两个维护",加强政治监督。及时传达学习中纪委二次全会、省纪委三次全会以及全省教育系统全面从严治党工作视频会议等精神,召开我校 2018 年全面从严治党工作会议,制定《2018 年全面从严治党和纪检监察工作要点》,协助党委制定印发《湘潭大学领导班子成员 2018 年党风廉政建设职责》。二是加强日常监管,切实履行好纪委监督第一职责。向校属各单位发放《党风廉政建设谈话登记表》,督促各二级党组织配齐兼职纪检委员,在全校开展了"三重一大"事项决策情况的自查自纠,制定了《关于建立重点事项廉政风险防控措施的工作方案》。完善廉政档案建设,丰富廉政档案相关内容,并抓紧建立电子廉政档案。做好政治生态调研工作,配合省纪委四室和信访室做好党风廉政问卷调研、高校信访举报现状调研。三是积极配合省委巡视工作,推动巡视监督与日常监督相结合。协助党委制定《中共湘潭大学委员会接受省委巡视第九组巡视工作方案》,负责做好与巡视组的联络、协调,确保各项任务的上传下达;及时准确地提供日常监督资料,协助巡视组打通信息壁垒;认真按时完成巡视组交办、督办的各项任务,将日常监督与巡视监督有机结合。四是贯彻上级部署,结合学校实际,深入开展相关专项整治工作。扎实开展违反中央八项规定精神突出问题专项整治工作,协助党委制定了《中共湘潭大学委员会关于进一步贯彻落实中央八项规定精神实施办法的有关规定》;相继开展教育行业不正之风、领导干部利用名贵特产类特殊资源谋取私利等专项整治工作;结合学校实际,深入开展违规占用周转房专项治理、60 周年校庆专项督查等工作。五是突出主责主业,始终保持执纪问责高压态势。2018 年,我校纪检监察共受理信访举报 38 件(次),立案 5 起(7 人),结案 4 起(4 人)。给予 2 人党内警告处分、1 人行政警告处分、1 人行政记过处分;给予 27 人(次)诫勉谈话或组织处理;对 4 个单位的 5 起责任事故或问题进行了追责问责,并在全校范围通报批评。六是加强教育预防,筑牢拒腐防变思想防线。向处级及以上领导干部、全体教工党员发放《中华人民共和国监察法》《中国共产党纪律处分条例》等学习资料共计 2000 余本;突出以案释纪,先后在全校通报了全省教育系统 26 起违纪违规典型案例以及我校查处的违纪违规案例。七是加强理论创新,提高纪检监察干部综合素质。2018 年,校纪检监察先后 6 人(次)参加了上级组织的学习培训;在《中国纪检监察报》、三湘风纪网等媒体发表了《党委主动履责纪委精准发力》《湘潭大学党委是怎样重视和支持纪检监察工作的》等理论文章和经验材料 6 篇。

(吴　迪)

安全保卫与维稳工作

2018年9月7日湘潭市公安局副局长韩伟，率各警种及分局相关部门来校与保卫处协调对接60周年校庆安保工作方案，召开校庆安保工作协调会

发展概况　一是落实维稳责任。以维护政治稳定为核心，落实意识形态工作责任制，协助校园宗教管理，配合政府关闭1处非法宗教聚会点，落实重点人员帮教管控责任，继续开展新生邪情摸底和反邪教警示教育；加强维稳信息搜集研判，全年编辑校园信息专报31期，搜集信息500余条，召开各级维稳形势研判会6次，开展专题调研15次，编辑情况反映23期上报各级领导以供决策参考。同时，在省级反邪教网站上稿6篇专业反邪教文章，连续19年实现防范处理邪教工作“三个零指标”。二是加强队伍建设。保卫处围绕党的十九大和十三届政府工作报告、建校60年前夕习近平总书记为我校作出的重要批示及《湖南省学校学生人身伤害事故预防与处置条例》加强学习，支部认真开展“三会一课”及主题党日活动，不断提高干部职工思想政治意识和业务工作能力；今年新进省警察学院毕业生1名，同时狠抓保安规范管理，强调纪律意识保密意识，保卫工作队伍力量和素质进一步得到提升。三是夯实防控基础。警务室正式民警增至3人，聘请专职保安137人，应急反应联动机制日趋熟练，全年监控发现联动抓获校园违法犯罪17人；校园监控完成第四期建设，探头达到1113个，学生宿舍安装48套门禁系统，办公和教学区域安装门禁52套，全校学生宿舍共安装防盗门和配套门禁感应锁7414张，覆盖率达90%；积极依靠地方政府，于2月初组织相关部门300余人依法拆除联建区违章建筑，消除了影响校园安全的一处乱源。四是深入推进安全教育。邀请省级优秀人民警察周小莲参加新生安全教育授课，安全教育教研组成员达13人，年度经费4万元；利用暑期备课研讨精选教材内容，确定电信诈骗、校园贷、国家安全、消防安全作为新生安全教育讲座重点，并成功组织紧急疏散演练和灭火器实践操作；严格按学校教学规范备课和开展教学，全年完成1200余人选修；保卫处申报的《基于高校德育价值的安全意识养成教育实效提升研究》被立项为省思政课题（保卫专项）；联合学院和政府职能部门开展安宣活动10余次，营造丰富多彩的校园安全文化氛围。五是规范安全管理。保卫处严格执行领导带班、工作人员值班制度，不断提高服务师生的能力和意识，全年出动安保力量1300余人次，圆满完成了40余次各型活动安保任务，特别是确保了60周年校庆活动的平安顺利举行；全年全校性安全检查2次，专项消防隐患整改9处，维护保养灭火器1500余瓶；户籍管理争取到省内、省外异地居民身份证办理权限，为广大师生提供了便利。

特色工作　在前几年校环境建设、校园出入口封堵的基础上，5月启动校园禁摩前期准备、宣传动员工作，制定并通过了《湘潭大学校园内摩托车、电动车通行管理办法》（湘大政发〔2018〕3号）、《禁止摩托车、电动车在校园内通行的工作方案》，至9月初正式全面实施禁电禁摩，其间，动员师生自行清理个人车辆1600余台，联合交警进校清理违章违规和滞留校内车辆458台，严格审核后发放通行证148张；同时，积极落实车禁收费工作，于11月26日正式启动校园停车收费，校园车辆进出实现智掌控。至此，校内摩托车、电动车流量大幅下降，校园交通管理日趋规范有序，开启校园交通智能化、规范化新篇章。

（谢汝希）

机关党委工作

2018 年 12 月 25 日，机关党委召开党员大会

发展概况　一是扎实推进“两学一做”学习教育常态化制度化。制定了《“三会一课”纪实管理基本要求》《党课基本要求》等规章制度。组织学习《习近平新时代中国特色社会主义思想三十讲》、党的十九大精神以及习近平总书记对湘潭大学重要批示精神等。向支部发放《习近平用典》等自主学习资料。组织开展党章党规党纪知识测试。协同相关部门开展“两学一做”学习教育常态化制度化专项检查。二是加强组织建设，着力打造坚强有力的战斗堡垒。圆满完成机关党委换届选举工作。优化支部设置，选优配强支委，指导审批 14 个党支部进行支委换届、改选和补选工作。组织培训支部书记 50 人次；按照“十六字”方针培养吸收预备党员 6 名。组织支部对照“五化支部”建设标准自查自评；随机抽查与定期普查相结合查阅支部工作手册并明确整改要求。三是加强党性教育，建设忠诚干净担当的党员队伍。校领导分批率领部门负责人深入湘西自治州泸溪县进行走访和对口帮扶点贫困户。党支部组织前往红色教育基地开展不忘初心主题教育活动。组织开展评先评优工作，286 名党员中 52 名同志在民主评议中被评为优秀等级，评选出 24 名优秀党员、1 名优秀党务工作者、2 名优秀党支部书记、2 个先进党支部，荣获学校“七一”表彰，机关党委获评学校先进二级党组织。推进管理育人工作，一对一帮扶贫困优秀学生党员 11 名。四是加强廉政建设，积极营造风清气正的良好氛围。主导拟定了《关于进一步加强和改进学校机关作风建设的意见》。组织开展党纪党规讲座。通过民主生活会、组织生活会、民主评议党员、领导干部述职述廉和支部书记“双述双评”工作实施民主监督。严格落实各部门主要负责人签订《湘潭大学党风廉政建设责任书》、部门处级干部填报《领导干部个人有关事项报告表》、全体党员签订《文明节俭操办婚丧喜庆事宜承诺书》、“行业不正之风专项治理”自查等组织监督工作。引领和支持群团工作，组织机关青年骨干召开座谈会，助力青年成长。

特色工作　一是坚持开展“政治生日贺卡”活动，激励党员不忘初心继续前进。二是机关党委委员轮流主持主讲党课，引导支部创新党课模式，促使党员主动学习，深入思考，从而“让党课‘活’起来，使学习‘深’下去”。三是与学院联合开展“加强机关作风建设，服务教师成长发展”交流座谈，找准机关主动服务学院新的着力点，协同学院凝心聚力激发青年教师的青春活力，推进学校的发展。

（邓卫华）

工会工作

2018 年 3 月 27 日，第四届"巧厨娘"厨艺大赛在松涛山庄前坪举行

发展概况　校工会在上级工会和学校党委的领导下，以习近平新时代中国特色社会主义思想为指导，深入学习贯彻党的十九大精神，深度聚焦学校中心工作，坚持服务学校大局，切实履行"维护、教育、参与、建设"工会基本职能，进一步强化"党委重视、行政支持、工会运作、职工参与"的工会工作格局，着力提升工会工作对学校发展的贡献度，着力提升学校党委行政和广大会员对工会工作的满意度，组织引导教职工参加丰富多彩的活动，提升凝聚职工能力和服务发展能力，圆满完成了年度工作目标和任务。学校工会系统先后获得湖南省教育工会"综合工作先进单位"、"湖南省模范职工小家"、湖南省教育工会"财务工作考核一等奖"等多项荣誉称号。

特色工作　一是坚持创新发展，加强民主管理建设，积极开展分工会与二级教代会的换届选举工作，全校 25 家分工会，全部完成了换届选举工作，重视提案的办理和落实。二是坚持和谐发展，服务凝聚人心，营造"温暖"之家，切实维护教职工合法权益让教职工放心，认真抓好做实解难济困让教职工宽心，积极做好福利工作让教职工暖心，不断拓宽公共服务体系让教职工舒心，积极做好以购代捐、服务农民工法制宣传工作为学校献爱心。三是坚持创优发展，积极开展教职工师德师风建设，支持分工会创优建家活动，举办各项技能竞赛，充分调动了广大职工钻研业务的工作积极性，弘扬了工匠精神，形成了浓厚的比、学、赶、帮、超和爱岗敬业的工作氛围。四是坚持学习发展，提升队伍素质，规范管理提升工会组织执行力，以建设智慧工会为目标，积极开发工会信息化综合管理系统，推动工作智能化、服务便利化。五是坚持特色发展，营造"活力"之家，加强群众社团建设，积极推广特色运动开展，开展好丰富多彩的文艺文化俱乐部活动，精心策划并组织了一系列大型体育赛事，配合学校做好了"六十周年校庆"系列活动。通过这些活动既强健了教职工的身体，也增强了集体凝聚力，营造了积极向上的校园文化氛围。

（贺　军）

共青团工作

发展概况　共青团湘潭大学委员会下设 6 个常规部门，指导湘潭大学学生会等 10 个校级学生组织。校团委紧紧围绕共青团的根本任务、政治责任、工作主线，全面深化共青团改革，锐意进取、真抓实干，从激发基层团支部活力、强化思想政治引领、聚焦社会实践活动、营造创新创业氛围、繁荣校园文化建设、完善宣传体系阵地建设等着手，力求做到主旋律高扬有恒，主渠道畅通有效，主阵地建设有力。

特色工作 一是着力加强思想政治引领。大力推进《湘潭大学共青团工作改革实施方案》，密切联系各二级团组织，持续深化共青团改革。强化基层团支部阵地建设，举办“新时代 新青年 新作为”基层团建业务培训，进一步推进“三会两制一课”的贯彻落实；依托“习近平新时代中国特色社会主义思想青年学习会”，深入推进习近平新时代中国特色社会主义思想的学习、宣传与研究；积极组织发动3000余名共青团员参加湖南省大学生网络青马班课程；注重典型的培育挖掘，持续开展“五四”评奖评优、“芙蓉学子·榜样力量”、“大学生自强之星”等评选活动；依托网络思政平台，传播正能量；配备社团专门指导教师，加强监管和审批，强化社团活动的思想政治导向。二是精准发力健全双创服务。积极响应国家“大众创业、万众创新”的号召，大力推进创新创业工作，服务学生成长成才。2018年全面完成湘潭大学学生中心改造升级，建成了建筑面积7000平方米的创业孵化基地，形成了“创新创业学院+孵化基地+院系实验室（创新中心）+实训中心”的立体工作平台和上下联动、互相配合、齐抓共管的工作机制。广泛联结各种资源，全面推进师资建设，不断提升双创软实力；承办师资研修班，聘请全国资深创业人才为校外导师，全面推进创新创业导师队伍建设。2018年，创新创业孵化基地获评湖南省高校大学生创新创业孵化示范基地，现有在孵项目58个。在2018年的“互联网+”“创青春”赛事中，创新创业学院参赛团队共摘得省级以上金奖3项、银奖3项、铜奖12项。

（郭 滟 刘 灵）

2018年湘潭大学“新时代 新青年 新作为”基层团建业务培训

第八部分

学科、专业与平台建设

国家重点(培育)学科

序号	学科代码	学科名称	备 注
1	070102	计算数学	国家重点学科
2	080101	一般力学与力学基础	国家重点学科
3	030503	马克思主义中国化研究	国家重点(培育)学科

(邹 娟)

湖南省国内一流建设学科和国内一流培育学科

序号	学科代码	学科名称	学科类别
1	0201	理论经济学	国内一流培育学科
2	0301	法学	国内一流建设学科
3	0302	政治学	国内一流培育学科
4	0305	马克思主义理论	国内一流建设学科
5	0501	中国语言文学	国内一流培育学科
6	0502	外国语言文学	国内一流培育学科
7	0701	数学	国内一流建设学科
8	0702	物理学	国内一流培育学科
9	0703	化学	国内一流培育学科
10	0714	统计学	国内一流培育学科
11	0801	力学	国内一流培育学科
12	0805	材料科学与工程	国内一流建设学科
13	0817	化学工程与技术	国内一流建设学科
14	1204	公共管理	国内一流培育学科
15	1205	图书情报与档案管理	国内一流培育学科

(邹 娟)

省部共建协同创新中心

序号	中心名称	负责人	批准时间
1	“毛泽东思想研究”省部共建协同创新中心	黄云清	2018 年

(邹 娟)

国家级特色专业

序号	专业名称	获批时间
1	中国共产党历史	2007 年
2	信息与计算科学	2007 年
3	法学	2007 年
4	英语	2007 年
5	材料物理	2008 年
6	行政管理	2008 年
7	计算机科学与技术	2009 年
8	旅游管理	2009 年
9	化学	2010 年
10	经济学	2010 年
11	软件工程	2010 年

（张红爱）

省级特色专业

序号	专业名称	获批时间
1	中国共产党历史	2008 年
2	材料物理	2008 年
3	信息与计算科学	2008 年
4	计算机科学与技术	2008 年
5	化学	2008 年
6	英语	2008 年
7	法学	2008 年
8	经济学	2008 年
9	行政管理	2008 年
10	旅游管理	2008 年
11	金融学	2008 年
12	新闻学	2008 年
13	物理学	2008 年
14	材料成型及控制工程	2008 年
15	通信工程	2008 年
16	环境工程	2008 年
17	哲学	2009 年
18	历史学	2009 年
19	图书馆学	2009 年
20	化学工程与工艺	2009 年
21	工程力学	2009 年
22	过程装备与控制工程	2009 年
23	微电子科学与工程	2009 年

（张红爱）

省级重点专业

序号	专业名称	获批时间
1	汉语言文学	2001 年
2	法学	2001 年
3	信息与计算科学	2001 年
4	机械设计制造及其自动化	2002 年
5	国际经济与贸易	2005 年
6	行政管理	2005 年
7	材料物理	2005 年
8	经济学	2006 年
9	英语	2006 年
10	旅游管理	2006 年
11	数学与应用数学	2006 年
12	化学	2006 年
13	化学工程与工艺	2006 年
14	计算机科学与技术	2006 年
15	金属材料工程	2006 年

（张红爱）

博士后科研流动站一览表

序号	流动站名称	批准时间
1	化学	2001 年
2	力学	2003 年
3	法学	2007 年
4	数学	2007 年
5	材料科学与工程	2007 年
6	理论经济学	2009 年
7	公共管理	2009 年
8	物理学	2009 年
9	化学工程与技术	2009 年
10	哲学	2011 年
11	统计学	2012 年

（肖军芳）

博士学位授权点一览表

一级学科代码及名称(15个)	二级学科代码及名称(1个) (不含一级学科下二级学科)
0101 哲学	030204 中共党史
0201 理论经济学	
0301 法学	
0305 马克思主义理论	
0501 中国语言文学	
0701 数学	
0702 物理学	
0703 化学	
0714 统计学	
0801 力学	
0805 材料科学与工程	
0817 化学工程与技术	
0830 环境科学与工程	
1204 公共管理	
1205 图书情报与档案管理	

(朱丹红)

硕士学术学位授权点一览表

一级学科代码及名称(31个)	
0101 哲学	0802 机械工程
0201 理论经济学	0805 材料科学与工程
0202 应用经济学	0807 动力工程及工程热物理
0301 法学	0808 电气工程
0302 政治学	0809 电子科学与技术
0305 马克思主义理论	0810 信息与通信工程
0501 中国语言文学	0811 控制科学与工程
0502 外国语言文学	0812 计算机科学与技术
0814 土木工程	0503 新闻传播学
0817 化学工程与技术	0602 中国史
0830 环境科学与工程	0603 世界史
1201 管理科学与工程	0701 数学
1202 工商管理	0702 物理学
1204 公共管理	0703 化学
1205 图书情报与档案管理	0714 统计学
0801 力学	

(朱丹红)

硕士专业学位授权类别、领域一览表

专业学位类别代码及名称（12 个）	工程领域代码及名称（14 个）
0251 金融	085201 机械工程
0252 应用统计	085202 光学工程
0351 法律	085204 材料工程
0352 社会工作	085206 动力工程
0551 翻译	085207 电气工程
0552 新闻与传播	085208 电子与通信工程
0852 工程	085209 集成电路工程
1251 工商管理	085210 控制工程
1252 公共管理	085211 计算机技术
1254 旅游管理	085213 建筑与土木工程
1255 图书情报	085216 化学工程
1351 艺术	085229 环境工程
	085231 食品工程
	085237 工业设计工程

（朱丹红）

本科专业设置一览表

序号	所属学院	专业类	专业代码	专业名称
1	碧泉书院	哲学类	010101	哲学
2		社会学类	030301	社会学
3		历史学类	060101	历史学
4		工商管理类	120210	文化产业管理
5	马克思主义学院（毛泽东学院）	马克思主义理论类	030502	中国共产党历史
6		政治学类	030204T	国际事务与国际关系
7		马克思主义理论类	030503	思想政治教育
8	商学院	经济学类	020101	经济学
9		经济与贸易类	020401	国际经济与贸易
10		金融学类	020301K	金融学
11		工商管理类	120201K	工商管理
12		工商管理类	120202	市场营销
13		工商管理类	120203K	会计学
14		工商管理类	120204	财务管理
15		电子商务类	120801	电子商务
16		工商管理类	120207	审计学

序号	所属学院	专业类	专业代码	专业名称
17	商学院	工商管理类	120206	人力资源管理
18		旅游管理类	120901K	旅游管理
19		旅游管理类	120902	酒店管理
20	公共管理学院	政治学类	030201	政治学与行政学
21		公共管理类	120402	行政管理
22		公共管理类	120401	公共事业管理
23		管理科学与工程类	120102	信息管理与信息系统
24		图书情报与档案管理类	120502	档案学
25		图书情报与档案管理类	120501	图书馆学
26		新闻传播学类	050307T	数字出版
26	法学院·知识产权学院	法学类	030101K	法学
28		法学类	030102T	知识产权
29	信用风险管理与法律防控	030104T	法学类	信用风险管理学院
30	文学与新闻学院	中国语言文学类	050101	汉语言文学
31		新闻传播学类	050301	新闻学
32		新闻传播学类	050302	广播电视学
33		新闻传播学类	050303	广告学
34	外国语学院	外国语言文学类	050201	英语
35		外国语言文学类	050203	德语
36		外国语言文学类	050204	法语
37		外国语言文学类	050207	日语
38		中国语言文学类	050103	汉语国际教育
39		外国语言文学类	050261	翻译
40		外国语言文学类	050205	西班牙语
41	艺术学院	戏剧与影视学类	130310	动画
42		设计学类	130501	艺术设计学
43		设计学类	130502	视觉传达设计
44	数学与计算科学学院	数学类	070101	数学与应用数学
45		数学类	070102	信息与计算科学
46		统计学类	071201	统计学
47		计算机类	080910T	数据科学与大数据技术
48	物理与光电工程学院	物理学类	070201	物理学
49		电子信息类	080704	微电子科学与工程
50		仪器类	080301	测控技术与仪器
51		电子信息类	080705	光电信息科学与工程

序号	所属学院	专业类	专业代码	专业名称
52	材料科学与工程学院	材料类	080402	材料物理
53		材料类	080401	材料科学与工程
54		材料类	080414T	新能源材料与器件
55		材料类	080405	金属材料工程
56	化学学院	化学类	070301	化学
57		化学类	070302	应用化学
58		材料类	080403	材料化学
59		材料类	080407	高分子材料与工程
60		药学类	100701	药学
61	化工学院	化工与制药类	081301	化学工程与工艺
62		化工与制药类	081302	制药工程
63		食品科学与工程类	082701	食品科学与工程
64		生物工程类	083001	生物工程
65	机械工程学院	机械类	080202	机械设计制造及其自动化
66		机械类	080203	材料成型及控制工程
67		机械类	080205	工业设计
68		机械类	080206	过程装备与控制工程
69		能源动力类	080501	能源与动力工程
70		材料类	080411T	焊接技术与工程
71	信息工程学院	自动化类	080801	自动化
72		电子信息类	080701	电子信息工程
73		电子信息类	080703	通信工程
74		计算机类	080901	计算机科学与技术
75		计算机类	080903	网络工程
76		计算机类	080902	软件工程
77		土木类	081004	建筑电气与智能化
78		电子信息类	080714T	电子信息科学与技术
79	土木工程与力学学院	土木类	081001	土木工程
80		力学类	080102	工程力学
81		土木类	081002	建筑环境与能源应用工程
82		测绘类	081201	测绘工程
83	环境与资源学院	矿业类	081501	采矿工程
84		安全科学与工程类	082901	安全工程
85		环境科学与工程类	082503	环境科学
86		环境科学与工程类	082502	环境工程
87		环境科学与工程类	082505T	环保设备工程

（张红爱）

专科专业设置一览表

序号	所属学院	专业大类	专业代码	专业名称
1	环境与资源学院	机电一体化技术	580201	制造大类
2		应用电子技术	590202	电子信息大类
3		计算机应用技术	590101	电子信息大类
4		建筑工程技术	560301	土建大类
5		商务英语	660108	文化教育大类
6		导游	640103	旅游大类

（张红爱）

继续教育专业设置一览表（高起专）

序号	专业名称（高起专文科）	序号	专业名称（高起专理科）
1	会计	1	建筑工程技术
2	导游	2	机电一体化技术
3	行政管理	3	机械设计与制造
4	商务英语	4	计算机应用技术
5	法律事务	5	应用电子技术
6	工商企业管理		

（刘期达）

继续教育专业设置一览表（专升本）

序号	专业名称（专升本文科）	序号	专业名称（专升本理科）
1	经济学	1	机械设计制造及其自动化
2	国际经济与贸易	2	材料成型及控制工程
3	金融学	3	电子信息工程
4	法学	4	通信工程
5	汉语言文学	5	计算机科学与技术
6	英语	6	土木工程
7	图书馆学	7	化学工程与工艺
8	新闻学	8	信息管理与信息系统
9	艺术设计学	9	测控技术与仪器
10	工商管理	10	采矿工程
11	市场营销	11	安全工程
12	会计学	12	数学与应用数学

序号	专业名称(专升本文科)	序号	专业名称(专升本理科)
13	人力资源管理	13	制药工程
14	旅游管理	14	焊接技术与工程
15	电子商务	15	测绘工程
16	行政管理	16	网络工程
17	公共事业管理	17	生物工程
18	动画	18	药学
19	档案学	19	环境科学
20	财务管理	20	食品科学与工程
21	统计学	21	电子信息科学与技术
22	酒店管理	22	软件工程
23	广告学		

(刘期达)

继续教育专业设置一览表(高升本)

序号	专业名称(高升本文科)	序号	专业名称(高升本理科)
1	经济学	1	机械设计制造及自动化
2	国际经济与贸易	2	材料成型及控制工程
3	金融学	3	电子信息工程
4	法学	4	通信工程
5	汉语言文学	5	计算机科学与技术
6	工商管理	6	土木工程
7	市场营销	7	化学工程与工艺
8	会计学	8	信息管理与信息系统
9	人力资源管理	9	测控技术与仪器
10	旅游管理	10	采矿工程
11	行政管理	11	电子信息工程与技术
12	公共事业管理	12	软件工程
13	财务管理	13	网络工程
14	图书馆学	14	药学
15	档案学	15	安全工程
16	酒店管理	16	测绘工程
		17	制药工程

(刘期达)

国家级工程研究中心、实验室

序号	研究机构名称	主管部门	负责人	批准时间
1	化工过程模拟与强化国家地方联合工程研究中心	国家发改委	罗和安	2011 年
2	特种功能薄膜材料国家地方联合工程实验室	国家发改委	周益春	2012 年
3	新型储能电池及关键材料国家地方联合实验室	国家发改委	王先友	2015 年
4	新能源装备及储能材料与器件国家国际科技合作基地	国家科技部	王先友	2015 年

（苏绪霞）

湖南省高等学校“2011 协同创新中心”

序号	中心名称	负责人	批准时间
1	“毛泽东思想研究”协同创新中心	李佑新	2013 年
2	“法治湖南建设与区域社会治理”协同创新中心	廖永安	2014 年
3	“环境友好与资源高效利用化工新技术”协同创新中心	罗和安	2015 年

（邹　娟）

省部级以上研究机构（自然科学类）

序号	名称	主管部门	负责人	批准时间
1	化工过程模拟与优化教育部工程研究中心	教育部	罗和安	2001 年
2	低维材料及其应用技术教育部重点实验室		周益春	2003 年
3	复杂轨迹加工工艺与装备教育部工程研究中心		郑学军	2007 年
4	环境友好化学与应用教育部重点实验室		邓国军	2007 年
5	智能计算与信息处理教育部重点实验室		黄云清	2008 年
6	教育部教育管理信息中心校园卡标准化研究所		王　键	2001 年
7	化工过程模拟与优化湖南省工程研究中心	省发改委	罗和安	2000 年
8	特种功能薄膜材料湖南省工程实验室		周益春	2010 年
9	锂离子储能与动力电池技术与应用湖南省工程实验室		王先友	2011 年
10	微光电与系统集成湖南省工程实验室		金湘亮	2013 年
11	复杂重金属废水高效净化技术与应用湖南省工程实验室		葛　飞	2016 年
12	多能协同控制技术湖南省工程研究中心		章　兢	2017 年

序号	名称	主管部门	负责人	批准时间
13	科学工程计算与数值仿真湖南省重点实验室	省科技厅	舒　适	2004 年
14	材料设计及制备技术湖南省重点实验室		尹付成	2007 年
15	高分子材料应用技术湖南省重点实验室		张海良	2008 年
16	环境友好化工过程集成技术湖南省重点实验室		刘平乐	2009 年
17	新型化学电源及其储能材料湖南省国际科技合作基地		王先友	2010 年
18	薄膜材料及器件湖南省重点实验室		孙立忠	2011 年
19	微纳能源材料及器件湖南省重点实验室		钟建新	2012 年
20	湖南省机械智能产品工业设计中心		马秋成	2012 年
21	电化学能源储存与转换湖南省重点实验室		王先友	2014 年
22	岩土力学与工程安全湖南省重点实验室培育基地		罗文波	2015 年
23	焊接机器人与应用技术湖南省重点实验室		郑学军	2016 年
24	绿色有机合成与应用湖南省重点实验室		邓国军	2017 年
25	物联网与信息安全湖南省重点实验室		裴廷睿	2018 年
26	湖南省计算科学国际科技创新合作基地		黄云清	2018 年
27	＊＊＊及应用湖南省国防科技重点实验室	省国防科工局	孙立忠	2011 年
28	＊＊＊与转换湖南省国防科技重点实验室		王先友	2011 年
29	＊＊＊与模拟湖南省国防科技重点实验室		肖爱国	2013 年
30	＊＊＊信息安全湖南省国防科技重点实验室(联合)		杨志强	2017 年
31	智能制造湖南省普通高等学校重点实验室	省教育厅	刘任任	2003 年
32	量子工程与微纳能源技术湖南省普通高等学校重点实验室		钟建新	2008 年
33	先进功能高分子材料湖南省普通高等学校重点实验室		张海良	2008 年
34	绿色催化与反应工程湖南省普通高等学校重点实验室		刘平乐	2008 年
35	重金属污染控制湖南省普通高等学校重点实验室		黄力群	2009 年
36	绿色化工湖南省高校产学研合作示范基地		罗和安	2008 年
37	锂离子动力电池湖南省高校产学研合作示范基地		王先友	2009 年
38	电子信息研发与产业化湖南省高校产学研合作示范基地		刘任任	2010 年
39	过程工业智能排程与能源优化调度湖南省高校产学研合作示范基地		章　兢	2014 年
40	工程结构动力学与可靠性分析湖南省普通高等学校重点实验室		游世辉	2014 年

（苏绪霞）

省部级以上研究机构(人文社会科学类)

序号	名称	主管部门	负责人	批准时间
1	教育部高校人文社会科学重点研究基地——湘潭大学毛泽东思想研究中心	教育部	李佑新	2004 年
2	教育部高校人文社会科学重点研究基地——中国共产党革命精神与文化资源研究中心	教育部	李佑新	2013 年
3	湖南省普通高等学校哲学社会科学重点研究基地——湘潭大学社会主义经济理论研究中心	省教育厅	刘长庚	2005 年
4	湖南省普通高等学校哲学社会科学重点研究基地——诉讼法学研究中心	省教育厅	廖永安	2008 年
5	湖南省普通高等学校哲学社会科学重点研究基地——政府绩效评估与管理创新研究基地	省教育厅	颜佳华	2008 年
6	湖南省普通高等学校哲学社会科学重点研究基地——湘潭大学信息资源管理与知识产权研究基地	省教育厅	何　振	2014 年
7	湖南省法学研究基地	省社科规划办	欧爱民	2002 年
8	湖南省中外文学与文化研究基地	省社科规划办	季水河	2002 年
9	湖南省旅游研究基地	省社科规划办	刘建平	2007 年
10	湖南省经济安全研究基地	省社科规划办	肖国安	2010 年
11	湖南省湘学研究基地	省社科规划办	王继平	2010 年
12	湖南省预算与会计理论研究基地	省社科规划办	刘长青	2014 年
13	湖南省调解理论研究基地	省社科规划办	廖永安	2014 年
14	湖南省中国特色社会主义理论体系研究中心湘潭大学基地	省委宣传部	刘建平	2009 年
15	湖南省公共信息资源管理与开发利用科普基地	省社科联	王协舟	2014 年
16	湘潭大学老年科技工作者协会	省社科联	曾永和	2016 年
17	全国红色旅游创新发展研究基地	国家旅游局	刘建平	2016 年
18	湘潭大学多元化纠纷解决机制研究基地	最高人民法院	胡军辉	2016 年
19	湘潭大学反腐败司法研究基地	中国法学会	李　蓉	2014 年
20	湘潭大学消费经济研究院	省发改委	杨汝岱	1987 年
21	人口、资源与环境经济研究所	省政协	陈湘满	2007 年
22	湖南政府绩效评估研究中心	省机构编制委员会	颜佳华	2009 年
23	湖南省检察理论研究基地	省人民检察院	李　蓉	2009 年
24	湖南省专利分析与评估中心	省知识产权局	肖冬梅	2012 年
25	湖南省知识产权司法保护理论研究基地	省高级人民法院	肖冬梅	2012 年

序号	名称	主管部门	负责人	批准时间
26	湖南省社情民意研究中心	省国安厅	刘友华	2013 年
27	湖南省美国问题研究中心湘潭大学基地		朱陆民	2014 年
28	湖南省思想政治工作研究基地	省委宣传部省思想政治工作研究分	刘建平	2016 年
29	湖南省党的创新理论研究基地	省党的创新理论研究和学习服务中心	刘建平	2017 年
30	湘潭大学民族地理研究中心	省民族委员会	吉成名	2017 年
31	司法部调解理论研究与人才培训基地	司法部	廖永安	2018 年
33	湘潭大学中国区域发展与治理研究院	湖南省委宣传部	廖永安	2018 年
32	湖南省党的创新理论研究与学习服务中心	湖南省委宣传部	李佑新	2018 年

（朱　婷）

校级研究机构（自然科学类）

序号	研究机构名称	负责人	批准时间	建设层次
1	计算与应用数学研究所	许进超	2007 年	校级重点
2	现代物理研究所	唐翌	2007 年	校级重点
3	高分子材料科学与工程研究所	张海良	2007 年	校级重点
4	流变力学研究所	张平	2007 年	校级重点
5	量子工程与微纳能源技术研究所	钟建新	2008 年	校级重点建设
6	有机化学研究所	阳年发	2008 年	校级重点建设
7	新能源材料研究所	王先友	2008 年	校级重点建设
8	信息安全理论与技术应用实验室	段斌	2008 年	校级重点建设
9	小波分析与智能信息处理中心	高协平	2008 年	校级重点建设
10	数学研究所	曹佑安	2007 年	校级
11	智能光电技术研究所	曾以成	2007 年	校级
12	纳米物理与稀土发光研究所	丁建文	2009 年	校级
13	应用化学研究所	钟超凡	2007 年	校级
14	环境工程设计研究所	田学达	2007 年	校级

序号	研究机构名称	负责人	批准时间	建设层次
15	清洁生产研究中心	戴友芝	2009 年	校级
16	重金属污染控制研究中心	戴友芝	2007 年	校级
17	材料设计研究所	苏旭平	2007 年	校级
18	现代设计与制造研究中心	谭援强	2007 年	校级
19	过程装备研究所	龚曙光	2007 年	校级
20	风电技术研究所	刘雄伟	2009 年	校级
21	三金软件研究所	刘任任	2007 年	校级
22	进化计算与智能系统研究中心	郑金华	2007 年	校级
23	智能模式处理研究所	戴　永	2007 年	校级
24	控制工程研究所	黄辉先	2007 年	校级
25	半导体粒子光子成像探测器研发制作中心	李　正	2014 年	校级
26	智能导航与遥感研究中心	蔡成林	2017 年	校级

（苏绪霞）

校级研究机构（人文社会科学类）

序号	名称	负责人	批准时间	建设层次
1	湘潭大学湘学研究所	陈代湘	2007 年	校级重点
2	湘潭大学消费经济研究所	龚志民	2007 年	校级重点
3	湘潭大学诉讼法学研究中心	廖永安	2007 年	校级重点
4	湘潭大学曾国藩研究中心	王继平	2008 年	校级重点建设
5	湘潭大学非洲法律与社会研究中心	洪永红	2008 年	校级重点建设
6	湘潭大学传媒科学研究所	樊昌志	2008 年	校级重点建设
7	湘潭大学公共管理研究基地	颜佳华	2008 年	校级重点建设
8	湘潭大学英语语言文学研究基地	文卫平	2008 年	校级重点建设
9	湘潭大学人口、资源与环境经济研究所	黄云清	2007 年	校级
10	湘潭大学中国韵文与古籍研究所	雷　磊	2007 年	校级
11	湘潭大学语言文字学研究所	陈立中	2008 年	校级
12	湘潭大学旅游科学应用研究所	阎友兵	2008 年	校级
13	湘潭大学信息资源管理研究所	刘昆雄	2008 年	校级
14	湘潭大学企业管理研究中心	刘巨钦	2008 年	校级

序号	名称	负责人	批准时间	建设层次
15	湘潭大学大学生心理健康研究所	陈立新	2008 年	校级
16	湘潭大学人力资源管理研究所	帅建华	2009 年	校级
17	湘潭大学知识产权研究中心	廖永安	2009 年	校级
18	湘潭大学中国农村发展研究中心	杨汝岱	2009 年	校级
19	湘潭大学中国文化产业创意产业评价研究中心	季水河	2013 年	校级
20	湘潭大学商业银行经营与管理研究所	谭燕芝	2013 年	校级
21	湘潭大学中共党史研究院	王继平	2014 年	校级
22	湘潭大学易经哲学研究所	陈代湘	2014 年	校级
23	湘潭大学反腐败司法研究基地	廖永安 吴建雄	2014 年	校级
24	湘潭大学地方立法研究中心	廖永安	2015 年	校级
25	习近平新时代中国特色社会主义思想研究中心	黄云清	2017 年	校级
26	湘潭大学民族地理研究中心	吉成名	2017 年	校级
27	湘潭大学信用立法研究中心	谭　曼	2017 年	校级
28	湖南大数据与智慧城市研究中心	陈晓红	2018 年	校级

（朱　婷）

中央财政支持地方高校发展专项资金项目经费汇总表

序号	实验室名称	项目类别	项目负责人	经费（万元）
1	数字化外语实验教学中心	教学实验平台	胡　强	60
2	化学专业综合实验室	教学实验平台	张雪飞	290
3	柔性制造工艺系统实训平台	教学实验平台	张高峰	285
4	互联网＋三维数字化设计/制造与工艺集成实训平台	教学实验平台	张高峰	285
5	课程中心建设二期工程	公共服务体系	喻祖国	250
6	环境友好化工新技术创新团队建设项目	人才队伍建设	刘平乐	200
7	理论经济学人才培养和创新团队建设项目	人才队伍建设	刘长庚	200
8	数学重点学科	重点学科	黄云清	350
9	化学重点学科	重点学科	邓国军	350
10	公共管理重点学科	重点学科	颜佳华	260
11	法学重点学科	重点学科	肖冬梅	260

（邹　娟）

国家级实验教学示范中心

序号	实验室名称	所属学院	实验室主任	批准时间
1	材料科学与工程实验教学中心	材料科学与工程学院	周益春	2008 年
2	法学实验教学中心	法学院	廖永安	2009 年
3	经济管理实验教学中心	商学院	楚尔鸣	2013 年

（张红爱）

湖南省普通高等学校基础课示范实验室

序号	实验室名称	所属学院	实验室主任	批准时间
1	基础物理实验中心	物理与光电工程学院	邓水凤	2002 年
2	基础力学与建筑工程实验中心	土木工程与力学学院	马石城	
3	机械工程基础实验中心	机械工程学院	尹付成	2006 年
4	基础化学实验中心	化学学院	苏国钧	
5	电工与电子技术实验中心	信息工程学院	刘奇能	

（张红爱）

湖南省普通高等学校实践教学示范中心

序号	实验室名称	所属学院	实验室主任	批准时间
1	诉讼证据实验中心	法学院	肖伟志	2008 年
2	经济管理实验教学中心	商学院	楚尔鸣	
3	环境科学与工程实验教学中心	环境与资源学院	葛　飞	2009 年
4	旅游与酒店管理实验中心	旅游管理学院	方世敏	

（张红爱）

湖南省普通高等学校虚拟仿真实验教学中心

序号	实验室名称	所属学院	实验室主任	批准时间
1	化工生产与环境治理虚拟仿真实验教学中心	化工学院	罗和安	2014 年
2	旅游与酒店管理虚拟仿真实验教学中心	旅游管理学院	阎友兵	2015 年
3	力学与工程虚拟仿真实验教学中心	土木工程与力学学院	罗文波	2016 年

（张红爱）

国家普通高等学校虚拟仿真实验教学项目

序号	实验室名称	所属学院	实验室主任	批准时间
1	典型焊接工艺方法实践与分析虚拟仿真实验	机械工程学院	肖逸锋	2018

（张红爱）

湖南省普通高等学校虚拟仿真实验教学示范项目

序号	实验室名称	所属学院	实验室主任	批准时间
1	典型焊接工艺方法实践与分析虚拟仿真实验	机械工程学院	肖逸锋	2018
2	四塔甲醇精馏3D虚拟现实生产实习仿真	化工学院	刘平乐	2018

（张红爱）

各类省级以上人才培养基地

序号	基　地　名　称	合作单位	获批时间	类别
1	化学化工类专业校企合作人才培养基地	中国石化集团长岭分公司	2012	湖南省校企合作人才培养示范基地
2	药学和化学类专业校企合作人才培养基地	长沙国家生物产业基地管委会	2013	
3	卓越法律人才校外实践教育基地	湖南省人民检察院	2013	
4	新闻传播学类专业校企合作人才培养示范基地	湘潭广电传媒集团	2014	
5	环境科学与工程类专业校企合作人才培养示范基地	中环保水务投资有限公司	2014	
6	机械类专业校企合作人才培养示范基地	湘潭锅炉有限责任公司	2015	
7	艺术设计专业校企合作人才培养示范基地	常德华智动漫设计有限责任公司	2015	
8	湘潭大学法学教育实践基地	湖南省高级人民法院	2013	国家大学生校外实践教育基地
9	湘潭大学－中国石油化工股份有限公司长岭分公司工程实践教育中心	中国石油化工股份有限公司长岭分公司	2013	
10	湘潭大学－中国石化集团长岭分公司化学化工类专业校企合作创新创业教育基地	中国石化集团长岭分公司	2016	湖南省校企合作创新业教育基地
11	湘潭大学－长沙国家生物产业基地管委会药学和化学类专业校企合作创新创业教育基地	长沙国家生物产业基地管委会	2016	

序号	基 地 名 称	合作单位	获批时间	类别
12	湘潭大学－长沙韶光半导体有限公司电子类专业校企合作创新创业教育基地	长沙韶光半导体有限公司	2016	湖南省校企合作创新创业教育基地
13	湘潭大学－创博龙智信息科技股份有限公司电子信息类校企合作创新创业教育基地	创博龙智信息科技股份有限公司	2016	
14	湘潭大学－广州粤嵌通信科技股份有限公司电子信息类专业创新创业教育基地	广州粤嵌通信科技股份有限公司	2018	
15	湘潭大学－株洲时代新材料科技股份有限公司高分子材料类创新创业教育基地	株洲时代新材料科技股份有限公司	2018	
16	湘潭大学－保靖县比耳本顺竹艺专业合作社非遗品牌化创新创业教育基地	保靖县比耳本顺竹艺专业合作社	2018	
17	湘潭大学－湖南千金湘江药业股份有限公司制药工程专业创新创业教育基地	湖南千金湘江药业股份有限公司	2018	
18	湖南江麓机械集团有限公司	湖南江麓机械集团有限公司	2006	湖南省研究生培养创新基地
19	中石化催化剂长岭分公司	中石化催化剂长岭分公司	2006	
20	湖南省环境监测中心站	湖南省环境监测中心站(环工)	2007	
21	中国石化巴陵石化分公司	中国石化巴陵石化分公司(化学)	2008	
22	工程机械研究生培养创新基地	中联重科股份有限公司	2013	
23	知识产权研究生培养创新基地	湖南省高级人民法院	2013	
24	智能制造与能源管理研究生培养创新基地	湘潭钢铁集团有限公司	2013	
25	湘潭大学材料类专业学位研究生培养创新基地	株洲时代新材料科技股份有限公司	2013	
26	金融与工商管理类研究生培养创新基地	湘潭经济技术开发区管理委员会	2014	
27	统计学研究生培养创新基地	湖南省统计局	2014	
28	土木工程研究生培养创新基地	湖南省第六工程有限公司	2014	
29	新闻传播研究生培养创新基地	湖南日报	2015	
30	新材料制备加工与应用研究生培养创新基地	广东省顺德工业设计研究院	2015	
31	绿色高效过程装备及智能控制研究生培养创新基地	中冶长天国际工程有限责任公司	2015	

序号	基　地　名　称	合作单位	获批时间	类别
32	焊接自动化装备与工艺研究生培养创新基地	湖南智谷焊接技术培训有限公司	2015	湖南省研究生培养创新基地
33	金融与工商管理类研究生培养创新基地	株洲动力谷自主创新园	2016	
34	风能新技术研究生培养创新基地	湖南优利泰克自动化系统有限公司	2016	
35	食品工程领域研究生培养创新基地	株洲千金药业股份有限公司	2016	
36	公共管理类研究生培养创新基地	湖南怀化经济开发区	2016	
37	信息资源管理研究生培养创新基地	湖南省档案局	2017	
38	嘉宝家居设计湘潭大学研究生培养创新基地	湖南嘉宝家居有限公司	2017	
39	北斗导航技术研究生培养创新基地	湖南省导航仪器工程研究中心有限公司	2017	
40	翻译硕士研究生培养创新基地	长沙医学院	2017	
41	湘潭大学－常德华智动漫设计有限责任公司新媒体设计专业研究生培养创新基地	常德华智动漫设计有限责任公司	2018	
42	工商管理与应用经济类研究生培养创新基地	湘潭产业投资发展集团有限公司	2018	
43	湘大·大合研究生培养创新基地	湖南大合新材料有限公司	2018	
44	湖南省图书馆学研究生培养创新基地	湖南图书馆	2018	
45	地方法学人才培养模式创新实验区		2007 年	国家人才培养实验区
46	湘潭大学		2008 年	教育部第二批大学生创新性实验计划项目立项单位
47	应用型、复合型法律职业人才教育培养基地		2012 年	国家卓越法律人才教育培养基地
48	湘潭大学		2017 年	全国深化创新创业教育改革示范高校

（张红爱　朱丹红）

第九部分

表 彰 与 奖 励

学生获奖

2018 年获湖南省优秀博士学位论文一览表

序号	论文题目	作者	导师
1	氮掺杂碳材料的制备及其氧还原电催化性能研究	阳　梅	黎华明
2	微波催化转化 NO 及微波效应的研究	徐文涛	周继承

（朱丹红）

2018 年获湖南省优秀硕士学位论文一览表

序号	论文题目	作　者	导　师
1	徐复观对“五四”时期非孝思想的反思	彭抗洪	王向清
2	国内政治与菲律宾对华政策	刘　燕	朱陆民
3	驰名商标跨类保护的品牌学分析	卢结华	王太平
4	法治社会建设论纲	聂辛东	胡肖华
5	乔治奥威尔文学观研究	邹　潇	王洁群
6	政府绩效信息内部人控制行为的产生及对策——以委托代理理论为视角	邵梦洁	盛明科
7	图书情报硕士专业学位研究生培养研究	鄢　嫦	王协舟
8	毛泽东商量政府的协商模式研究	魏桂彬	黄显中
9	金融发展、科技创新对智慧城市建设的影响效应研究	李　珊	湛　泳
10	基于消费者参考价格效应的企业定价策略研究——以智能手机为例	唐　荣	郭新华
11	基于 DEA 模型的武陵山区旅游扶贫经济效率的研究	杜倩文	龙祖坤
12	邻接矩阵秩为 6 的有向强正则图	马俊叶	张必成
13	TiO_2 纳米线阵列的制备、改性及其光电化学制氢性能研究	艾关杰	李红星
14	锗烯电子结构的界面效应研究	李　平	曹觉先
15	硫化钴复合负极材料的制备及储钠性能研究	周　倩	刘　黎
16	层状－尖晶石复合结构富锂正极材料的制备、改性及其性能研究	王　迪	王先友
17	刀柄－热缩刀杆－刀具系统结构及振动特性分析	刘　博	周后明
18	锂离子电池锡负极材料在不同嵌锂状态下的力学性能研究	高　翔	马增胜
19	无线电能传输系统失谐机理及控制策略研究	何海兵	谭平安
20	水热法制备硫化物催化剂及其加氢脱氧性能研究	李　路	王威燕
21	磷酸银复合光催化剂的制备及可见光降解有机物性能研究	刘潭华	戴友芝

（朱丹红）

2018年国家级、省级大学生创新创业训练计划项目名单

序号	项目名称	指导教师	级别
1	乡村振兴战略背景下古村落保护与发展对策研究——以湖南省会同县为例	杨小军　黎益君	国家级、省级
2	湘潭巫家拳的保护与发展策略研究	宋银桂	国家级、省级
3	长株潭一体化背景下湘潭留住大学生的动力研究	刘建平	省级
4	乡村振兴战略背景下特色乡镇发展模式的创新性研究——以湖南省为例	欧定余	省级
5	湘西地区农村贫困家庭识别及精准扶贫政策优化研究	郭新华	国家级、省级
6	大学食堂外卖App平台开发——以湘潭大学的应用为例	毛太田　罗　卫	国家级、省级
7	乡村振兴战略背景下电商扶贫的长效机制研究——基于湖南永州的实证调查	鄢洪涛	国家级、省级
8	地方政府水环境生态修复绩效评价研究——以海绵城市常德为例	柴　茂	国家级、省级
9	ppp文旅项目法律问题研究——以湖南省娄底市波月洞西游文化园为例	吴　勇　连光阳	省级
10	作品表达实质相同判断标准研究——基于洗稿行为的分析	胡梦云	省级
11	地方立法主体扩容对高素质法学专业人才的需求研究——基于湖南14个地州市立法机关的实地调研	张义清	省级
12	IP热背景下耽美文学作品的版权保护研究	陈维超	省级
13	基于历史数据及等距离散时间决策下的公司红利与破产风险研究	谭激扬	省级
14	泛函分析中的收敛性和连续性问题的种类、表达方式及应用	尹福其	省级
15	高校共享单车的运营优化问题	文志武	国家级、省级
16	智能装甲战车云台控制系统的研究	余云霞	国家级、省级
17	装甲小车发射系统的优化研究	张　勇	省级
18	仿麻杆微纳多孔管束结构高气体敏传感功能材料的制备及其性能研究	田军龙	省级
19	用多目标进化优化方法解决机器人路径规划问题	邹　娟	国家级、省级
20	云智能垃圾分类系统	肖业伟　周　书	国家级、省级
21	溺水救援智能背包系统开发	周　彦　吴　戈	国家级、省级
22	三电平静止无功发生器研制	罗　培	省级
23	基于大数据下的用户用电行为分析	李利娟	国家级、省级
24	多壁碳纳米管对脂肪自噬信号通路的影响	曹　毅	省级
25	以甲酰胺取代氰化物为氰源的氰化反应研究	杨　罗	省级
26	富锂锰基正极材料的形貌设计及界面结构调控	王先友	省级

序号	项目名称	指导教师	级别
27	钒酸盐纳米结构材料的可控制备及其性能研究	李涛海	省级
28	冠醚类分子梭分子器件构筑机理的理论设计	王学业	省级
29	高性能液晶物理凝胶材料的制备及性能研究	张海良	省级
30	以化学反应为驱动力和控制系统的模型赛车研制	刘冀锴	省级
31	利用微藻处理红曲霉素发酵废水及联产蛋白饲料的研究	李玉芹	国家级、省级
32	氮掺杂活性炭负载镍基双金属催化剂催化芳香族硝基化合物液相加氢反应性能研究	熊　伟	省级
33	羽毛高效分解菌的筛选及回收蛋白质产品研究	田凯勋	省级
34	MgFe - C 活化分子氧催化降解地下水中氯酚类污染物	许　银	国家级、省级
35	基于等离子体定向电离技术强化挥发性有机物矿化过程选择性	沈　健	省级
36	基于新媒体技术的非物质文化遗产传承平台创新设计	傅燕翔	省级
37	基于晶体塑性有限元的 TRIP 汽车钢力学性能优化设计	赵文娟	省级
38	基于相变散热的锂电池热管理系统研究	吴淑英	省级
39	生物医用 Zn 合金的腐蚀降解调控及力学行为研究	刘　洋	国家级、省级
40	锈蚀斜拉索力学性能退化规律及影响因素试验研究	张旭辉	国家级、省级
41	高耐水多功能免煅烧工业副产石膏基胶凝材料研究	许　福　张旭辉	省级
42	新型亲疏水复合止血材料的制备和应用研究	丁燕怀	国家级、省级
43	基于接触共振原子力显微技术的铁电材料亚结构分析	潘　锴	省级
44	中远红外陶瓷粉与 PVDF 复合材料的制备及其辐射性能的研究	孙立忠	省级
45	AC - HVAF 制备 FeB - YxFeNiCoCr 金属陶瓷涂层及其耐熔融锌腐蚀性能的研究	尹付成	国家级、省级
46	基于机器视觉的家人安全监控预警系统开发	吴亚联	国家级、省级
47	湖南省法官员额制运行一周年的实证研究	胡宇清	省级
48	季戊四醇双磷酸二氢酯——膨胀阴离子插层水滑石高效阻燃醋酸乙烯酯共聚物	曾虹燕	省级
49	智能教室管理系统开发	王金斌　冷爱莲	国家级、省级
50	多功能数字化理疗仪	向礼丹　姚　湘	省级
51	基于高校生活的消费协作——YOU 递	陈洋卓	省级
52	地方戏曲的没落与传承研究——以花鼓戏为例	刘　韬	省级
53	手性聚合物液晶圆偏振发光材料的设计与合成及性能研究	叶　强	省级
54	高熵合金粘结层 - 高温合金基体界面反应研究	李　智	省级
55	重力智能地下车库出入口安全警示器	王鑫铭	国家级、省级

（张红爱）

2018年省级以上学生学科竞赛先进个人和先进集体名单

一、2018年国际大学生程序设计竞赛

亚洲区预选赛国家级金奖

青岛站

信息工程学院：　程　坚　斯海洋
数学与计算科学学院：　郭晨亮
指导教师：　谢　勇

徐州站

信息工程学院：　程　坚　斯海洋
数学与计算科学学院：　郭晨亮
指导教师：　谢　勇

国家级铜奖

焦作站

信息工程学院：　王首勋　黄　龙　周　博
指导教师：　谢　勇

南京站

信息工程学院：　屈　京　代卓岑　扶智宏
指导教师：　谢　勇

青岛站

信息工程学院：　屈　京　代卓岑　扶智宏
指导教师：　谢　勇

信息工程学院：　何佩佩　杨舒文　陈　军
指导教师：　谢　勇

沈阳站

信息工程学院：　王首勋　黄　龙　周　博
指导教师：　谢　勇

国家级优胜奖

北京站

信息工程学院：　王　柳　刘文龙　尤剑波
指导教师：　谢　勇

焦作站

信息工程学院：　邓亚军　王锦辉　雷智凯
指导教师：　谢　勇

南京站

信息工程学院：　邓亚军　王锦辉　雷智凯
指导教师：　谢　勇

徐州站

信息工程学院：　　何佩佩　杨舒文　陈　军

指导教师：　　谢　勇

中国邀请赛省级铜奖

西安站

信息工程学院：　　屈　京　代卓岑　扶智宏

指导教师：　　谢　勇

徐州站

信息工程学院：　　王首勋　何佩佩　周　博

指导教师：　　谢　勇

二、第七届全国大学生金相技能大赛

国家级团体二等奖

材料科学与工程学院：　　章　也　安　南　张传玺

指导教师：　　王鑫铭　赵满秀　石　英

国家级一等奖

材料科学与工程学院：　　章　也

指导教师：　　王鑫铭　赵满秀

国家级二等奖

材料科学与工程学院：　　安　南

指导教师：　　石　英　王鑫铭

国家级三等奖

材料科学与工程学院：　　张传玺

指导教师：　　赵满秀　王鑫铭

国家级优秀指导教师奖

王鑫铭　赵满秀

三、第十二届全国大学生化工设计竞赛

国家级一等奖及华南赛区特等奖

化工学院：　　宾雁林　杨冰清　佘　祥　肖梦娟

环境与资源学院：　　程　前

指导教师：　　揭　嘉　易争明　熊　伟

国家级二等奖

化工学院：　　王蓓蕾　王　旷　刘亦菲　连　华　卢丹丹

指导教师：　　揭　嘉　易争明　熊　伟　韩路长

化工学院：　　朱慧琳　李灿欣　孙云鑫　陈雪涛　罗佳佳

指导教师：　　揭　嘉　易争明　熊　伟　韩路长　吴志民

国家级三等奖

化工学院：　徐文婧　梁　奇　宾伦文　丁历昂
环境与资源学院：　陈胜旺
指导教师：　揭　嘉　易争明　熊　伟　吴志民　李勇飞

化工学院：　李　军　杨庆莉　戴伟迪　周　佳　段中玲
指导教师：　易争明　揭　嘉　熊　伟

化工学院：　陈梦旭　赵　婷　沈石根　陈　双　牟　欣
指导教师：　揭　嘉　易争明　熊　伟　吴志民

机械工程学院：　刘　聪　黄　晔
环境与资源学院：　郭静怡
化工学院：　张秋红　徐嘉宇
指导教师：　易争明　揭　嘉

化工学院：　蔡智慧　孔晴晴　周紫薇　刘世豪　郑景元
指导教师：　揭　嘉　易争明　吴志民

化工学院：　安翠花　蔡均阳　胡文泽
环境与资源学院：　易雨洋
机械工程学院：　王　玉
指导教师：　揭　嘉　易争明　吴志民

环境与资源学院：　朱　洪　闫润华
化工学院：　欧雅梦　任放放　朱喜林
指导教师：　揭　嘉　易争明　熊　伟　吴志民

华南赛区三等奖

化工学院：　胡朗青　张乘云　孟　伟　李　颜
环境与资源学院：　任璐璐
指导教师：　揭　嘉　游志敏　易争明　韩路长　熊　伟

化工学院：　郑小琦　张新平　潘玉坤　崔欣欣
环境与资源学院：　洪诗瑗
指导教师：　揭　嘉　易争明　熊　伟

化工学院：　谭　瑾　谭　凤　付　蓉　邓雨诺　王武震
指导教师：　揭　嘉　易争明　吴志民

化工学院：　王　梁　旷欣茹　朱健彰
环境与资源学院：　侯志如　林　淋
指导教师：　揭　嘉　易争明　吴志民

环境与资源学院：　李子越　郭知雨　刘婉慧　丁姿睿　李姣妮
指导教师：　揭　嘉　易争明　吴志民

四、东风汽车杯第十一届全国大学生节能减排社会实践与科技竞赛

国家级一等奖

机械工程学院： 李昊坤 董佳洁 郑中旭 唐 凯

信息工程学院： 谢志武 欧阳英杰 颜 涛

指导教师： 苏 亮

国家级二等奖

材料科学与工程学院： 冯诗淇 阳 丽 单心怡 张振羽 晏翀恺

指导教师： 刘运牙

国家级三等奖

环境与资源学院： 皮 欢 李 晶 曾 城

指导教师： 张俊丰

机械工程学院： 明镇洋 沈 壮 李沛蓉 倪诗雨

信息工程学院： 谭湘勇

指导教师： 王志奇

五、第九届全国大学生数学竞赛

数学类

国家级一等奖

数学与计算科学学院： 何益钦

六、2018 年全国大学生英语竞赛

国家级特等奖

数学与计算科学学院： 丁丽娜

外国语学院： 赵丁锐

商学院： 周婧轩 常钰仪

国家级一等奖

外国语学院： 李佳欢 廖一梅

商学院： 余 洁 邹 欢

碧泉书院： 黄绎频

法学院·知识产权学院： 周慧雅

物理与光电工程学院： 朱禹豪

信息工程学院： 欧阳艳

国家级二等奖

外国语学院： 崔喜凤(研) 金伊敏(研) 李叶木子 马骏嘉 陈慧敏 袁 薇 杨悦心 樊奕兵

商学院： 刘 璐 黄佳慧 朱小钊 江依玲 张国洁 张 帆 申杨柳 陈依蕾 张 艺 李幸如 尹铭媚 赵晓洁 邓 澜 谭诗琴 周 凯 叶爱莲 杨 燚 武雯萱 刘 威 赵晚泠

文学与新闻学院：　　张紫漾　谭舒翼　梁　珍　王轶婷
马克思主义学院(毛泽东学院)：张甲英　张　利　邓　婕　孙傲腾
法学院·知识产权学院：　陈雅峥　宋安琪　曾雨虹　丁　妍　谭钰宁　杨　茜　王　蒙　刘纪昭
化工学院：　廖腊梅　王柳婷　王懿璇
材料科学与工程学院：　刘唯一　冯诗淇
数学与计算科学学院：　牛源放　陈佳悦　郭雅雯　唐　宁
信息工程学院：　夏　彤　黄　韬　罗天扬　仲　宁
碧泉书院：　刘泳志
化学学院：　马昕玥　谢子仪　李阳媚
公共管理学院：　丁铭悦

国家级三等奖

外国语学院：　赵飞燕(研)　孙　敏(研)　朱思颖　余方晴　陈　可　周璐欣　廖智超　袁嘉贤　何　纯　谢　贵　龙思帆　周　菁　毛冠琳　秦　波　李　英
商学院：　邓亚思(研)　黎　佐　莫敏婕　伍思玉　孙荟琴　刘思雨　操娴纳　闫竞文　蒋沁雪　童思汝　王文君　李新怡　程宇晗　李　娜　李纹希　何则懿　夏千惠　黄　欣　王利君　钟苒丹　杨　璨　李雨林　陈浔蕙　王力平　何皓清　王春茗　曾琳雅　陈岭欣
法学院·知识产权学院：　方镇邦　吴佩琪　曾若航　李芊芊　黄颖欣　朱睿涓　王　晗　张颖霖　贺　婷　刘国亚
公共管理学院：　董苗苗　王雅欣　谢章怡　周　颖
数学与计算科学学院：　彭湘旎　李　贞　魏昕怡　唐梦圆　周　芳
环境与资源学院：　闫润华　杨晓倩　王俊祥　钟　唯　赵文晗　桑　帆
信息工程学院：　汪雯心　李陈鑫　钱子君　唐　睿　何雨婧
化工学院：　徐嘉宇　何珍丽　朱皓月　高佳婧　杨赛金　林丽丹　朱　艺　李　帆
化学学院：　黄星妙　雷慧玲
机械工程学院：　李昕帝　刘　倩　刘　津　易曼玲　姚旭明　唐　磊
碧泉书院：　宾　芩　陈思佳
文学与新闻学院：　章艳榕　邓任娟　蒋可心　陆　敏　王雅倩　陈　婧
马克思主义学院(毛泽东学院)：鲍远洁　张笑君
土木工程与力学学院：　张宏宇　王百公　王　欣　成可心
材料科学与工程学院：　魏慧敏　柳　莹

七、第二届全国大学生化工实验大赛

国家级一等奖及中南赛区特等奖

化工学院：　李紫欣　聂梦霞　喻春燕
国家级一等奖指导教师：　揭　嘉　李勇飞　杨彦松
中南赛区特等奖指导教师：李勇飞　揭　嘉

中南赛区三等奖

兴湘学院：　　　　李秀梅　万如意　江　敏

指导教师：　　　　揭　嘉　李勇飞

八、"三聚福大杯"第 9 届过程装备实践与创新大赛

国家级一等奖

机械工程学院：　　　　阳嘉程　尹家俊

信息工程学院：　　　　谢志武　颜　涛

物理与光电工程学院：　　　　邵嘉源

指导教师：　　　　苏　亮

国家级二等奖

机械工程学院：　　　　李沛蓉　倪诗雨　陈　庆

信息工程学院：　　　　谭湘勇

指导教师：　　　　王志奇

国家级三等奖

机械工程学院：　　　　刘佳宝　应丹露　曹泽惠　彭智力(研)　宫天宇

指导教师：　　　　张大兵

机械工程学院：　　　　沈　壮　明镇洋　覃业升　张雨昕　王海风(研)

指导教师：　　　　张大兵

九、第十一届中国大学生计算机设计大赛

国家级一等奖及中南赛区一等奖

艺术学院：　　　　王成新　曾馨仪

指导教师：　　　　卢　洁

国家级二等奖及中南赛区一等奖

物理与光电工程学院：　　　　胡　康　刘　辉　刘明冲

指导教师：　　　　夏　威

国家级二等奖及中南赛区二等奖

信息工程学院：　　　　李沛牧　熊海璇　屈　磊

指导教师：　　　　夏　威

兴湘学院：　　　　莫嘉欣

指导教师：　　　　熊菁菁

国家级二等奖

艺术学院：　　　　孔德桐　冯　茜　梁　捷

指导教师：　　　　马　力

国家级三等奖及中南赛区一等奖

艺术学院：　　　　叶佳绮　杨豫宁

指导教师：　　　　孙淑萍

中南赛区二等奖

信息工程学院：　　般雪峰　杨近星　张盛超
指导教师：　　欧阳建权

艺术学院：　　张　科　付泽浩
兴湘学院：　　刘雨薇
指导教师：　　孙淑萍

艺术学院：　　张家琪　白文卓　黄伊丽
指导教师：　　姜　倩

中南赛区三等奖

信息工程学院：　　钱海健
指导教师：　　欧阳建权

信息工程学院：　　杨　帆
指导教师：　　欧阳建权

兴湘学院：　　杨　旭　王耀武
信息工程学院：　　张文靖
指导教师：　　刘　新

信息工程学院：　　尹嘉俊
指导教师：　　欧阳建权

信息工程学院：　　陈　杨　房海鹏　曹梦艳
指导教师：　　夏　威

信息工程学院：　　惠逸凡　凌子凡　杨晨歌
指导教师：　　欧阳建权

艺术学院：　　李智峰　王成新　江梦婷
指导教师：　　卢　洁

艺术学院：　　曾馨仪　胡静雯
指导教师：　　熊　明

艺术学院：　　齐福州
指导教师：　　熊菁菁

艺术学院：　　陈卓颖　姚宇轩
指导教师：　　马　力

艺术学院：　　姜雨昕
兴湘学院：　　付俊寧　张耀丹
指导教师：　　马　力

艺术学院：　　全梓萌　胡广裕　弓江涛
指导教师：　　马　力

艺术学院：　　高　欣　陈　慧
指导教师：　　马　力

艺术学院：　　黄露瑶　王秋阳　张　宇
指导教师：　　姜　倩

中南赛区优胜奖
艺术学院：　　王成新　江梦婷
指导教师：　　卢　洁

十、第六届全国高校数字艺术设计大赛

国家级一等奖
艺术学院：　　顾伟杰　储小倩　刘紫丹
指导教师：　　李　娜

艺术学院：　　李智峰　王成新　谭剑清(研)
指导教师：　　熊　明　卢　洁

艺术学院：　　李　莹　曾馨仪
指导教师：　　胡中平

艺术学院：　　代明湖　王颖琦　郝育苗
指导教师：　　罗俊敏　陈　叶

国家级二等奖
艺术学院：　　叶　静　刘天云　邵　炜
指导教师：　　聂　璐

艺术学院：　　姜雨昕
兴湘学院：　　王钰婷　刘慧瑜
指导教师：　　姜　倩　马　力

艺术学院：　　宫浩正　王浩杰　孔德桐
指导教师：　　马　力　姜　倩

艺术学院：　　胡　超　方　安
指导教师：　　熊　明　卢　洁

国家级三等奖
艺术学院：　　司留娜　张　蓓　童梦园
指导教师：　　毛璐璐　匡睿颖

十一、“天宇杯”第五届全国高校大学生测绘技能大赛

国家级团体二等奖
土木工程与力学学院：　　彭　会　唐　谦　胡曼玲　朱新宇　李松泽　邓浩然
指导教师：　　刘正才　叶险峰　黄登山

二等水准测量

国家级一等奖

土木工程与力学学院：　彭　会　唐　谦　胡曼玲　朱新宇

指导教师：　叶险峰　黄登山

数字测图

国家级一等奖

土木工程与力学学院：　彭　会　唐　谦　胡曼玲　朱新宇

指导教师：　黄登山　刘正才

十二、2018 年美国大学生数学建模竞赛

国家级一等奖

马克思主义学院(毛泽东学院)：侯樽潞

材料科学与工程学院：　范航海　周芊骞

指导教师：　周光明

公共管理学院：　刘自攀　任延华　黎潇阳

指导教师：　冯春生

化学学院：　刘刚健　杨　祁

信息工程学院：　王振振

指导教师：　文志武

数学与计算科学学院：　李淑萍

信息工程学院：　夏　彤　吴小玉

指导教师：　袁健美

物理与光电工程学院：　王　璐　张佳莉

数学与计算科学学院：　孟利选

指导教师：　刘红良

信息工程学院：　宋京蔚

土木工程与力学学院：　吴娅玲

商学院：　余　洁

指导教师：　李成福

国家级二等奖

信息工程学院：　应忠翔　李林倩　李陈鑫

指导教师：　周光明

物理与光电工程学院：　刘宇航

信息工程学院：　余慧萍

机械工程学院：　张晓腾

指导教师：　周光明

材料科学与工程学院：　黄希雯　周　敏

信息工程学院： 高碧璐
指导教师： 冯春生

信息工程学院： 刘 洋 覃光龙
商学院： 周依玮
指导教师： 冯春生

化工学院： 张新平 孔晴晴 胡朗青
指导教师： 冯春生

机械工程学院： 彭江鹏 刘 沛
信息工程学院： 陈南慧
指导教师： 文志武

环境与资源学院： 程 前
土木工程与力学学院： 熊文豪
材料科学与工程学院： 林金国
指导教师： 文志武

数学与计算科学学院： 刘奥恋 焦 畅
机械工程学院： 刘宇锋
指导教师： 文志武

信息工程学院： 梁旭清 唐梦圆
物理与光电工程学院： 廖 坤
指导教师： 刘红良

数学与计算科学学院： 张路平 张昊宇 屈思琪
指导教师： 李成福

材料科学与工程学院： 杨 佳
机械工程学院： 刘粤慧
物理与光电工程学院： 欧 熙
指导教师： 李成福

机械工程学院： 王 敏 李纯鹏
物理与光电工程学院： 刘 辉
指导教师： 李成福

十三、第11届全国三维数字化创新设计大赛

年度赛

国家级一等奖及省级特等奖

机械工程学院： 李鹏程 刘粤慧 孙慧文 李情愉 王文杰(研)
国家级一等奖指导教师： 聂松辉 邱爱红
省级特等奖指导教师： 聂松辉

国家级一等奖

机械工程学院：　尹家俊　袁　雷　向湘峰
物理与光电工程学院：　邵嘉源
信息工程学院：　张临潼
指导教师：　罗晓雪

省级特等奖

机械工程学院：　尹家俊　唐　凯　郑中旭　胡　勇
物理与光电工程学院：　邵嘉源
指导教师：　罗晓雪

省级一等奖

机械工程学院：　胡永祥　李昕帝　李耀华
指导教师：　毛美姣　杨世平

机械工程学院：　赵　成　张子谦　陈　峰　朱文浩
环境与资源学院：　朱明阳
指导教师：　徐志强

艺术学院：　孔德桐　姜雨昕　刘自政
指导教师：　马　力　姜　倩

省级二等奖

机械工程学院：　刘粤慧　宋慕清　廖鸿初　孙慧文　王新航
指导教师：　毛美姣　谭志飞

艺术学院：　王成新　李　莹　李珍
指导教师：　胡中平

省级三等奖

艺术学院：　李　珍　曾馨仪
指导教师：　胡中平

精英联赛

国家级一等奖及省级特等奖

机械工程学院：　李耀华　李昕帝　胡永祥
指导教师：　毛美姣　杨世平

机械工程学院：　李鹏程　刘粤慧　孙慧文　李情愉　王文杰(研)
指导教师：　聂松辉

省级二等奖

机械工程学院：　尹家俊　唐　凯　郑中旭　胡　勇
物理与光电工程学院：　邵嘉源
指导教师：　罗晓雪

省级三等奖

机械工程学院：　刘粤慧　宋慕清　廖鸿初　孙慧文　王新航

指导教师：　　　　　　　毛美姣　谭志飞

十四、第二十一届“外研社杯”全国大学生英语辩论赛

国家级一等奖及华南赛区一等奖

外国语学院：　　　　　　乔　敏　罗　雪

国家级一等奖指导教师：　彭　薇

华南赛区一等奖指导教师：彭　毅

十五、第六届“蔡司·金相学会杯”全国高校大学生金相大赛暨第四届“莱州华银·金相学会杯”全国高校大学生材料综合技能大赛

国家级特等奖

材料科学与工程学院：　　章　也

指导教师：　　　　　　　王鑫铭　赵满秀

国家级一等奖

材料科学与工程学院：　　安　南

指导教师：　　　　　　　王鑫铭　赵满秀

国家级二等奖

材料科学与工程学院：　　张传玺

指导教师：　　　　　　　王鑫铭　赵满秀

材料科学与工程学院：　　杨博茗

指导教师：　　　　　　　王鑫铭

金相大赛国家级优秀指导教师奖

王鑫铭　赵满秀

材料综合技能大赛国家级优秀指导教师奖

王鑫铭

十六、第九届蓝桥杯全国软件和信息技术专业人才大赛

国家级一等奖及省级一等奖

信息工程学院：　　　　　代卓岑

指导教师：　　　　　　　谢　勇

信息工程学院：　　　　　张恒哲

指导教师：　　　　　　　李枚毅

国家级二等奖及省级一等奖

信息工程学院：　　　　　扶智宏

指导教师：　　　　　　　李枚毅

国家级三等奖及省级一等奖

信息工程学院：　　　　　杨舒文

指导教师：　　　　　　谢　勇

信息工程学院：　　　　屈　京
指导教师：　　　　　　谢　勇

国家级优秀奖及省级一等奖
信息工程学院：　　　　李思蓝
指导教师：　　　　　　王　毅

省级二等奖
信息工程学院：　　　　陈　军
指导教师：　　　　　　谢　勇

信息工程学院：　　　　邓亚军
指导教师：　　　　　　谢　勇

信息工程学院：　　　　欧阳英杰
指导教师：　　　　　　王　毅

信息工程学院：　　　　黄　宇
指导教师：　　　　　　谢　勇

信息工程学院：　　　　周　杰
指导教师：　　　　　　谢　勇

信息工程学院：　　　　高宏志
指导教师：　　　　　　王　毅

兴湘学院：　　　　　　严　靖
指导教师：　　　　　　谢　勇

信息工程学院：　　　　伍　兵
指导教师：　　　　　　李枚毅

信息工程学院：　　　　凌子凡
指导教师：　　　　　　李枚毅

省级三等奖
信息工程学院：　　　　滕玉东
指导教师：　　　　　　王　毅

信息工程学院：　　　　王锦辉
指导教师：　　　　　　谢　勇

信息工程学院：　　　　阚志豪
指导教师：　　　　　　王　毅

信息工程学院：　　　　张志杰
指导教师：　　　　　　王　毅

信息工程学院：　　　　吴　量

指导教师：　　　　　李枚毅

信息工程学院：　　　周　博
指导教师：　　　　　谢　勇

信息工程学院：　　　王首勋
指导教师：　　　　　谢　勇

公共管理学院：　　　李佳蓉
指导教师：　　　　　匡林爱

信息工程学院：　　　李龙键
指导教师：　　　　　王　毅

信息工程学院：　　　聂奇隆
指导教师：　　　　　李枚毅

信息工程学院：　　　林　琦
指导教师：　　　　　李枚毅

信息工程学院：　　　杨晨歌
指导教师：　　　　　李枚毅

公共管理学院：　　　刘自攀
指导教师：　　　　　王　毅

湖南赛区优秀组织单位奖

湘潭大学

湖南赛区优胜学校奖

湘潭大学

十七、2018 年高教社杯全国大学生数学建模竞赛

国家级二等奖及省级一等奖

数学与计算科学学院：　王一婧
材料科学与工程学院：　钟博文　陈文翔
指导教师：　　　　　　李成福

物理与光电工程学院：　郭　禾　赖惠镇
信息工程学院：　　　　唐　睿
指导教师：　　　　　　刘红良

化学学院：　　　　　　刘刚健
数学与计算科学学院：　欧伟铭
土木工程与力学学院：　熊文豪
指导教师：　　　　　　文志武

材料科学与工程学院：　卫斯达　张智扬　蔡宇晨
指导教师：　　　　　　周光明

省级一等奖

信息工程学院：　　龚文慧
材料科学与工程学院：　　雷　科　叶上伟
指导教师：　　冯春生

机械工程学院：　　王林杰　黄世在
数学与计算科学学院：　　杨志飞
指导教师：　　李成福

省级二等奖

数学与计算科学学院：　　欧阳润丽　昝博千
公共管理学院：　　李佳蓉
指导教师：　　冯春生

物理与光电工程学院：　　徐子睿
信息工程学院：　　林　琦
数学与计算科学学院：　　谭易欣
指导教师：　　刘红良

信息工程学院：　　聂奇隆
物理与光电工程学院：　　欧　熙
数学与计算科学学院：　　胡　倩
指导教师：　　刘红良

机械工程学院：　　汪俊杰
信息工程学院：　　李　洁
物理与光电工程学院：　　吴青玉
指导教师：　　刘红良

机械工程学院：　　罗　建　金　辉
信息工程学院：　　刘先镨
指导教师：　　文志武

数学与计算科学学院：　　文　映
机械工程学院：　　张铭凯　王　杰
指导教师：　　文志武

信息工程学院：　　冯　稳　洪　瑜
机械工程学院：　　崔莹莹
指导教师：　　文志武

信息工程学院：　　申　喜
土木工程与力学学院：　　毛从财
机械工程学院：　　张晓腾
指导教师：　　文志武

机械工程学院：　　姜　瑀

信息工程学院：　　陈月峰
物理与光电工程学院：　　白依婷
指导教师：　　杨　柳

信息工程学院：　　苏　周　汪雯心
化工学院：　　张鑫成
指导教师：　　杨　柳

信息工程学院：　　卢　锐　宋洁心
数学与计算科学学院：　　王心怡
指导教师：　　杨　柳

物理与光电工程学院：　　王一清
信息工程学院：　　谢笔庆
土木工程与力学学院：　　黄逸飞
指导教师：　　周光明

省级三等奖

数学与计算科学学院：　　姜嘉喆
公共管理学院：　　丁　震
信息工程学院：　　余逸翔
指导教师：　　冯春生

化工学院：　　彭　帅　孔晴晴
土木工程与力学学院：　　王伟烨
指导教师：　　冯春生

机械工程学院：　　虞超峰　邢建山　林艺铃
指导教师：　　文志武

信息工程学院：　　肖　文
数学与计算科学学院：　　张富尧
材料科学与工程学院：　　王小钒
指导教师：　　文志武

信息工程学院：　　彭立娟　王佳琪
材料科学与工程学院：　　林宇铖
指导教师：　　刘树人

公共管理学院：　　蒋林莲
数学与计算科学学院：　　张　菁
信息工程学院：　　王舒玉
指导教师：　　周光明

信息工程学院：　　王　洪
材料科学与工程学院：　　郑浩南　付秀涛
指导教师：　　周光明

十八、第八届全国高等学校采矿工程专业学生实践作品大赛

国家级二等奖

环境与资源学院：　黄　杰　唐　宇　段　超　刘　涛　雷双文
指导教师：　何利文

环境与资源学院：　陈胜旺　贺德幸　李明慧　陈皓斐　蔡文淇
指导教师：　张孝强　王新丰　石东平

国家级三等奖

环境与资源学院：　曾平平　邓　志　黄　立　胡　涛　李乐乐
指导教师：　何利文　石东平　张孝强

环境与资源学院：　廖　杰　李隆钦　吴佳庆　黄彬彬　钟　妙
指导教师：　王新丰

环境与资源学院：　李隆钦　廖　杰　贺　斌　陈　晨　姚　聪
指导教师：　王新丰

环境与资源学院：　肖一鸣　程伟豪　邱引桂　戴思凯　张小青　左辉阳
指导教师：　王新丰　张孝强

环境与资源学院：　李哲源　吴泓葵　王慧康　彭　鑫　解　炆
指导教师：　刘国军　王新丰

环境与资源学院：　卓德敖　李玉豪　陈紫阳
指导教师：　谢承煜

环境与资源学院：　邓志刚　倪　洲　阮海林　李　鑫
指导教师：　谢承煜

环境与资源学院：　邓　志　曾平平　刘跃鹏　许　博　胡　涛
指导教师：　石东平　何利文　张孝强

十九、第九届全国高等院校学生"斯维尔杯"建筑信息模型(BIM)应用技能大赛

国家级全能奖二等奖

土木工程与力学学院：　王　欣　梁　涛　况锦华　刘　倩　邓　炎
指导教师：　涂佳黄　许　福　陈　俊　彭良忠　阮　芳

国家级全能奖三等奖

兴湘学院：　赵鑫益　付康轩　周　灿
土木工程与力学学院：　钟会会　梁诗敏
指导教师：　涂佳黄　许　福　陈　俊　彭良忠　孙宏发

国家级优秀指导奖

涂佳黄　许　福　陈　俊　彭良忠　阮　芳　孙宏发

二十、2018“外研社杯”全国英语写作大赛

国家级三等奖及省级特等奖

外国语学院：　王雨昕
国家级三等奖指导教师：　严美红
省级特等奖指导教师：　齐　静

省级一等奖

法学院·知识产权学院：　刘瑞欣
指导教师：　严美红

省级三等奖

法学院·知识产权学院：　李政洋(研)
指导教师：　严美红

二十一、“永冠杯”第九届中国大学生铸造工艺设计大赛

国家级三等奖

机械工程学院：　曹　新　杨有行
指导教师：　董文正　林启权

国家级优秀奖

机械工程学院：　宋慕清　柯圣坤　吴　苇　陈　贤
指导教师：　董文正　林启权

二十二、“海尔中央空调杯”第十二届中国制冷空调行业大学生科技竞赛

国家级三等奖

土木工程与力学学院：　周斯阳　刘　倩　张　婷
指导教师：　龙激波

二十三、2018 全国大学生软件测试大赛

国家级三等奖及省级一等奖

信息工程学院：　张恒哲
指导教师：　李枚毅

二十四、2018 中国包装创意设计大赛

国家级三等奖

艺术学院：　黄菲菲　梁诗婷　朱雪琴
指导教师：　黄　准　张　希

艺术学院：　崔捧月　李思琪　毕慧敏
指导教师：　李　娜

艺术学院：　金梦非　顾伟杰　秦　婧
指导教师：　卢　洁

国家级入围奖

艺术学院：　董玉磊　梁琦雯　冯嘉濠
指导教师：　李　娜

艺术学院：　张胜晴
指导教师：　张　希　黄　准

艺术学院：　王海华　刘潇玥
指导教师：　卢　洁　李　娜

二十五、第八届“华为杯”中国大学生智能设计竞赛

国家级三等奖

信息工程学院：　谢志武　黄　杰　颜　涛
指导教师：　陈洋卓

信息工程学院：　余慧萍　江逸顺　马敏黎
指导教师：　陈洋卓

信息工程学院：　杨卓宇　肖紫萱　周　鹏
指导教师：　吴亚联

信息工程学院：　李文星　徐静琬　熊　波
指导教师：　胡洪波

二十六、2018 年中国大学生程序设计竞赛

国家级铜奖及吉林站省级银奖及全国邀请赛（湖南）省级金奖

信息工程学院：　程　坚　斯海洋
数学与计算科学学院：　郭晨亮
指导教师：　谢　勇

桂林站省级优胜奖及全国邀请赛（湖南）省级铜奖

信息工程学院：　梁根志　吴富财　侯媛媛
指导教师：　谢　勇

省级优胜奖

桂林站

信息工程学院：　胡长林　曾　亮　谭智辉
指导教师：　谢　勇

吉林站

信息工程学院：　赵永辉　阳鸿鹏　申显辉
指导教师：　谢　勇

秦皇岛站

信息工程学院：　王　柳　刘文龙　尤剑波

指导教师：　谢　勇

信息工程学院：　谭　清　陈智超　贺　强
指导教师：　谢　勇

全国邀请赛（湖南）

省级银奖

信息工程学院：　屈　京　代卓岑　扶智宏
指导教师：　谢　勇

省级铜奖

信息工程学院：　陈　军　杨舒文　郭　格
指导教师：　谢　勇

信息工程学院：　何佩佩　邓亚军　王锦辉
指导教师：　谢　勇

信息工程学院：　王首勋　黄　龙　周　博
指导教师：　谢　勇

省级优胜奖

信息工程学院：　龙　帅　刘文龙　谭逸辉
指导教师：　谢　勇

信息工程学院：　雷智凯　丁浩东　谭　清
指导教师：　谢　勇

信息工程学院：　谷小杰　陈金星　刘　行
指导教师：　谢　勇

信息工程学院：　曾　亮　李朝阳　胡长林
指导教师：　谢　勇

信息工程学院：　申显辉　杨澳归　陶重月
指导教师：　谢　勇

信息工程学院：　赵永辉　阳鸿鹏　黄俊杰
指导教师：　谢　勇

信息工程学院：　王　柳　尤剑波　任江浩
指导教师：　谢　勇

信息工程学院：　刘定国　何　艺　童　响
指导教师：　谢　勇

二十七、第四届中国大学生材料热处理创新创业大赛

国家级三等奖

材料科学与工程学院：　杨　佳　叶　菲
指导教师：　李　智

材料科学与工程学院：　张静静　薄振兴
指导教师：　赵满秀

国家级优秀奖
材料科学与工程学院：　段明明　冯亚苹
指导教师：　李小波

国家级优秀组织奖
湘潭大学

二十八、第三届全国大学生焊接创新大赛

国家级三等奖
机械工程学院：　周　福　杨雨铖　黄能林　徐　鑫
指导教师：　陈　宇

机械工程学院：　张豪威　牛清坡　房维妍　郭文涛
指导教师：　陈　宇　肖逸锋

机械工程学院：　刘小玉　刘宏刚　许　洋　严　浩
指导教师：　陈　宇　李湘文

机械工程学院：　李武成　景若木　刘鳗莹　余剑飞
指导教师：　尹　力

二十九、第八届全国大学生机械创新设计大赛暨第八届湖南省大学生机械创新设计大赛

国家级三等奖
机械工程学院：　张子谦　蔡天鸣　杨金宸
物理与光电工程学院：　路永琪
公共管理学院：　姜　博
指导教师：　姜胜强　刘思思

省级一等奖
机械工程学院：　阳嘉程　周凤仪
信息工程学院：　谢志武　肖思慧　颜　涛
指导教师：　罗晓雪　杨湘军

机械工程学院：　崔莹莹　赵　成　穆仁萍　程　川
指导教师：　徐志强

省级二等奖
机械工程学院：　吴亮亮　李武成　刘宇锋　袁舒琪　余剑飞
指导教师：　冯剑军

机械工程学院：　朱睿童　周彦君　欧阳嘉
信息工程学院：　宋京蔚　覃光龙
指导教师：　姜胜强

机械工程学院： 朱泰平 刘 沛 彭江鹏 龙 雪 尹旭立
指导教师： 秦衡峰

机械工程学院： 董佳洁 李昊坤 郑中旭 曹彦文 黄显佑
指导教师： 苏 亮 赵又红

省级三等奖
机械工程学院： 金 辉 欧阳亚文 陶新睿 龙 倩
物理与光电工程学院： 杨 威
指导教师： 胡聪芳 彭锐涛

机械工程学院： 肖名君 王 敏 刘子豪
信息工程学院： 黄 琛
指导教师： 张高峰 冯剑军

兴湘学院： 杨 长
机械工程学院： 廖慧强 王林杰 吕伟伟
信息工程学院： 李文晴
指导教师： 张 魁 张高峰

三十、正大杯第八届全国大学生市场调查与分析大赛

国家级三等奖
公共管理学院： 刘自攀 黄怡然 王钰立 刘雯静
指导教师： 唐 毅 毛太田

三十一、中国空间法学会第15届CASC杯国际空间法模拟法庭竞赛

国家级三等奖
法学院·知识产权学院： 张思奇 曹岚欣 沈金蓉（研）
指导教师： 蔡高强 刘功奇 章斌武

三十二、第十一届（2018）全国大学生信息安全竞赛

国家级三等奖
信息工程学院： 尹嘉俊 钱海健
指导教师： 欧阳建权

三十三、"设计生命建筑"第十六届MDV中央空调设计应用大赛

国家级优秀设计奖及省级二等奖
土木工程与力学学院： 贾中坚 李诗琪
指导教师： 曾 蓉

三十四、"瀛和杯"第六届全国大学生模拟法庭竞赛

国家级团体优胜奖

法学院·知识产权学院：　　陶禹行　李佳轩　刘玉洁　胡琼玲　刘瑞欣　乐文瀚
兴湘学院：　　彭泽兵
指导教师：　　马春晖　张永江

三十五、第十一届“北外－万慧达杯”知识产权模拟法庭大赛

国家级季军
法学院·知识产权学院：　　曾雨虹　陈　曦　匡晶丹　罗颖钰
指导教师：　　邹　琳　覃斌武

三十六、2018 年全国大学生工业设计大赛

国家级铜奖及省级二等奖
机械工程学院：　　吴帅丹(研)　张　伟(研)　谭琪茜　魏　宁　王茜璠(研)
指导教师：　　李江泳

国家级优秀奖及省级二等奖
机械工程学院：　　胡　蓉(研)　郑子凯　江　奥(研)
信息工程学院：　　程　铭
指导教师：　　姚　湘

国家级优秀奖及省级三等奖
机械工程学院：　　吴帅丹(研)　张　伟(研)谭琪茜　魏　宁　王晨景(研)
指导教师：　　李江泳

省级二等奖
机械工程学院：　　张　沙　袁舒琪
指导教师：　　余从刚

省级三等奖
机械工程学院：　　张顺峰(研)　袁舒琪　黄少刚　卫帅峰　刘　鑫
指导教师：　　李江泳

三十七、第十四届“博创杯”全国大学生嵌入式设计大赛

国家级三等奖及华中赛区一等奖
信息工程学院：　　王彦斌　叶　猛　谷　迪
指导教师：　　胡洪波

华中赛区二等奖
信息工程学院：　　谭湘勇　朱浩葳　成　毅
指导教师：　　陈洋卓

信息工程学院：　　余慧萍　周佳玲　李泽贤
指导教师：　　陈洋卓

信息工程学院：　　钱利智　邓石桥　石　珊

指导教师：　　吴亚联

信息工程学院：　　杨卓宇　肖紫萱　周　鹏
指导教师：　　吴亚联　胡洪波

信息工程学院：　　李思蓝　熊盈珍
机械工程学院：　　蔡　骏
指导教师：　　吴亚联　胡洪波

环境与资源学院：　　张玉华
信息工程学院：　　陈　菊
机械工程学院：　　朱雪莲
指导教师：　　肖业伟　周　书

信息工程学院：　　朱　琦　李旭时　袁新宇
指导教师：　　冷爱莲

三十八、第十一届全国高校德语专业大学生辩论赛

国家级优胜奖
外国语学院：　　眭文林　秦　波
指导教师：　　曹嘉桢

三十九、2018 第十届全国大学生广告艺术大赛

国家级优秀奖及省级优秀奖
艺术学院：　　张海锋　刘　航　郑理燕　王美燕
指导教师：　　左迎颖　王雅琪

省级一等奖
兴湘学院：　　余　杰　李林峰　王　雪
指导教师：　　王苑丞

文学与新闻学院：　　徐梦晨　彭雨冉　王　康　李　艺　魏麟骅
指导教师：　　胡琼华

省级二等奖
文学与新闻学院：　　胡怡雯(研)　齐　越(研)　范玉琪(研)　王秀珊(研)
指导教师：　　王苑丞

文学与新闻学院：　　张　猷　陈　婧　李晓椿　薛晓莹　曾志佳
指导教师：　　孙丰国

文学与新闻学院：　　邓媚玲　唐香渝　赵晔虹　张　猷　吕春蕾
指导教师：　　孙丰国

省级三等奖
文学与新闻学院：　　薛晓莹
指导教师：　　谭石维

文学与新闻学院：　　黄　杰(研)　郭健宁(研)　黄天鸿(研)　朱嗣杰(研)　颜　敏(研)
指导教师：　　王苑丞

文学与新闻学院：　　李玲玉　邓媚玲　吴　琼　易　丹
兴湘学院：　　付佳丽
指导教师：　　孙丰国

省级优秀奖

文学与新闻学院：　　李艳霞　曲　雯
指导教师：　　王苑丞

文学与新闻学院：　　唐　玲
指导教师：　　谭石维

文学与新闻学院：　　孙　青(研)　李恒发(研)　贾　洁(研)　陈　涵(研)
指导教师：　　王苑丞

文学与新闻学院：　　曲　婷　冷梓畅　吴婕萌
指导教师：　　孙丰国

四十、“外研社杯”第十一届全国高校法语演讲比赛

赛区优胜奖

外国语学院：　　唐　婷
兴湘学院：　　危风丽
指导教师：　　王雨默　杨维春

四十一、“嘉杰杯”湖南省第14届大学生计算机程序设计竞赛

ACM程序设计竞赛

省级团体奖第一名

信息工程学院：　　程　坚　斯海洋　代卓岑　屈　京　扶智宏　陈　军　杨舒文　何佩佩　王首勋　黄　龙　周　博
数学与计算科学学院：　　郭晨亮
指导教师：　　谢　勇　石跃祥

省级一等奖

信息工程学院：　　程　坚　斯海洋
数学与计算科学学院：　　郭晨亮
指导教师：　　谢　勇

信息工程学院：　　代卓岑　屈　京　扶智宏
指导教师：　　谢　勇

信息工程学院：　　陈　军　杨舒文　何佩佩
指导教师：　　谢　勇

信息工程学院：　　王首勋　黄　龙　周　博

指导教师：　石跃祥

机器人高尔夫竞赛
省级二等奖
化学学院：　罗　群
物理与光电工程学院：　许　诺
公共管理学院：　李书凝
指导教师：　李旭军　张高峰

省级三等奖
材料科学与工程学院：　廖　盎(研)
机械工程学院：　邹志明
信息工程学院：　刘发明
指导教师：　李旭军　张高峰

四十二、湖南省第八届大学生化学化工实验与创新设计竞赛
化工设计
省级一等奖
环境与资源学院：　李德健　陈胜旺
化工学院：　徐文婧　梁　奇　丁历昂
指导教师：　李勇飞　易争明　揭　嘉　熊　伟

化工学院：　牟　欣　赵　婷　陈梦旭　陈　双　沈石根
指导教师：　揭　嘉　易争明　熊　伟　吴志民

省级二等奖
环境与资源学院：　闫润华　朱　洪
化工学院：　朱喜林　任放放　欧雅梦
指导教师：　揭　嘉　易争明　吴志民

化工学院：　肖梦娟　宾雁林　佘　祥　杨冰清
环境与资源学院：　程　前
指导教师：　易争明　揭　嘉　熊　伟

化工学院：　罗佳佳　朱慧琳　李灿欣　孙云鑫　陈雪涛
指导教师：　易争明　揭　嘉　韩路长

课外化工类创新作品
省级一等奖
化工学院：　聂子轩　韩　清
指导教师：　李勇飞

化学学院：　李一宁
指导教师：　谢轶羲

化学学院：　张　曹

指导教师：　　谢铁羲

化学学院：　　贺　童
指导教师：　　曹　毅

实验技能

省级一等奖

化学学院：　　李明照
指导教师：　　肖福红　邓国军

化学学院：　　胡婉婷
指导教师：　　雷钢铁　杨秀康

省级二等奖

化学学院：　　杜鑫晶
指导教师：　　齐红蕊　谭红艳

四十三、湖南省第二届虚拟仪器设计大赛

省级一等奖

物理与光电工程学院：　　屈智勇　陈　剑　王　逸
指导教师：　　李旭军　张高峰

物理与光电工程学院：　　刘建松　冯智园
指导教师：　　李旭军　曾以成

物理与光电工程学院：　　陈易男
材料科学与工程学院：　　李　婷(研)　花照林　罗荏友
指导教师：　　王子涵　罗致春

省级二等奖

物理与光电工程学院：　　陈　博(研)　龙科莅(研)　孙　燕(研)
指导教师：　　李旭军　龚跃球

物理与光电工程学院：　　熊泓淄
信息工程学院：　　李宜真
指导教师：　　李旭军　金　联

物理与光电工程学院：　　黄志芳　曾　琼
指导教师：　　李旭军　李鑫伟

机械工程学院：　　虞超峰
物理与光电工程学院：　　罗　英
指导教师：　　李旭军　夏　珺

物理与光电工程学院：　　陈　卓　闪霁芳
指导教师：　　李旭军　李志斌

省级三等奖

物理与光电工程学院： 谷健林 翁晨龙
指导教师： 李旭军

物理与光电工程学院： 王星华 万 鹏 王宸宇
指导教师： 李旭军

物理与光电工程学院： 邹林峰 王一清
指导教师： 李旭军 张 静

物理与光电工程学院： 王燕恒 陈毓蕾
指导教师： 龚跃球

物理与光电工程学院： 许 诺
公共管理学院： 李书凝
指导教师： 李旭军

省级优秀指导老师

张高峰 曾以成 李旭军 罗致春 王子涵

省级优秀组织单位

湘潭大学

校级优秀组织单位

物理与光电工程学院

四十四、湖南省第四届高校 MPA 案例大赛

本科生组

省级一等奖

公共管理学院： 王可心 张慧芳 张 欢 李晓婷
指导教师： 刘 超

省级三等奖

公共管理学院： 陈 洲 刘梦茹 刘孝贤 瞿芳文 王秀娟 张夏婷
指导教师： 董石桃

四十五、2018“外研社杯”全国英语演讲大赛暨湖南省普通高等学校第二十四届大学生英语演讲比赛

地面赛

省级团体二等奖

外国语学院： 朱思颖
信息工程学院： 谢北辰
材料科学与工程学院： 黄希雯
指导教师： 彭 毅 林 莉 杨 柳

省级团体三等奖

兴湘学院： 吴雪怡 黄晓枫 骆 婷
指导教师： 杨 华 彭 薇

省级一等奖

信息工程学院：　谢北辰
指导教师：　林　莉

省级二等奖

外国语学院：　朱思颖
指导教师：　彭　毅

兴湘学院：　骆　婷
指导教师：　杨　华

省级三等奖

材料科学与工程学院：　黄希雯
指导教师：　杨　柳

兴湘学院：　吴雪怡
指导教师：　彭　薇

兴湘学院：　黄晓枫
指导教师：　彭　薇

网络赛

省级一等奖

兴湘学院：　黄晓枫
指导教师：　彭　毅　刘飞兵　林　莉

物理与光电工程学院：　田梦瑶
指导教师：　彭　薇　刘飞兵　杨　柳

省级二等奖

外国语学院：　袁嘉贤
指导教师：　杨　柳

商学院：　陈非儿
指导教师：　杨　华

四十六、2018“外研社杯”全国英语阅读大赛

省级一等奖

外国语学院：　廖智超
指导教师：　廖　晖

外国语学院：　肖凌云
指导教师：　王志勇

省级二等奖

外国语学院：　廖一梅
指导教师：　王志勇

四十七、2018 年湖南省大学生日语演讲比赛

省级团体二等奖

外国语学院： 纪林青 石欣鹭 范婧怡
指导教师： 邹菊云 徐 红 阳际元

省级一等奖

外国语学院： 纪林青
指导教师： 邹菊云

省级二等奖

外国语学院： 范婧怡
指导教师： 阳际元

兴湘学院： 王宇霖
指导教师： 朱宪文

省级三等奖

兴湘学院： 吕若琪
指导教师： 梅晓莲

外国语学院： 石欣鹭
指导教师： 徐 红

优秀组织单位

外国语学院

四十八、2018 年湖南省大学生工程训练综合能力竞赛

省级一等奖

机械工程学院： 李志岗 马 凯 张子谦
指导教师： 冯剑军 彭练兵

省级二等奖

机械工程学院： 张楷锜 贺敦强 王宇豪
指导教师： 杨湘军 夏 珺

省级三等奖

机械工程学院： 修峰翼 陈婷婷
国际交流学院： 章伊晗
指导教师： 张高峰 温卫国

机械工程学院： 王 杰 李正平 张 敏
指导教师： 姜胜强 伍剑宇

机械工程学院： 阳嘉程
物理与光电工程学院： 陈易男
信息工程学院： 邵靖杰
指导教师： 罗晓雪 苏 亮

四十九、2018 年湖南省大学生力学竞赛

省级一等奖

土木工程与力学学院：　黄逸飞
指导教师：　尹久仁

土木工程与力学学院：　樊振宇
指导教师：　唐　平

省级二等奖

材料科学与工程学院：　周芊骞
指导教师：　尹久仁

土木工程与力学学院：　李　帅
指导教师：　姜　勇

土木工程与力学学院：　朱艳霞
指导教师：　丁燕怀

省级三等奖

土木工程与力学学院：　吴　航
指导教师：　尹久仁

土木工程与力学学院：　傅华勇
指导教师：　唐　平

土木工程与力学学院：　廖赫巍
指导教师：　丁燕怀

机械工程学院：　李纯鹏
指导教师：　丁燕怀

土木工程与力学学院：　黄芳滢
指导教师：　姜　勇

土木工程与力学学院：　张　鑫
指导教师：　姜　勇

土木工程与力学学院：　周　政
指导教师：　唐　平

土木工程与力学学院：　王奥磊
指导教师：　尹久仁

土木工程与力学学院：　窦萌生
指导教师：　丁燕怀

优秀组织单位

土木工程与力学学院

五十、第三届湖南省大学生写作竞赛

省级一等奖

兴湘学院：　　谢泽琳
指导教师：　　丰　杰　张慧佳

省级二等奖

文学与新闻学院：　　张铭麟
指导教师：　　沈云霞　马正锋

兴湘学院：　　黄　华
指导教师：　　郭明浩　丰　杰

省级三等奖

文学与新闻学院：　　邱君宇
指导教师：　　华　进　莫小红

文学与新闻学院：　　杨　萌
指导教师：　　马正锋　华　进

文学与新闻学院：　　邹　蕾
指导教师：　　张慧佳　郭明浩

兴湘学院：　　廖金萍
指导教师：　　任传印　沈云霞

兴湘学院：　　朱莉沙
指导教师：　　莫小红　任传印

省级优秀组织奖

湘潭大学

五十一、第十届全国大学生数学竞赛暨2018年湖南省大学生数学竞赛

数学类

湖南赛区一等奖及省级一等奖

数学与计算科学学院：　　龙汉清
指导教师：　　张必成　李成福

数学与计算科学学院：　　谭良琛
指导教师：　　李成福　张必成

数学与计算科学学院：　　陈　鑫
指导教师：　　张必成　李成福

数学与计算科学学院：　　肖熠程
指导教师：　　李成福　张必成

湖南赛区二等奖及省级二等奖

数学与计算科学学院：　　谭力玮

指导教师： 张必成 李成福

数学与计算科学学院： 梅展鹏
指导教师： 李成福 张必成

数学与计算科学学院： 李疆来
指导教师： 张必成 李成福

数学与计算科学学院： 关志金
指导教师： 李成福 张必成

数学与计算科学学院： 陈周纬宇
指导教师： 张必成 李成福

湖南赛区三等奖及省级二等奖

数学与计算科学学院： 张 欢
指导教师： 李成福 张必成

数学与计算科学学院： 黄 金
指导教师： 张必成 李成福

数学与计算科学学院： 桂亦鑫
指导教师： 李成福 张必成

湖南赛区三等奖及省级三等奖

数学与计算科学学院： 孙恺祺
指导教师： 张必成 李成福

省级三等奖

数学与计算科学学院： 刘 双
指导教师： 李成福 张必成

数学与计算科学学院： 陈以涵
指导教师： 张必成 李成福

数学与计算科学学院： 于克凡
指导教师： 李成福 张必成

非数学类

湖南赛区一等奖及省级一等奖

材料科学与工程学院： 刘扬帆
指导教师： 王文强 周光明

湖南赛区二等奖及省级二等奖

物理与光电工程学院： 袁 刚
指导教师： 周光明 王文强

湖南赛区三等奖及省级二等奖

机械工程学院： 李 桃

指导教师：　王文强　周光明

物理与光电工程学院：　吴文帅
指导教师：　周光明　王文强

机械工程学院：　杨建花
指导教师：　王文强　周光明

湖南赛区三等奖及省级三等奖
信息工程学院：　陈　钢
指导教师：　周光明　王文强

机械工程学院：　袁　雷
指导教师：　王文强　周光明

物理与光电工程学院：　周成林
指导教师：　周光明　王文强

省级三等奖
材料科学与工程学院：　蔡宇晨
指导教师：　王文强　周光明

化工学院：　黄泽宇
指导教师：　周光明　王文强

物理与光电工程学院：　代安鑫
指导教师：　王文强　周光明

信息工程学院：　陈月峰
指导教师：　周光明　王文强

信息工程学院：　申晗秋
指导教师：　王文强　周光明

物理与光电工程学院：　王一帅
指导教师：　周光明　王文强

五十二、湖南省第五届大学生物理竞赛

省级一等奖
物理与光电工程学院：　胡雪松
指导教师：　吕　铭

省级二等奖
材料科学与工程学院：　杨亚洲
指导教师：　吕　铭

物理与光电工程学院：　杨文涛
指导教师：　王登龙

物理与光电工程学院：　林宇涵
指导教师：　杨友田

物理与光电工程学院：　向婉蓉
指导教师：　谢月娥

材料科学与工程学院：　蔡宇晨
指导教师：　王凤姣

机械工程学院：　张晓腾
指导教师：　肖化平

物理与光电工程学院：　王亚东
指导教师：　李　俊

省级三等奖

机械工程学院：　张倩莹
指导教师：　蒋　好

物理与光电工程学院：　阎振宇
指导教师：　胡　柯

信息工程学院：　王励行
指导教师：　张志纯

化工学院：　孔晴晴
指导教师：　王登龙

物理与光电工程学院：　吴云鹏
指导教师：　蒋　好

材料科学与工程学院：　卫斯达
指导教师：　肖化平

材料科学与工程学院：　张智扬
指导教师：　陶　霞

物理与光电工程学院：　欧　熙
指导教师：　向福元

五十三、"建行杯"第四届湖南省"互联网＋"大学生创新创业大赛暨全国大赛选拔赛

省级二等奖

机械工程学院：　吴　森(研)　邝昭鑫　陈　霄　董佳洁
商学院：　余　洁　张月洲　杨琦芳(研)　侯亚博
艺术学院：　张慕泽
兴湘学院：　谭志豪　唐紫珺　龙佳佳
信息工程学院：　马敏黎
指导教师：　易　锐　姚　湘　陈洋卓

省级三等奖

物理与光电工程学院： 柳子裕
公共管理学院： 凌佳亨 刘晓恋 汪 巧 刘梦茹 宋 琳 陈春宏
商学院： 刘日恬
信息工程学院： 老志炜 陈寅初
指导教师： 罗丁山 田小文

艺术学院： 刘佳宁 张泽科 孙凯凯 刘 越 王思凡 裴君爽 马国超 张琦苑 左婉晴
指导教师： 王雅祺 左迎颖 罗俊敏

机械工程学院： 杨 熹（研） 颜祺芳（研） 沈思桐 田潇月 彭 聪 赵 双 张 浩（研） 兰雨梦
商学院： 李新怡
兴湘学院： 李旭华
指导教师： 姚 湘 刘湘蓉 易 锐

信息工程学院： 邹颖杰 程 铭 苏长青 吴省红 周 杰 阳梦园 赵浩武 曾碧霄 李言琴
机械工程学院： 江 奥（研）
商学院： 陈 星
指导教师： 邹 娟 姚 湘 陈洋卓

机械工程学院： 王 昱（研） 倪诗雨 尹家俊 张臻祥 钟少阳 胡献杰
信息工程学院： 王 虎 江逸顺 马敏黎
碧泉书院： 罗 思
商学院： 杨思敏
指导教师： 易 锐 姚 湘 陈洋卓

五十四、“湖南路桥杯”湖南省第六届大学生结构设计竞赛暨第十二届全国大学生结构设计竞赛

省级三等奖

土木工程与力学学院： 杨 玲 夏栋文 卢章敏
指导教师： 张旭辉

省级创意美观奖

兴湘学院： 付康轩 沈程鹏 肖 晶
指导教师： 涂佳黄

五十五、2018 全国大学生智能互联创新大赛

华南赛区二等奖

信息工程学院： 朱浩崴 谭湘勇 成 毅 申 喜
机械工程学院： 龙 科
指导教师： 陈洋卓

华南赛区三等奖

信息工程学院：　黄　杰　孙锦妮　颜　涛　谢志武　李龙键

指导教师：　陈洋卓

华南赛区优胜奖

信息工程学院：　刘　浩　陈　琢　何　婕　谭思怡

兴湘学院：　沈　峰

指导教师：　吴亚联　胡洪波

信息工程学院：　杨卓宇　肖紫萱　周　鹏

指导教师：　胡洪波　吴亚联

机械工程学院：　蔡　骏

信息工程学院：　李思蓝　杨　伦　阚志豪　熊盈珍

指导教师：　胡洪波　吴亚联

物理与光电工程学院：　陈易男

材料科学与工程学院：　杨　佳

信息工程学院：　朱　琦　王建徽　刘思佳

指导教师：　冷爱莲

五十六、2018 年湖南省大学生电子商务大赛

省级二等奖

兴湘学院：　向旭平　冯　峰　洪雯轩　彭忠伟　唐文健

指导教师：　刘亚军

省级三等奖

商学院：　王明晖　尹铭媚　刘　斌　叶晓梅　李　晴

指导教师：　刘湘蓉

商学院：　张雨欣　朱小青　赵旭晨　张　丹

化学学院：　罗　群

指导教师：　颜长春

兴湘学院：　刘　洋　刘湘雅　严梦飞　谭永红

艺术学院：　马克旺

指导教师：　刘亚军

湖南省优秀组织奖

湘潭大学

五十七、2018 年湖南省第三届“新道杯”大学生企业模拟经营竞赛

省级二等奖

商学院：　杨　帆　唐小娜　李梦圆　林　楠　贺文云帆

指导教师：　匡茂华　文　艺

五十八、第七届全国口译大赛(英语)

中部赛区优秀奖及省级二等奖

外国语学院：　赵美露
指导教师：　王思思

省级三等奖

外国语学院：　赵垠垠
指导教师：　王思思

外国语学院：　刘佳佳
指导教师：　王思思

外国语学院：　李若楠
指导教师：　王思思

外国语学院：　彭　娅
指导教师：　王思思

外国语学院：　吴泓民
指导教师：　王思思

五十九、第十三届全国大学生"恩智浦"杯智能汽车竞赛

华南赛区一等奖及省级一等奖

信息工程学院：　王彦斌
兴湘学院：　沈　峰
机械工程学院：　李　帅
指导教师：　吴亚联　胡洪波

省级一等奖

信息工程学院：　徐玲林　罗天扬　朱林丹
指导教师：　陈洋卓　向礼丹

省级二等奖

信息工程学院：　李　尧
物理与光电工程学院：　胡志涛　施村成
指导教师：　陈洋卓

信息工程学院：　黄　杰　谢志武　颜　涛
指导教师：　陈洋卓

物理与光电工程学院：　于　典
信息工程学院：　罗鼎臣
兴湘学院：　王新华
指导教师：　吴亚联　胡洪波

信息工程学院：　邓　斌
兴湘学院：　江垚宇

物理与光电工程学院：　朱志飞
指导教师：　肖业伟　郭雪峰

信息工程学院：　杨　鑫　罗　薇
商学院：　张　仙
指导教师：　冷爱莲　肖业伟

物理与光电工程学院：　杨志民
信息工程学院：　曹晨星
兴湘学院：　曾家豪
指导教师：　冷爱莲　郭雪峰

信息工程学院：　胡　坤　成凌锋　喻荣宗
指导教师：　肖业伟　冷爱莲

信息工程学院：　李　斌　雷　文　李梓青
指导教师：　冷爱莲　肖业伟

信息工程学院：　王建徽　朱　琦　邹湘璐
指导教师：　冷爱莲　肖业伟

省级三等奖

信息工程学院：　张炜伦　康思达　张佳轩
指导教师：　陈洋卓

化学学院：　刘　莹
信息工程学院：　盛镇涛　郭艺程　张炜伦
指导教师：　陈洋卓

信息工程学院：　赵　佩　李嘉豪　龙　璇
指导教师：　陈洋卓

信息工程学院：　王　虎　赵晨宇
化学学院：　刘　莹
指导教师：　陈洋卓

兴湘学院：　雷贻山
信息工程学院：　莫运锋　蔡文辉
指导教师：　冷爱莲　肖业伟

六十、第一届全国高校企业价值创造实战竞赛

华中赛区三等奖

商学院：　王名觉　谭丽丹　王志迪　刘　瑾
指导教师：　冯文红　杨思静

华中赛区优秀指导老师

冯文红　杨思静

六十一、湖南省第五届大学生旅游专业综合技能大赛

省级二等奖

兴湘学院：胡　伟　周立婷　和紫薇
指导教师：阎友兵

省级三等奖

商学院：张　聪　聂瑞佳　樊康林
指导教师：马丽君

兴湘学院：倪　锐　谢雯佳　魏亦晨
指导教师：尹胜利　方世敏

商学院：李　艳　易　婷
兴湘学院：刘燕玉
指导教师：马丽君

六十二、2018年湖南省大学生电子设计竞赛

省级三等奖

信息工程学院：瞿家宝
兴湘学院：江垚宇
物理与光电工程学院：朱志飞
指导教师：冷爱莲　肖业伟

信息工程学院：谢志武　颜　涛　黄　杰
指导教师：姚志强　向礼丹

物理与光电工程学院：于　典
信息工程学院：罗鼎臣
兴湘学院：王新华
指导教师：吴亚联　胡洪波

省级优胜奖

信息工程学院：李嘉豪　盛镇涛　孙佳雯
指导教师：陈洋卓　盛梦刚

信息工程学院：江逸顺　马敏黎　王　虎
指导教师：陈洋卓　姚志强

2018 年省级以上体育竞赛活动学生获奖情况一览表

竞赛名称	获奖学生	获奖名次
第二十届 CUBA 中国大学生篮球联赛	邝梦媛　张文斌　孟　瑶 张　燕　陈　灿　肖　梦 刘　杨　陈漳璟　孟　远 邵梦洁　吕晓彤　吴　瑞	西南赛区女子组第四名
第二十届 CUBA 全国大学生篮球赛	邝梦媛　张文斌　孟　瑶 张　燕　陈　灿　肖　梦 刘　杨　陈漳璟　孟　远 邵梦洁　吕晓彤　吴　瑞	女子组 24 强赛 16 强
第二十一届 CUBA 中国大学生篮球一级联赛湖南省选拔赛	邝梦媛　崔　晴　孟　瑶 刘卓凡　王枫淇　肖　梦 刘　杨　陈漳璟　孟　远 邵梦洁　吕晓彤　吴　瑞	(女子组)第三名
2018 年 CUFA 中国大学生足球联赛	朱诗彧　程　爽　陈　毅 彭子昂　龙　强　周乐意 秦　翔　措　平　郭酝涛 宋　剑　申子轩　鲍任杰 仲子博　陈　翔　周超为 周昱龙　高煜中　吴庆伟 叶郁杨　邹纯鹏　许毓峰	西南赛区第十名
"伟士杯"第五届中国大学生羽毛球超级赛	周泽奇　谭振东　李宜宸 张　稳　姜　臻　曾　惜 肖　月　朱聪琳　陈卉林	混合团体第三名
湖南省第十一届大学生运动会羽毛球比赛	陈俊隆　敖澄宇　詹子路 刘钊宏　袁义烨	大学组男子团体第三名
湖南省第十一届大学生运动会羽毛球比赛	张　榆　陈旭旻　林玉婷 张子烨　淡湘宜	大学组女子团体第五名
湖南省第十一届大学生运动会篮球比赛	宗继伟　李思源　赖峻铭 刘　滔　李汪奥　欧阳杰 杜炯盛　龚　晟　陈阳小澍 李泽华　李恺麒　范淞铭	男子组第五名
湖南省第十一届大学生运动会游泳比赛	曾　泽　王孝云　唐海平 廖建金	男子 4×100 米混合泳接力第七名
	唐海平　曾　泽　魏　尧 廖建金	男子 4×100 米自由泳接力第七名
	唐海平　丁政勋　王鹏琳 廖建金	男子 4×200 米自由泳接力第五名

竞赛名称	获奖学生	获奖名次
湖南省第十一届大学生运动会游泳比赛	彭　瑾　肖艺玮　段慧俐　张奕羲	女子 4×100 米混合泳接力第七名
	肖艺玮　何苏榕　彭　瑾　张奕羲	女子 4×100 米自由泳接力第六名
	肖艺玮　段慧俐　何苏榕　张奕羲	女子 4×200 米自由泳接力第五名
湖南省第十一届大学生运动会田径比赛	刘　玥　杨雨珂　何诗宇　李娴婷	大学组女子 4×400 米接力第四名
	刘　玥　杨雨珂　何诗宇　李娴婷	大学组女子 4×100 米接力第六名
	杨翕喆　熊明皇　秦　展　黄千贤	大学组男子 4×400 米接力第六名
湖南省第十一届大学生运动会篮球比赛	邝梦媛　崔　晴　孟　瑶　刘卓凡　肖　梦　刘　杨　陈漳璟　孟　远　邵梦洁　吕晓彤　吴　瑞	女子组第三名
2018 中国大学生男子五人制足球联赛	朱诗彧　程　爽　陈　毅　卢俊安　盛英夫　周乐意　秦　翔　仲子博　宋　剑　申子轩　陈　翔　叶郁杨　邹纯鹏	第八名
湖南省第十一届大学生运动会足球比赛	贾科阳　程　爽　雷森雄　刘树蔚　彭嘉文　彭子昂　周泽文　许毓峰　仲子博　郭酝涛　宋　剑　朱绍瑜　鲍任杰　陈　翔　刘洋豪　沈　宇　万彦君　吴庆伟　叶郁杨　邹纯鹏	大学组男子第六名
第十一届湖南省大学生运动会乒乓球赛	刘　振　汪镐祥　谭良琛　李灵景　王新杰	男子团体第七名
	郑冰清　李佳怿　李科艺　杨慧慧　郑晨晨	女子团体第七名
	谭良琛　李科艺	混双第五名
第十八届亚洲运动会羽毛球比赛	贾一凡	女子双打冠军
2018 年羽毛球日本公开赛	贾一凡	女子双打亚军
第十八届全国大学生田径锦标赛	陈图境	高水平 A 组撑竿跳第一名
	林　鑫	高水平 A 组 10000 米第二名
	林　鑫	高水平 A 组 5000 米第三名
	黎小敏	高水平 A 组撑竿跳第二名

竞赛名称	获奖学生	获奖名次
2018 清远国际马拉松比赛	林　鑫	男子组第三名
2018 武汉大学生半程马拉松比赛	林　鑫	男子组冠军
2018 武宁国际半程马拉松比赛	林　鑫	男子组冠军
2018 武胜国际半程马拉松比赛	林　鑫	男子组冠军
2018 爱跑 538 长春站比赛	林　鑫	男子组冠军
2018 爱跑 538 长沙站比赛	林　鑫	男子组冠军
2018 爱跑 538 台州站比赛	林　鑫	男子组冠军
2018 海上明月半程马拉松比赛	张　妮	女子组第一名
2018 南通开沙岛国际半程马拉松比赛	张　妮	女子第五名
2018 杭州临安半程马拉松比赛	张　妮	女子第三名
2018 砀山国际半程马拉松比赛	张　妮	大学生组女子第二名
2018 清远国际马拉松比赛	张　妮	女子第六名
2018 九龙湖半程马拉松比赛	张　妮	女子第三名
湖南省第十一届大学生运动会羽毛球比赛	林玉婷	大学组女子单打第一名
	陈旭旻	大学组女子单打第三名
	林玉婷	大学组女子双打第五名
	淡湘宜	大学组女子双打第五名
	詹子路	大学组男子单打第二名
	敖澄宇	大学组男子单打第三名
	敖澄宇	大学组男子双打第五名
	陈俊隆	大学组男子双打第五名
	陈俊隆	大学组混合双打第五名
	淡湘宜	大学组混合双打第五名
	詹子路	大学组混合双打第六名
	张榆	大学组混合双打第六名
湖南省第十一届大学生运动会	廖建金	大学组男子 50 米自由泳第八名
		大学组男子 100 米自由泳第六名
	王鹏琳	大学组男子 200 米自由泳第八名
		大学组男子 400 米自由泳第六名
	王孝云	大学组男子 100 米蛙泳第四名
		大学组男子 200 米蛙泳第四名

竞赛名称	获奖学生	获奖名次
湖南省第十一届大学生运动会	刘伟煌	大学组男子 50 米蛙泳第八名
		大学组男子 100 米蛙泳第六名
	曾　泽	大学组男子 100 米仰泳第五名
		大学组男子 200 米仰泳第五名
	晋美朗杰	大学组男子 50 米仰泳第七名
		大学组男子 100 米仰泳第七名
	唐海平	大学组男子 50 米蝶泳第六名
		大学组男子 100 米蝶泳第七名
	肖艺玮	大学组女子 200 米自由泳第六名
		大学组女子 400 米自由泳第五名
	张奕羲	大学组女子 50 米自由泳第六名
		大学组女子 100 米自由泳第四名
	彭　瑾	大学组女子 50 米仰泳第八名
		大学组女子 100 米仰泳第七名
	何丽湘	大学组女子 100 米仰泳第六名
		大学组女子 200 米仰泳第八名
	段慧俐	大学组女子 50 米蝶泳第六名
		大学组女子 100 米蝶泳第七名
	范琳玲	大学组女子 100 米蛙泳第八名
	林　鑫	大学组男子 5000 米第一名
		大学组男子 10000 米第一名
	陈图境	大学组男子撑竿跳高第一名
		大学组男子跳高第二名
	黎小敏	大学组女子撑竿跳高第一名
		大学组女子跳高第六名
	李　瑜	大学组男子 110 米栏第二名
		大学组男子 400 米栏第八名
	杨龠喆	大学组男子 1500 米第三名
		大学组男子 3000 米障碍第三名
	杨雨珂	大学组女子 400 米第五名
		大学组女子 400 米栏第五名
	傅金霞	大学组女子铁饼第四名
		大学组女子铅球第五名
	黄千贤	大学组男子 1500 米第四名
		大学组男子 800 米第四名

竞赛名称	获奖学生	获奖名次
湖南省第十一届大学生运动会	王　鹏	大学组男子跳高第三名
		大学组男子跳远第八名
	张　妮	大学组女子5000米第三名
		大学组女子10000米第三名
	李　阳	大学组男子撑竿跳高第二名
	李娴婷	大学组女子800米第二名
	吴家惠	大学组女子标枪第三名
	游　洋	大学组男子标枪第四名
	熊明皇	大学组男子十项全能第四名
	刘　湯	大学组女子1500米第七名
	谭　想	大学组女子三级跳远第八名
第十一届湖南省大学生运动会乒乓球赛	谭良琛	男单第六名
	李佳怿	女单第八名

（王细流）

2018 年学生其他获奖情况一览表

序号	获奖名称	获奖个人和集体	授奖部门
1	第三届全国大学预防艾滋病知识竞赛“优秀奖”	应王丽　李　杨	全国大学生预防艾滋病知识竞赛组委会
2	第十三届芙蓉学子·榜样力量优秀大学生评选活动“芙蓉学子·社会实践奖”	湘潭大学青年传媒中心 凌佳亨	湖南省青少年发展基金会 湖南中烟工业有限责任公司
3	第十三届芙蓉学子·榜样力量优秀大学生评选活动“芙蓉学子·自强不息奖”	张　欢　王　叶	
4	第十三届芙蓉学子·榜样力量优秀大学生评选活动“芙蓉学子·公益行动奖”	文学与新闻学院团委学生会青年志愿者实践部 肖嘉英	
5	第十三届芙蓉学子·榜样力量优秀大学生评选活动“芙蓉学子·经济管理之星奖”	湘潭大学艺术学院品牌设计工作室 湘潭大学三翼工作室	
6	第十三届芙蓉学子·榜样力量优秀大学生评选活动“芙蓉学子·学术创新奖”	电化学能源团队 方　欣	

序号	获奖名称	获奖个人和集体	授奖部门
7	湖南省高校“百优社团”	湘潭大学金翼5·1·8爱心团队 湘潭大学木槿感恩支教团 湘潭大学武术协会 湘潭大学旱冰表演者协会 湘潭大学创业者协会	共青团湖南省委 湖南省学生联合会
8	第二届社群经济年度盛典“优秀志愿者”	邹红丽	中国电子商务协会社群经济促进中心
9	湖南省第二届中华经典诵读大赛三等奖	湘潭大学	湖南省语委办
10	第十二届湖南省大学生书画作品巡回展——软件站暨第四届“立德杯”现场书法大赛硬笔组三等奖	许　凯　邓志亮	湖南省大学生书法联合会 湘潭市青年书法家协会 共青团湖南软件学院委员会
11	第十二届湖南省大学生书画作品巡回展——软件站暨第四届“立德杯”现场书法大赛硬笔组优秀奖	谢洪高	
12	第十二届湖南省大学生书画作品巡回展——软件站暨第四届“立德杯”现场书法大赛优秀组织奖	湘潭大学	
13	“青柚课堂儿童性教育”公益项目爱心劝募员	张　苗　张美云　李志浩 王海涛　何　健　张　钰 彭　伟　刘孝杰　程　颖 杜满凤　唐思静　牟晓庆 周元红　荆　琴　陈俊研 汪鸿桢　董雨曦　刘　洲 刘小菲	湖南李丽心灵教育中心
14	“青柚课堂儿童性教育”公益项目公益富心社团	湘潭大学木槿感恩支教团	
15	湖南高校新闻奖副刊类二等奖	严曼华	湖南省高校校报研究会
16	湖南高校新闻奖通讯类一等		
17	湖南高校新闻奖副刊版面类一等奖		
18	第四届“东方财富杯”全国大学生金融精英挑战赛三等奖	王　荣　马俊贤　张　翼 邓　鑫　谭馨瑶　何嘉禧 倪晨旭　高　伟　唐宇林 程佳佳　仲子伟　张兰兰 王天睿　孙贺奇　黄梓晏 孙　颖　杨　晨　王清瑶	团中央学校部 东方财富信息股份有限公司

序号	获奖名称	获奖个人和集体	授奖部门
19	2018年全国大中专学生志愿者暑期“三下乡”社会实践活动优秀单位	湘潭大学团委	团中央学校部 全国学联秘书处
20	2018年全国大中专学生志愿者暑期“三下乡”社会实践活动“强国一代新青年”荣誉称号	詹思远　刘铭仁　刘继伟	
21	2018年全省大中专学生志愿者暑期“三下乡”社会实践活动优秀服务团队	湘潭大学三院联合赴长株潭“VIP + N”国家级试点社会调研团 湘潭大学商学院赴湘西永顺社会实践团 湘潭大学团委社会实践部赴邵阳市城步苗族自治县社会实践团 2018年湖南湘潭大学赴湘西州泸溪县助力农村党支部在“精准扶贫”中发挥战斗堡垒作用博士服务团	中共湖南省委宣传部 共青团湖南省委 中共湖南省委教育工委 湖南省教育厅 湖南省文明办 湖南省志工办 湖南省学生联合会
22	2018年全省大中专学生志愿者暑期“三下乡”社会实践活动优秀个人	程安琪　梁璐琳　王　旭 简　磊　陈绪林　邓　娇 文　艺　宋卓秦　李秉真 郭峻源　李彦均	
23	2017年度中国大学生自强之星提名奖	刘　硕　胡　串	团中央学校部 全国学联秘书处
24	全国学校共青团新媒体青英培养计划结业证书	王　朋　谈　佳　张　晶 谭文顺　涂若曦　刘章玥 徐童彤　陈　阳　李　灿 陈怡杉　周霜梅	团中央学校部 中国青年创业优先基金会
25	第九届世界华语辩论锦标赛湖南赛区预选赛冠军	湘潭大学辩论队	湖南省大众语言艺术研究会
26	2018年全国大中专学生志愿者暑期“三下乡”社会实践“镜头中的三下乡”活动“优秀报道奖”	湘潭大学“公为天下”调研团	团中央学校部 团中央网络影视中心
27	第四届“我的中国梦”湖南省大学生微电影大赛“最佳导演入围奖”	戴月婷　王雪妍　郑少帅 朱玉蕾　胡晓华　周义琼	中共湖南省教育工作委员会 湖南省教育厅
28	第四届“我的中国梦”湖南省大学生微电影大赛“最受欢迎影片入围奖”		

序号	获奖名称	获奖个人和集体	授奖部门
29	第四届“我的中国梦”湖南省大学生微电影大赛“最佳音乐奖”	周永丹　高云超　温佳璐　张　聪	中共湖南省教育工作委员会 湖南省教育厅
30	第四届“我的中国梦”湖南省大学生微电影大赛“优秀组织奖”	湘潭大学	
31	中国青年网校园通讯社“2017 年度优秀项目执行通讯站”	湘潭大学通讯站	团中央网络影视中心
32	中国青年网校园通讯社“2017 年度优秀原创奖”	邬梦圆	
33	中国青年网校园通讯社“2017 年度优秀通讯员”	徐彤童	
34	2018 年“中国电信奖学金”暨“践行社会主义核心价值观先进个人”	刘晓恋　江　奥	团中央学校部 中国电信集团
35	湖南省大学生红色经典诵读大赛一等奖	湘潭大学	中共湖南省委宣传部 湖南省军区政治工作局 中共湖南省委教育工作委员会 湖南省民政厅 共青团湖南省委 湖南省全民国防教育委员会办公室
36	第四届湖南省青年文化艺术节优秀组织奖	湘潭大学	共青团湖南省委 湖南省教育厅 湖南省文化厅 湖南省青年联合会 湖南省学生联合会
37	美拍 Dream crew 全国高校街舞争霸赛长沙站冠军	湘潭大学学生艺术团	美拍
38	yolo2 湖南高校联盟齐舞组亚军		yolo
39	第四届湖南省青年文化艺术节曲艺类优秀奖		共青团湖南省委 湖南省教育厅 湖南省文化厅 湖南省青年联合会 湖南省学生联合会
40	第四届湖南省青年文化艺术节曲艺大赛金奖		
41	第四届湖南省青年文化艺术节才艺大赛舞蹈类非专业集体组银奖		
42	第四届湖南省青年文化艺术节才艺大赛舞蹈类优秀奖		

序号	获奖名称	获奖个人和集体	授奖部门
43	第四届湖南省青年文化艺术节才艺大赛器乐类集体组优秀奖	湘潭大学大学生艺术团	共青团湖南省委 湖南省教育厅 湖南省文化厅 湖南省青年联合会 湖南省学生联合会
44	第五届湖南省青年文化艺术节朗诵类铜奖		
45	第五届湖南省青年文化艺术节曲艺类金奖		
46	第五届湖南省青年文化艺术节曲艺类银奖		
47	第五届湖南省青年文化艺术节时尚舞蹈组银奖		
48	第四届湖南省青年文化艺术节才艺大赛器乐类优秀奖	陶　也	
49	第四届湖南省青年文化艺术节才艺大赛器乐类非专业个人组铜奖	尹　明　应　然	
50	第四届湖南省青年文化艺术节才艺大赛舞蹈类非专业组金奖	魏麟骅	
51	第四届湖南省青年文化艺术节书法大赛软笔书法类银奖	王可心	
52	第四届湖南省青年文化艺术节文学大赛散文类银奖	蒋奇芳	共青团湖南省委 湖南省教育厅 湖南省文化厅 湖南省青年联合会 湖南省学生联合会
53	第四届湖南省青年文化艺术节文学大赛散文类铜奖	赵晔虹	
54	第四届湖南省青年文化艺术节才艺大赛器乐类非专业个人组银奖	董云飞	
55	第四届湖南省青年文化艺术节才艺大赛器乐类非专业个人组铜奖	薛劲松	
56	第四届湖南省青年文化艺术节才艺大赛器乐类优秀奖	郝　搏　江汶霖	
57	第四届湖南省青年文化艺术节文学大赛优秀奖	吴艳辉	
58	第四届湖南省青年文化艺术节曲艺大赛铜奖	李　垠	
59	第四届湖南省青年文化艺术节才艺大赛舞蹈类优秀奖	刘思颖	

序号	获奖名称	获奖个人和集体	授奖部门
60	湖南省第五届大学生艺术展演活动艺术表演类一等奖	湘潭大学大学生艺术团	湖南省教育厅
61	湖南省第五届大学生艺术展演活动艺术表演类二等奖		
62	湖南省第五届大学生艺术展演活动艺术表演类三等奖		
63	湖南省第五届大学生艺术展演活动绘画二等奖	王艺瑗	
64	湖南省第五届大学生艺术展演活动绘画三等奖	周依玮	
65	湖南省第五届大学生艺术展演活动书法三等奖		
66	湖南省第五届大学生艺术展演活动摄影二等奖	余晓琪 周依玮	
67	第四届全国网络文化艺术节校园好声音优秀奖	江筱璐 李滋滋 刘纪航 金玉瑄 张正阳 李 铮	中国网信办
68	全省高校习近平新时代中国特色社会主义思想“天天见”“天天新”“天天深”主题演讲比赛学生组三等奖	陈绪林	中共湖南省委宣传部 中共湖南省委教育工作委员会
69	湖南省首届大学生财务大数据应用能力大赛三等奖	李梦圆	湖南省教育厅
70	湖南省第四届高校 MPA 案例大赛研究生组一等奖	王平稳 李全胜 曹 真 李小云 魏凯霞	湖南省教育厅
71	湖南省第三届青年社会组织公益创投大赛铜奖	湘潭大学公益联盟	共青团湖南省委 湖南省文明办
72	益跑长沙儿童友好城市创建公益活动公益证书	黄天佐	中国社会福利基金会芒果微基金 管理委员会

（郭 滟）

教学获奖

2018 年省级以上教学比赛获奖一览表

序号	获奖人	获奖项目	获奖等级
1	王思思	湖南省普通高校教师课堂教学竞赛	省级二等奖
2	任传印	湖南省普通高校教师课堂教学竞赛	省级二等奖
3	王　霞	湖南省普通高校教师课堂教学竞赛	省级三等奖
4	高　深	湖南省普通高校教师课堂教学竞赛	省级三等奖
5	刘　炜	湖南省普通高校教师课堂教学竞赛	省级三等奖
6	李雪阳	湖南省普通高校教师课堂教学竞赛	省级三等奖

（张红爱）

科研获奖

2018 年度科研成果获奖情况（自然科学类）

序号	获奖项目名称	获奖人员	奖励名称	获奖等级	奖励级别
1	化学电源外壳材料的功能梯度设计与关键技术开发及应用	潘　勇　雷维新　潘俊安　周益春　刘小鋤　尹业文	湖南省技术发明奖	二等奖	省部级
2	惰性碳－氢键参与的亲核反应方法学研究及其在有机合成中的应用	杨　罗　罗翠萍　唐仁锦　周　旺	湖南省自然科学奖	三等奖	省部级
3	生物质油脱氧提质改性催化剂的构筑及性能调控	王威燕　仵　奎　李文松　杨运泉　罗和安　刘文英	湖南省自然科学奖	三等奖	省部级
4	新型金属间化合物多孔材料/多孔膜及其制备方法	江　垚　贺跃辉　高海燕　喻林萍　吴　靓　刘新利	湖南省自然科学奖	二等奖	省部级
5	高聚物材料热致磁效应多场耦合集成测试系统研制及实验研究	罗迎社　陈胜铭　张永忠　粟建新　罗树凌　邓旭华	湖南省自然科学奖	三等奖	省部级
6	＊＊＊关键技术＊＊＊	王先友　袁坤阳　白艳松　刘勇刚　舒洪波　杨秀康	国防科学技术进步奖	三等奖	省部级

（苏绪霞）

2018 年度科研成果获奖情况(人文社科类)

序号	获奖项目名称	获奖人员	奖励名称	获奖等级	奖励级别
1		侯新烁	湖南省“湖湘青年英才”支持计划		省部级
2	补齐湖南公共服务供给短板的着力点	盛明科	第二届湖南省委宣传部“十大金策”优秀成果		省部级
3	湖南省进一步完善科研项目资金管理的系列建议	肖冬梅	第二届湖南省委宣传部“十大金策”优秀成果		省部级
4	论雷锋精神与共产党人的初心和使命	刘建平	第九届湖南省社科联学术年会	特等奖	省部级
5	外商直接投资与雾霾污染:一个跨国经验研究	张　磊　韩　雷　叶金珍	第九届湖南省社科联学术年会	特等奖	省部级
6	习近平新时代正确处理人民内部矛盾思想探析	陈　龙	第九届湖南省社科联学术年会	一等奖	省部级
7	生产性服务业 TFP 增长与制造业价值链升级	陈海波　陈赤平	第九届湖南省社科联学术年会	一等奖	省部级
8	网约车市场风险与监管研究	卓　越　王玉喜	第九届湖南省社科联学术年会	一等奖	省部级
9	婚姻状况变动对住房资产冲击效应研究	周建军　孙倩倩　鞠　方	第九届湖南省社科联学术年会	一等奖	省部级
10	论协商决策模式构建与国家治理能力现代化实现	罗依平	第九届湖南省社科联学术年会	一等奖	省部级
11	环境公益诉讼中重复起诉问题研究	宫丽泓	第九届湖南省社科联学术年会	一等奖	省部级
12	房价水平抑制了产业升级吗?——基于不同城镇化地区的视角	曹　策　楚尔鸣	第九届湖南省社科联学术年会	二等奖	省部级
13	关于建构中国特色哲学社会科学的几点哲学思考	李伏清　曾伯秋	第九届湖南省社科联学术年会	二等奖	省部级
14	我国军民融合产业基地运行机制研究	李海海　杨　柳	第九届湖南省社科联学术年会	二等奖	省部级

序号	获奖项目名称	获奖人员	奖励名称	获奖等级	奖励级别
15	网络众创平台威客创新自我效能感对创新行为影响研究——基于知识共享中介和差错管理文化调节的跨层分析	赵　葳　霍生平	第九届湖南省社科联学术年会	二等奖	省部级
16	构建中国特色军事刑罚体系研究	万志鹏	第九届湖南省社科联学术年会	二等奖	省部级
17	监狱管理制度改革的思考	王　蕊	第九届湖南省社科联学术年会	二等奖	省部级
18	浅析对监察权的救济	龙　意	第九届湖南省社科联学术年会	二等奖	省部级
19	社会信用立法:励治理念下大数据支持的道德立法	贾韶琦	第九届湖南省社科联学术年会	二等奖	省部级

（朱　婷）

其他获奖

2018 年获省级以上有关部门奖励的先进个人

序号	获奖个人	奖励名称	颁奖单位
1	廖永安	2017 年百千万人才工程国家级人选	人力资源和社会保障部
2	聂家旺	2017 年“长江学者奖励计划”讲座教授	教育部
3	杨 丽 李哲涛	2017 年“长江学者奖励计划”青年学者	教育部
4	魏晓林 姚志强 姚 湘	全国万名优秀创新创业导师	教育部办公厅
5	马增胜	第十六届高等院校青年教师奖三等奖	教育部国际合作与交流司 霍英东教育基金会
	赵才贤	国家级大学生创新创业训练计划最佳导师奖	教育部高等教育司
6	邓国军 欧爱民	2017 年度宝钢教育基金优秀教师奖	宝钢教育基金会
7	王协舟	全国档案专家(档案学理论研究领域)	国家档案局
8	肖冬梅	国家知识产权战略实施工作先进个人	国务院知识产权战略实施工作部际联席会议办公室
9	蔡高强	首届全国十佳国际空间法学工作者	国家航天局中国空间法学会
10	王思思	“第三届中国外语微课大赛”湖南省二等奖	中国高等教育学会 高等教育出版社
11	郑学军 王金斌	2017 年度享受湖南省政府特殊津贴专家	湖南省人民政府
12	李佑新	湖南省先进工作者	湖南省人民政府
13	李佑新	湖南省徐特立教育奖	湖南省教育厅
14	舒 适	2017 年度湖南省优秀教师	湖南省教育厅 湖南省人社厅
15	盛明科	湖南省首批“智库领军”人才	中共湖南省委宣传部
16	李金艳	湖南省“百人计划”入选专家	中共湖南省委组织部
17	高 平	湖南省“青年百人计划”入选专家	中共湖南省委组织部

序号	获奖个人	奖励名称	颁奖单位
18	廖　敏　胡夏一 侯新硕	2018年“湖湘青年英才”支持计划人选	中共湖南省委组织部 共青团湖南省委 湖南省科学技术厅 湖南省人社厅 湖南省科协
19	欧爱民	第四届湖南省宣传文化系统“五个一批”人才	中共湖南省委宣传部
20	罗凤华	全省纪检监察系统先进个人	中共湖南省纪委 湖南省人社厅
21	罗凤华	2017年度全省教育系统落实党风廉政建设执纪审查工作先进个人	中共湖南省委教育工委 湖南省教育厅 中共湖南省纪委驻省教育厅纪检组
22	谢罗奇	湖南省2017年度高校征兵工作先进个人	湖南省人民政府征兵办公室 湖南省教育厅
23	曾祥元　郭凤安 李　丹　申志强	省级治安保卫重点单位安全保卫工作成绩突出个人	湖南省公安厅
24	王成奇	全省教育新闻宣传工作先进个人	湖南省教育厅
25	袁丽霞	湖南教育政务网站工作优秀个人	湖南省教育厅
26	费俊杰	科技报告管理先进个人	湖南省科学技术厅
27	黄伟华	2017年度申请和获资助国家自然科学基金工作先进个人	湖南省自然科学基金委员会办公室
28	刘友华	湖南省知识产权援助专家	湖南省知识产权维权援助中心
29	黄兰青	兰台耕耘30年贡献奖	湖南省高等教育学会档案专业委员会
30	喻　柳　周　成	湖南省高校辅导员工作研究与实践百佳个人	湖南省高校学生思想政治教育研究会
31	黎益君　刘宇谦	湖南省高校学生思想政治教育研究与实践百佳个人	湖南省高校学生思想政治教育研究会
32	檀朝桂　王　雄 岳　梅	湖南省研究生思想政治教育研究与实践先进个人	湖南省研究生思想政治教育研究会
33	肖友桃	2015—2017年度湖南省高校优秀档案工作者	湖南省高等教育学会档案专业委员会

序号	获奖个人	奖励名称	颁奖单位
34	肖冬梅	湖南省大中专学生志愿者暑期“三下乡”社会实践活动优秀指导者	中共湖南省委宣传部 共青团湖南省委 湖南省教育厅 湖南省文明办 湖南省学生联合会
35	章思思	第二届全国学生“学宪法讲宪法”活动演讲比赛湖南区优秀指导教师奖	湖南省教育厅
36	郭　滟	湖南省第五届大学生艺术展演活动一等奖节目优秀指导老师	湖南省教育厅
	郭　滟	第四届湖南省青年文化艺术节最佳指导老师奖	共青团湖南省委 湖南省教育厅 湖南省文化厅 湖南省青年联合会 湖南省学生联合会
37	李雅兴	2017 年度湖南省高校“好声音讲坛—讲话精神进基层”师生微宣讲比赛优秀指导老师	湖南省教育厅
	吴彬彬	“湖南省大学生禁毒辩论赛”纪念奖	湖南省禁毒委员会办公室
	韩　雷　文圆圆	湖南省第十届研究生创新论坛优秀组织者	湖南省人民政府学位委员会办公室
38	魏晓林	2017 年“镜头中的三下乡”优秀指导老师	团中央学校部 新华网 团中央网络影视中心 中国青年网
39	何　晖　刘　超	湖南省第三届高校 MPA 案例大赛优秀指导老师奖	湖南省人民政府学位委员会办公室
40	张　立　李明扬 冯文红　田小文	湖南省第四届高校 MBA 企业案例大赛优秀指导教师奖	湖南省人民政府学位委员会办公室
41	刘建平　王昕伟	首届“红船论坛”征文三等奖	光明日报社 中共浙江省委宣传部 中共嘉兴市委
42	李雅兴	湖南省统战理论政策研究创新成果一等奖	湖南省统战部
	刘长青　钟希余 彭欣菲　简立君	湖南省管理会计案例一等奖	湖南省财政厅

（肖军芳）

2018年获省级以上有关部门奖励的先进集体

序号	获奖单位	奖励名称	颁奖单位
1	湘潭大学党委统战部	湖南省统战调研工作先进单位	中共湖南省委统战部
2	湘潭大学	2017年度全省教育新闻宣传工作综合考评一类等次	湖南省教育厅
3	湘潭大学	科技报告管理先进单位	湖南省科学技术厅
4	湘潭大学纪委监察处	湖南省纪检监察系统先进集体	中共湖南省纪律检查委员会 湖南省人社厅
5	湘潭大学纪委监察处	2017年度全省教育系统落实党风廉政建设纪委监督责任检查考核先进执纪审查工作单位	中共湖南省委教育工作委员会 湖南省教育厅 中共湖南省纪委驻省教育厅纪检组
6	湘潭大学纪委监察处	2017年度全省教育系统落实党风廉政建设 纪委监督责任检查考核综合二等奖	中共湖南省委教育工作委员会 湖南省教育厅 中共湖南省纪委驻省教育厅纪检组
7	湘潭大学	2017年度普通高校招生工作先进单位	湖南省教育考试院
8	湘潭大学	2017年度成人高校招生工作先进单位	湖南省教育考试院
9	湘潭大学	2017年度硕士研究生考试招生工作先进单位	湖南省教育考试院
10	湘潭大学	2017年度高等教育自学考试工作先进单位	湖南省教育考试院
11	湘潭大学	2017年度全国大学英语四六级考试工作先进单位	湖南省教育考试院
12	湘潭大学	2017年度申请和获资助国家自然科学基金工作先进集体	湖南省自然科学基金委员会办公室
13	湘潭大学	湖南省2017年度大学生征兵工作先进单位	湖南省人民政府征兵办公室 湖南省教育厅

序号	获奖单位	奖励名称	颁奖单位
14	湘潭大学	《光荣的使命——平凡中追求卓越》微视频优秀奖	湖南省档案局
15	湘潭大学	湖南省高校大学生心理健康与教育实践先进集体	湖南省高校大学生心理健康教育研究会
16	湘潭大学	湖南省高校辅导员工作研究与实践先进单位	湖南省高校辅导员工作研究会
17	湘潭大学党委研究生工作部	湖南省研究生思想政治教育研究与实践先进集体	湖南省研究生思想政治教育研究会

（肖军芳）

第十部分

综 合 统 计

人才培养统计

2018 年研究生人数统计表

（单位：人）

	毕业生数	授予学位数	招生数		在校学生数			
			计	其中：应届生	合计	一年级	二年级	三年级及以上
总计	1859	1866	2446	1596	7059	2446	2304	2309
博士	72	75	130	75	538	130	119	289
学术型学位博士	72	75	130	75	538	130	119	289
硕士	1787	1791	2316	1521	6521	2316	2185	2020
学术性学位硕士	1169	1173	1257	956	3778	1257	1249	1272
专业学位硕士	618	618	1059	565	2743	1059	936	748

（朱丹红）

2018 年在职人员攻读硕士学位人数统计表

（单位：人）

	授予学位数	在校学生数			
		合计	一年级	二年级	三年级及以上
总计	82	541			541
学术性学位硕士		10			10
专业学位硕士	82	531			531

（朱丹红）

2018 年本科生人数统计表

（单位：人）

毕业生数	授予学位数	招生数		在校学生数				
		计	其中：应届生	合计	一年级	二年级	三年级	四年级
5951	5891	5894	5513	24684	5937	6207	6169	6371

（蒲红华）

2018 年国际学生人数统计表

（单位：人）

	毕（结）业生数	授予学位数	招生数	在校学生数				
				合计	一年级	二年级	三年级	四年级
总计	425	11	440	501	442	29	16	14
本科	3	2	1	32	3	11	15	3
硕士	7	7	16	38	16	14	1	7
博士	2	2	3	11	3	4		4
培训生	413		420	420	420			

（王晓颖）

2018 年成人教育学生人数统计表

（单位：人）

	毕业生数	授予学位数	招生数	在校学生数					
				合计	一年级	二年级	三年级	四年级	五年级及以上
总计	2742	73	6086	9984	6086	3506	136	130	126
函授	1684	30	5057	7460	5057	2175	82	87	59
函授本科	809	30	2823	4102	2823	1051	82	87	59
函授专科	875	0	2234	3358	2234	1124	0	0	0
业余	1058	43	1029	2524	1029	1331	54	43	67
业余本科	538	43	460	1307	460	683	54	43	67
业余专科	520	0	569	1217	569	648	0	0	0

（周文胜）

2018 年兴湘学院本科生人数统计表

（单位：人）

毕业生数	授予学位数	招生数		在校学生数				
		计	其中：应届生	合计	一年级	二年级	三年级	四年级
1468	1443	1016	1016	5509	1377	1295	1350	1487

（胡　诚）

2018 届毕业生就业率统计表

（单位：人）

研究生			本科生			专科生		
毕业生人数	就业人数	就业率	毕业生人数	就业人数	就业率	毕业生人数	就业人数	就业率
1781	1726	96.91%	5858	5539	94.55%	1	1	100%

（赵家文）

2018 届本专科生年终就业情况统计表

截至 2018 年 12 月

院系	合计			已就业并办证		出国		自主创业		聘用（灵活就业）		继续深造		自由职业		国家、地方项目		待就业（总）	
	总人数	总就业人数	百分比（%）	人数	百分比（%）	人数	百分比（%）	人数	百分比（%）	人数	百分比（%）	人数	百分比（%）	人数	百分比（%）	人数	百分比（%）	人数	百分比（%）
合计	5859	5539	94.54	667	11.38	80	1.37	6	0.10	3292	56.19	1424	24.30	48	0.82	22	0.38	320	5.46
碧泉书院	143	137	95.80	2	1.40	1	0.70		0.00	99	69.23	32	22.38		0.00	3	2.10	6	4.20
马克思主义学院	54	47	87.04	1	1.85	1	1.85		0.00	22	40.74	23	42.59		0.00	0	0.00	7	12.96
商学院	1261	1185	93.97	149	11.82	27	2.14	2	0.16	754	59.79	205	16.26	40	3.17	8	0.63	76	6.03
公共管理学院	277	267	96.39	21	7.58	6	2.17		0.00	150	54.15	88	31.77		0.00	2	0.72	10	3.61
法学院·知识产权学院	290	269	92.76	9	3.10	3	1.03		0.00	188	64.83	68	23.45		0.00	1	0.34	21	7.24
文学与新闻学院	347	316	91.07	24	6.92	3	0.86	1	0.29	227	65.42	59	17.00		0.00	2	0.58	31	8.93
外国语学院	281	271	96.44	12	4.27	18	6.41		0.00	165	58.72	68	24.20	7	2.49	1	0.36	10	3.56
数学与计算科学学院	157	148	94.27	7	4.46	3	1.91		0.00	99	63.06	38	24.20		0.00	1	0.64	9	5.73
物理与光电工程学院	242	228	94.21	13	5.37	4	1.65		0.00	124	51.24	86	35.54		0.00	1	0.41	14	5.79
材料科学与工程学院	223	216	96.86	13	5.83	1	0.45	1	0.45	110	49.33	91	40.81		0.00		0.00	7	3.14
化学学院	314	312	99.36	29	9.24	2	0.64		0.00	146	46.50	134	42.68		0.00	1	0.32	2	0.64
化工学院	233	219	93.99	16	6.87	1	0.43		0.00	129	55.36	72	30.90	1	0.43		0.00	14	6.01
机械工程学院	490	446	91.02	76	15.51	2	0.41		0.00	233	47.55	133	27.14		0.00	2	0.41	44	8.98
信息工程学院	782	726	92.84	95	12.15	4	0.51	2	0.26	457	58.44	168	21.48		0.00		0.00	56	7.16
土木工程与力学学院	416	412	99.04	160	38.46	2	0.48		0.00	152	36.54	98	23.56		0.00		0.00	4	0.96
国际交流学院	28	27	96.43	6	21.43		0.00		0.00	16	57.14	5	17.86		0.00		0.00	1	3.57
艺术学院	154	154	100.00	9	5.84	2	1.30		0.00	126	81.82	17	11.04		0.00		0.00		0.00
环境与资源学院	167	159	95.21	25	14.97		0.00		0.00	95	56.89	39	23.35		0.00		0.00	8	4.79

（赵家文）

2018 届研究生毕业生年终就业情况统计表

截至 2018 年 12 月

院系	合计			已就业并办证		出国		自主创业		聘用（灵活就业）		继续深造		自由职业		国家、地方项目		待就业（总）	
	总人数	总就业人数	百分比（%）	人数	百分比（%）	人数	百分比（%）	人数	百分比（%）	人数	百分比（%）	人数	百分比（%）	人数	百分比（%）	人数	百分比（%）	人数	百分比（%）
合计	1781	1726	96.91	558	31.33	5	0.28	4	0.22	1019	57.22	121	6.79	4	0.22	15	0.84	55	3.09
碧泉书院	66	61	92.42	15	22.73		0.00		0.00	40	60.61	6	9.09		0.00		0.00	5	7.58
马克思主义学院	60	59	98.33	21	35.00		0.00		0.00	29	48.33	7	11.67		0.00	2	3.33	1	1.67
商学院	316	312	98.73	143	45.25		0.00	1	0.32	157	49.68	9	2.85	1	0.32	1	0.32	4	1.27
公共管理学院	156	144	92.31	46	29.49		0.00	2	1.28	86	55.13	4	2.56	1	0.64	5	3.21	12	7.69
法学院·知识产权学院	181	180	99.45	40	22.10		0.00		0.00	125	69.06	11	6.08	1	0.55	3	1.66	1	0.55
文学与新闻学院	85	78	91.76	30	35.29	1	1.18		0.00	45	52.94		0.00		0.00	2	2.35	7	8.24
外国语学院	69	67	97.10	7	10.14	1	1.45		0.00	57	82.61	1	1.45	1	1.45		0.00	2	2.90
数学与计算科学学院	82	82	100.00	14	17.07		0.00		0.00	48	58.54	20	24.39		0.00		0.00		0.00
物理与光电工程学院	85	81	95.29	19	22.35	1	1.18		0.00	49	57.65	12	14.12		0.00		0.00	4	4.71
材料科学与工程学院	79	77	97.47	25	31.65		0.00		0.00	44	55.70	7	8.86		0.00	1	1.27	2	2.53
化学学院	142	136	95.77	31	21.83	1	0.70		0.00	87	61.27	17	11.97		0.00		0.00	6	4.23
化工学院	82	79	96.34	17	20.73		0.00		0.00	60	73.17	2	2.44		0.00		0.00	3	3.66
机械工程学院	113	111	98.23	52	46.02		0.00	1	0.88	52	46.02	6	5.31		0.00		0.00	2	1.77
信息工程学院	144	141	97.92	59	40.97	1	0.69		0.00	74	51.39	7	4.86		0.00		0.00	3	2.08
土木工程与力学学院	75	74	98.67	32	42.67		0.00		0.00	31	41.33	10	13.33		0.00	1	1.33	1	1.33
艺术学院	14	13	92.86		0.00		0.00		0.00	13	92.86		0.00		0.00		0.00	1	7.14
环境与资源学院	32	31	96.88	7	21.88		0.00		0.00	22	68.75	2	6.25		0.00		0.00	1	3.13

（赵家文）

师资队伍情况统计

2018 年教职工情况统计表

（单位：人）

<table>
<tr><th colspan="3"></th><th>正高级</th><th>副高级</th><th>中级</th><th>初级</th><th>未定职级</th><th>合计</th></tr>
<tr><td rowspan="8">教职工数</td><td rowspan="4">校本部教职工</td><td>专任教师</td><td>329</td><td>513</td><td>445</td><td>4</td><td>197</td><td>1488</td></tr>
<tr><td>行政人员</td><td>2</td><td>52</td><td>186</td><td>58</td><td>131</td><td>429</td></tr>
<tr><td>教辅人员</td><td>–</td><td>53</td><td>121</td><td>20</td><td>35</td><td>229</td></tr>
<tr><td>工勤人员</td><td>–</td><td>–</td><td>–</td><td>2</td><td>68</td><td>70</td></tr>
<tr><td colspan="2">科研机构人员</td><td>–</td><td>–</td><td>–</td><td>–</td><td>–</td><td>–</td></tr>
<tr><td colspan="2">校办企业职工</td><td>–</td><td>–</td><td>–</td><td>–</td><td>–</td><td>–</td></tr>
<tr><td colspan="2">其他附设机构人员</td><td>–</td><td>25</td><td>52</td><td>3</td><td>27</td><td>107</td></tr>
<tr><td colspan="2">合计</td><td>331</td><td>643</td><td>804</td><td>87</td><td>458</td><td>2323</td></tr>
<tr><td colspan="3">聘请校外教师</td><td>338</td><td>314</td><td>11</td><td>3</td><td>280</td><td>946</td></tr>
<tr><td colspan="3">离退休人员</td><td>134</td><td>295</td><td>–</td><td>–</td><td>–</td><td>1313</td></tr>
<tr><td colspan="3">附属中小学幼儿园教职工</td><td>–</td><td>–</td><td>–</td><td>–</td><td>–</td><td>–</td></tr>
<tr><td colspan="3">集体所有制人员</td><td>–</td><td>–</td><td>–</td><td>–</td><td>–</td><td>–</td></tr>
</table>

注：–表示未作具体统计

（肖军芳）

各类人才资源名单

名　称	姓　名	时间
院士(4人)	欧阳晓平	2013
	任辉启(非全职)	2015
	陈晓红(非全职)	2017
	谭建荣(非全职)	2018
"万人计划"百千万工程领军人才(1人)	黄云清	2014
"万人计划"科技创新领军人才(1人)	李哲涛	2018
全国宣传文化系统"四个一批"人才(1人)	彭国甫*	2007
国家"千人计划"人选(3人)	李　正	2012
	黄建宁	2017
	周光文	2018
国家优秀青年科学基金获得者(1人)	裴　勇	2014
"万人计划"教学名师(1人)	钟建新	2015
"万人计划"青年拔尖人才(2人)	杨汝岱*	2013
	杨　丽	2016
教育部"长江学者"特聘教授(3人)	钟建新	2006
	郑学军	2008
	李佑新	2012
教育部"长江学者计划"讲座教授(1人)	聂家旺	2017
青年长江学者(2人)	李哲涛　杨　丽	2017
全国优秀科技工作者(1人)	罗和安	2010
国家杰出青年科学基金获得者(4人)	周益春	2005
	黄云清	2006
	郑学军	2008
	汤华中	2009
教育部高等学校教学指导委员会委员(9人)	黄云清　周益春　高协平　王向清　颜佳华　何　振*　文卫平　曾以成　杨运泉　刘飞兵	2013—2018
	章　兢	2004
	刘飞兵　杨运泉　曾以成　何　振*　颜佳华　高协平　周益春　黄云清　李伯超*	1995

名 称	姓 名	时间
冯康科学计算奖获得者(2 人)	黄云清	2006
	汤华中	2013
国家教学名师(4 人)	周益春	2006
	文卫平	2007
	季水河	2009
	钟建新	2011
国家人事部“百千万人才工程”第一、二层次人选(2 人)	游建强* 钟建新	1995—1997
“新世纪百千万人才工程”国家级人选(6 人)	彭国甫*	2004
	黄云清 高协平	2007
	张海良	2009
	周益春	2013
	廖永安	2017
新世纪(跨世纪)优秀人才支持计划人选(31 人)	黄云清 周益春	2002
	陈艳萍* 苏旭平* 颜晓红* 邱兴隆*	2004
	张海良 彭国甫*	2005
	丁建文 廖永安 谭援强*	2006
	黎华明 汤华中	2007
	胡肖华 喻祖国 王金斌 罗文波	2008
	陈赤平* 葛 飞 夏新华* 颜佳华	2009
	何 振* 刘平乐 孙立忠	2010
	邓国军 金湘亮 杨汝岱*	2011
	欧爱民 曹觉先	2012
	陈艳红 黄显中	2013
全国模范教师(3 人)	张海良	2007
	钟建新	2009
	李时华	2014
全国优秀教师(9 人)	章 兢	1989
	沧 南 郭汉民 刘朋生 陈仲沪※ 张铁夫※	1993—2000
	季水河	2004
	李寿佛	2007
	李佑新	2009

名　称	姓　名	时间
湖南省科技领军人才(2人)	罗和安	2007
	黄云清	2011
湖南省"徐特立教育奖"获得者(4人)	向熙廷	1996
	潘长良	2001
	李寿佛	2009
	李佑新	2017
政府(国务院)特殊津贴专家(55人)	潘长良等35人	1991—1999
	颜晓红* 章　兢	2000
	邓寿昌* 郭晋云*	2002
	肖国安* 彭国甫* 陈艳萍*	2004
	王先友　季水河	2006
	高协平　张海良　苏旭平*	2008
	李佑新	2010
	舒　适	2012
	文卫平　朱卫国*	2014
	唐正芒	2016
	廖永安　颜佳华　喻祖国	2018
湖南省政府特殊津贴专家(5人)	文卫平　喻祖国	2014
	谭松庭	2015
	郑学军　王金斌	2017
湖南省"芙蓉学者计划"特聘教授(15人)	许进超*	2003
	王力波*	2004
	周益春　邱兴隆*	2004
	钟建新	2005
	李江宇	2005
	孙长庆　李　文	2006
	邓建新　郑学军	2007
	喻祖国	2009
	彭向阳　王金斌	2010
	Rudder Wu　杨才千	2015
湖南省"芙蓉学者计划"讲座教授(5人)	钱　宇	2009
	冯云田　刘海亮	2010
	R. A. Roemer　杨圣祥	2015

名　称	姓　名	时间
湖南省“百人计划”人选(17人)	许小曙　李爱根	2009
	李江宇　李继春　邓国军　陆旭兵	2010
	牛小东	2011
	李　正　孙长庆	2012
	周光文	2013
	王银民　金湘亮	2014
	廖　敏(青年)	2015
	瑞米·莫塞瑞(外专)	2016
	李金艳(非全职)　高　平(青年)	2017
	田玉楚(非全职)	2018
湖南省优秀专家(1人)	罗和安	2005
湖南省优秀社会科学专家(6人)	宋世杰※	1998
	张铁夫※	2003
	彭国甫* 季水河	2007
	李佑新	2009
	廖永安	2017
湖南省优秀青年社会科学专家(9人)	肖国安* 王继平　何云波　邱兴隆* 何　振* 廖永安　黄显中	2002—2016
	刘中望　盛明科	2017
宝钢教育基金优秀教师奖(22人)	季水河	2006
	文卫平(特等奖)	2008
	王向清　丁建文	2009
	廖永安　肖爱国	2010
	楚尔鸣　罗文波	2011
	杨　华(特等奖)　王学业	2012
	何　振*(特等奖) 朱卫国*	2013
	童　真　李成福	2014
	费俊杰　肖冬梅	2015
	刘任任　李剑波	2016
	邓国军　欧爱民	2017
	欧阳建权　谭燕芝	2018
湖南省教学名师(6人)	周益春　季水河	2006
	文卫平　廖永安	2007
	杨　华	2009
	钟建新	2010

名　称	姓　名	时间
湖南省优秀教师(19 人)	刘昭豪　羊春秋※ 李国镇※ 伍极光※ 龙泽斌※ 李益恒※ 文佩琳※ 李瑞昌 向熙廷　何云坤※ 颜晓红* 章　兢	1985—2000
	杨　华　何文燕	2004
	王向清　周　勇　刘任任	2007
	刘跃进	2012
	舒　适	2017
湖南省荣誉社会科学专家(4 人)	姜书阁※ 羊春秋※ 刘桂斌※ 沧　南	1998—2003
湖南省院士专家咨询委员会委员(3 人)	彭国甫* 胡肖华　肖国安*	2005
教育部"高等学校骨干教师资助计划"人选(9 人)	黄云清　陈艳萍* 张　平　罗和安 颜晓红* 阳年发　廖世杰　高协平 韩忠愿*	2002
湖南省优秀中青年专家(9 人)	朱建林　张清辉　黄云清　钟建新 游建强* 周益春　罗和安　廖世杰 刘巨钦	1996—2000
新世纪湖南省青年社会科学研究人才"百人工程"人员(29 人)	刘长庚　彭国甫* 何云坤※ 颜佳华 冯晓青* 邱兴隆* 胡肖华　陈　刚* 胡旭晟* 罗　婷* 孟　泽*	2002
	楚尔鸣　屠新曙* 刘宇红* 陈立中* 阎友兵　张全民　黄明儒	2004
	何　振* 陈赤平* 廖永安　杨向荣* 陈艳红　贺　鉴* 周建军　鞠　方 吴　勇　倪洪涛* 张义清	2009
湖南省"121 人才工程"第一层次人选(12 人)(2018 年始改称:湖南省 121 创新人才培养工程)	周益春　黄云清　高协平　刘启良 胡肖华	2005
	刘长庚　文卫平　刘任任	2007
	楚尔鸣　宁国良	2010
	方红姣　刘金刚	2018
湖南省"121 人才工程"第二层次人选(19 人)(2018 年始改称:湖南省 121 创新人才培养工程)	刘任任　刘长庚　刘　健* 郭晋云*	2005
	陈赤平* 舒　适　王学业	2007
	廖永安　胡　强　梁丽芝　蔡远利* 谭援强* 刘平乐　段　斌　罗文波	2010
	刘中望　毛卫国　喻祖国　盛明科	2018
湖南省"121 人才工程"第三层次人选(76 人)(2018 年始改称:湖南省 121 创新人才培养工程)	张海良等 38 人	2005
	刘韶跃等 13 人	2007
	倪洪涛*等 18 人	2010
	韩路长　李伏清　刘友华　毛宇亮 裴　勇　彭锐涛　谢鹤楼	2018

名　称	姓　名	时间
湖南省跨世纪学术和技术带头人培养对象(6人)	黄云清　罗和安　游建强*　钟建新 颜晓红*　田银华*	1996—1997
湖南省跨世纪学术和技术带头人后备人选(11人)	王　健*　廖世杰　舒　适　杨建良* 刘任任　刘长庚　冯晓青*　刘　健* 罗迎社*　张　平　朱珍民*	1996—1998
首批全国知识产权领军人才(1人)	肖冬梅	2013
首批全国专利信息领军人才(1人)	肖冬梅	2012
湖南省普通高校思想政治理论课优秀教师(2人)	付菊辉　刘小莉	2009
湖南省高等学校与法律实务部门“双千计划”互聘人员	派出人员:黄明儒　刘友华　刘海鸥 尹华容　程　波 接收人员:张小兵　赵建军　陈建华 李世锋　刘兴华	2013—2017
湖南省高等学校与新闻实务部门“双千计划”互聘人员	派出人员:易　蓉　杨皓辉　夏世斌 周　毅　成　然　华　进 接收人员:罗　毅　熊劲松　杨为民 张华立　苏晓洲　聂　雄	2013—2018
湖南省宣传文化系统“五个一批”人才人选(3人)	颜佳华	2008
	廖永安	2013
	欧爱民	2017
湖南省高校科技创新团队(6人)	楚尔鸣　杨汝岱*　陈赤平*　龚志民 谭燕芝　鞠　方	2012
湖南省理论学习服务体系第一批省级服务专家人选(7人)	付菊辉　李雅兴　罗玉明　廖永安 李佑新　陈赤平*　颜佳华	2009
湖南省普通高校学科带头人培养对象(38人)	罗和安等13人	1998—2002
	王向清　彭国甫*　廖永安　周　勇 王先友　谭援强*　熊茂湘	2005
	刘平乐　张海良　肖爱国　胡肖华 楚尔鸣　丁建文	2008
	陈赤平*　邓国军　胡　强　李永春 罗文波　唐明华	2011
	鞠　方　何　振*　欧爱民　黄　荣 金湘亮　裴　勇	2014

名　称	姓　名	时间
湖南省普通高校青年骨干教师培养对象(240人)	田银华*等123人	1993—2003
	何　振*等8人	2004
	贺　鉴*　李勇辉　袁建新*　雷　磊 周友行　蔡远利*　曹觉先　赵荣国	2005
	吕　斌　王登龙　余越昕　郭有贵 朱伟东*　王协舟　费俊杰　陈赤平* 李永春	2006
	熊　辉*　王行柱　孙立忠　周建军 赖早兴*　欧阳建权　蒋欣欣 陈艳红　江　军*	2007
	李杰豪*　王太平*　曾楚怡*　肖映雄 杨向荣*　龙士国　李辉文*　谭黎峰	2008
	张今杰　谢凤华　倪洪涛*　赵成林 尹福其　肖思国　刘　煜　张高峰	2009
	文庭孝*　吴　庄*　郭新华　李碧云 陈元平　黄　荣　刘柏希　陶能国	2010
	袁辉初※　刘灿姣*　刘中望　吴　勇 张东波　钟向丽　裴　勇　游奎一 周光明	2011
	周锦涛　刘　婷　盛明科　毛宇亮 谢鹤楼　丁燕怀　陈　旸	2012
	彭中文　向立文　刘友华　张海燕 谢淑红　杨　罗　韩路长　肖　芬	2013
	刘亚军　胡军辉　何　妍　陈　晨 杨　柳　谢月娥　刘　黎　姚志强	2014
	李伏清　醋卫华　董石桃　李益顺 曹　霞　袁健美　魏晓林　彭锐涛 李澄清	2015
	熊元彬　陈　龙　湛　泳　马丽君 杨　银　杨雪娟　李哲涛　李玉芹	2016
	蒋　波　许善品　朱　健　戴艳清 周青山　易年余　李红星　王秀锋 王威燕　许　银	2018
湖南青年英才支持计划(10人)	刘金刚	2013
	杨　丽　游奎一	2014
	刘　黎	2015
	谭　貌	2016
	邢文明　陈华杰	2017
	廖　敏　胡夏一　侯新烁	2018

注:*表示已调离,※表示已过世

（李友芝　肖军芳）

教育部创新团队一览表

序号	团队名称	负责人	批准时间
1	薄膜材料及其器件力学	郑学军	2010 年
2	微分方程数值方法与生物计算	喻祖国	2011 年
3	微纳能源材料与器件物理	钟建新	2012 年
4	先进光电与超分子功能材料	裴　勇	2013 年

（苏绪霞）

国家级、省级教学团队一览表

序号	团队名称	负责人	级别	学院	获批时间
1	材料与器件教学团队	周益春	国家教学团队	材料科学与工程学院	2007 年
2	计算数学教学团队	黄云清	国家教学团队	数学与计算科学学院	2008 年
3	英语专业教学团队	文卫平	国家教学团队	外国语学院	2008 年
4	技术物理教学团队	钟建新	国家教学团队	物理与光电工程学院	2009 年
5	材料与器件教学团队	周益春	省级教学团队	材料科学与工程学院	2007 年
6	英语专业教学团队	文卫平	省级教学团队	外国语学院	2008 年
7	计算数学教学团队	黄云清	省级教学团队	数学与计算科学学院	2008 年
8	环境友好化工教学团队	罗和安	省级教学团队	代工学院	2008 年
9	中外文论与美学教学团队	季水河	省级教学团队	文学与新闻学院	2008 年
10	技术物理教学团队	钟建新	省级教学团队	物理与光电工程学院	2009 年
11	诉讼法学教学团队	廖永安	省级教学团队	法学院	2009 年
12	政治经济学教学团队	刘长庚	省级教学团队	商学院	2010 年
13	大学英语课程教学团队	杨　华	省级教学团队	外国语学院	2010 年

（张红爱）

2018 年度评审通过具备高级专业技术职称人员名单

教授(32 人)

朱　健　吴朝霞　伍再华　王　辉　汪全莉　周青山　张永红　肖伟志　符继成　曹　霞　易年余
耿世锋　张必成　杨雪娟　唐　超　李红星　马增胜　王秀锋　杨振华　杨　罗　易兰花　曹　靖
易争明　李明富　邹　娟　李　琴　盘宏斌　杨万春　罗　培　许　福　刘　云　邓志毅

副教授(41 人)

许先普　罗　栋　田常清　宋彬龄　林艺芳　陈灿祁　黄宗喜　郭明浩　唐启立　卜玮平　张　璐
董晓靖　陆　汛　周　洁　李雪阳　彭　杰　李旭军　潘　锴　蒋文娟　赵　镍　娄　嘉　高　平
阳　梅　谢轶羲　欧阳昆冰　杨　斌　徐文涛　李军辉　尹硕辉　钱锦文　董文正　胡　凯
宋　奎　张旭辉　姜　倩　卢　洁　陈跃辉　张　鹏　陈洪波　黎益君　程　燕

高级实验师(1 人)

翁　超

2018 年度评审通过具备中级专业技术职称人员名单

讲师(3 人)

陈　叶　李　澄　夏　妮

实验师(3 人)

李艳茹　卢海山　周琼芝

2018 年度认定通过具备中级专业技术职称人员名单

讲师(59 人)

申玲玲　舒　铁　喻　卿　刘　青　宁芳艳　李代明　唐志远　张艳丰　张　彬　陈　啸　刘功奇
文禹衡　宁　彧　陈梦兮　何永奕　李平山　孙张鹏　嵇海宁　刘韵丹　林　琪　刘桂东　胡金勇
邹永连　许国保　姜　杰　尹　路　潘俊安　杨　熠　欧阳雪枚　陈善平　汪　璞　罗志高
孙秀娟　肖曼军　李文山　周　蓉　刘　文　李　路　熊　迪　张　瑞　陈　莹　朱国辉　张翮辉
张　越　董　辉　朱戴博　肖湘武　宋铁军　孟步敏　武井祥　卿太平　刘国军　胡　徽　莫丹华
文　磊　任　莹　何晓琴　陈蔓莉　陈　琛

实验师(2 人)

陈　宇　陈洋卓

2018年度湘潭大学进站博士后人员一览表

编号	姓名	博士后站	专业	合作导师
1	黄　健	数学	数学	黄云清
2	柴　茂	法学	法学	廖永安　吴　勇
3	吴文朋	力学	力学	龙士国
4	田　江	化学工程与技术	化学工程与技术	葛　飞
5	曾宪任	力学	力学	游世辉
6	潘元月	物理学	物理学	钟建新
7	吕　铭	物理学	物理学	向福元
8	林继兴	物理学	物理学	林建国
9	刘昊霖	力学	力学	裴廷睿
10	李程程	化学	化学	费俊杰
11	唐现琼	化学	化学	裴　勇
12	司智勇	数学	数学	黄云清
13	覃永辉	数学	数学	陈艳萍
14	赵令葵	化学工程与技术	化学工程与技术	张俊丰
15	蹇　建	化学	化学	邓国军　罗和安　艾秋红
16	罗　立	公共管理	公共管理	盛明科
17	潘俊安	力学	力学	龙志林
18	石运宝	哲学	哲学	王向清
19	张　帆	材料科学与工程	材料科学与工程	周益春
20	张士杰	理论经济学	理论经济学	刘长庚

（肖军芳）

2018 年度湘潭大学出站博士后人员一览表

编号	姓名	博士后站	专业	合作导师
1	吴志民	化学工程与技术	化学工程与技术	刘跃进　潘浪胜
2	杨万春	力学	力学	高协平
3	董石桃	公共管理	公共管理	颜佳华
4	杨果岳	材料科学与工程	材料科学与工程	杨丽
5	陈跃辉	化学工程与技术	化学工程与技术	戴友芝
6	张伟伟	公共管理	公共管理	阎友兵
7	赵才贤	化学	化学	张海良
8	舒洪波	化学	化学	王先友
9	马铭磷	物理学	物理学	金湘亮
10	杨继明	力学	力学	黄云清
11	杨　巨	理论经济学	理论经济学	刘长庚
12	慕　嘉	数学	数学	周勇
13	付长贺	统计学	统计学	喻祖国
14	杨振华	数学	数学	黄云清
15	肖福红	化学工程与技术	化学工程与技术	刘跃进
16	李雪阳	数学	数学	黄云清
17	蔡进军	化学工程与技术	化学工程与技术	周继承
18	吴学文	化学工程与技术	化学工程与技术	罗和安
19	彭强祥	材料科学与工程	材料科学与工程	周益春　唐明华
20	敬国兴	化学工程与技术	化学工程与技术	陶能国
21	黄海午	统计学	统计学	张汉君
22	贾宏恩	数学	数学	黄云清
23	唐启立	数学	数学	黄云清
24	付　喜	物理学	物理学	陈元平
25	刘亦武	化学	化学	张海良
26	杨秀康	化学	化学	王先友
27	邹幽兰	材料科学与工程	材料科学与工程	周益春

（肖军芳）

2018 年受聘为湘潭大学特聘教授、名誉教授、客座教授、兼职教授名单

特聘教授(20 人)

杨 翔 谢 勇 胡旭晟 吴健雄 刘海亮 李继春 谭建荣 章 兢 戚承志 顾敏康
王贵国 石新中 彭练矛 张志勇 胡又凡 董立军 金传洪 王永海 陈晓红 谢志华

名誉教授(2 人)

Kwang. Y. Lee 黄永刚

客座教授(8 人)

陈寿生 周群飞 陈 云 吴笠谷 冯 殊 陈思思 陆 洋 刘子琪

兼职教授(22 人)

陈化北 陈仙辉 Alexei Gruverman 谭立新 王新敏 恩云飞 吴宇平 刘 晖 谢建文
Jens Erik Brucken Vladimir Eremin Arie Ruzin 姚裕贵 胡 敏 陈采霞 张万欣
周抗寒 郭双生 周异夫 曾艳钰 郑功成 韩永文

(肖军芳)

2018 年湘潭大学外籍专家、教师名单

序号	姓　名	国　籍
1	BENFORD BECO BEGAY	美国
2	GUNNAR BJOERN MAHE ESSWEIN	德国
3	HANJUN ZHANG	澳大利亚
4	HUNG PHI TRAN	加拿大
5	MONA AITEH SHAHREZAEY	英国
6	LI ZHENG	美国
7	AARON JUSTIN WATERS	美国
8	PRADA PEREZ MARIO ANTONIO	西班牙
9	VEGAS SANABRIA TOMAS	西班牙
10	CANCELO GNAVI JUAN MANUEL	西班牙
11	ORTIZ SUAREZ ALEXANDRA	西班牙
12	HIDEFUMI KATSURI	日本
13	TOMINAGA HIROKI	日本
14	LINDA QUENDOZ	法国
15	ARTHUR JEAN MARC AZIZ LAMOTTE	法国
16	HUANG JIANYU	美国
17	PEREZ GARCIA HILDE	西班牙
18	BENITEZ ANDRADES JOSE ALBERTO	西班牙
19	SERGIO PANIAGUA BERMEJO	西班牙
20	TAHOCES ARIAS JAVIER	西班牙
21	RODRIGUEZ GONZALEZ PABLO	西班牙
22	IVAN GARCIA DIEZ	西班牙
23	JOSE LUIS FALAGAN CAVERO	西班牙

（黄星永）

教学统计

湘潭大学国家级精品资源共享课程一览表

序号	课程名称	课程承担单位	负责人	时间
1	材料的宏微观力学性能	材料科学与工程学院	周益春	2016 年
2	诉讼证据法学	法学院	廖永安	2016 年
3	数值计算方法	数学与计算科学学院	黄云清	2016 年
4	综合英语	外国语学院	舒奇志	2016 年
5	比较文学	文学与新闻学院	季水河	2016 年
6	大学化学基础	化学学院	刘恩辉	2016 年
7	大学英语	外国语学院	杨　华	2016 年
8	电子政务基础	公共管理学院	何　振	2016 年
9	计算物理及其应用	物理与光电工程学院	钟建新	2016 年

（张红爱）

湘潭大学国家级精品课程一览表

序号	课程名称	课程承担单位	负责人	时间
1	材料的宏微观力学性能	材料科学与工程学院	周益春	2006 年
2	综合英语	外国语学院	文卫平	2006 年
3	诉讼证据法学	法学院	廖永安	2006 年
4	比较文学	文学与新闻学院	季水河	2006 年
5	大学化学基础	化学学院	刘恩辉	2006 年
6	数值计算方法	数学与计算科学学院	黄云清	2006 年
7	大学英语	外国语学院	杨　华	2007 年
8	计算物理及其应用	物理与光电工程学院	钟建新	2010 年
9	电子政务基础	公共管理学院	何　振	2010 年

（张红爱）

湘潭大学国家精品视频公开课一览表

序号	课程名称	课程承担单位	负责人	时间
1	审美与人生	文学与新闻学院	季水河 王洁群	2013 年
2	故事中的人生:西方古典文学选讲	文学与新闻学院	宋德发	2014 年
3	说服与打动的艺术:广告创意解码	文学与新闻学院	孙丰国	2016 年

（张红爱）

湘潭大学省级精品课程一览表

序号	课程名称	课程承担单位	负责人	时间
1	中国近代史	历史系	王继平	2006 年
2	政治经济学	商学院	刘长庚	2006 年
3	行政诉讼法	法学院	胡肖华	2006 年
4	比较文学	文学与新闻学院	季水河	2006 年
5	跨文化交际学	外国语学院	李素琼	2006 年
6	数值计算方法	数学与计算科学学院	黄云清	2006 年
7	大学化学基础	化学学院	刘恩辉	2006 年
8	机械设计	机械工程学院	谭援强	2006 年
9	离散数学	信息工程学院	刘任任	2006 年
10	马克思主义哲学原理	马克思主义学院	李国华	2007 年
11	国际经济法	法学院	洪永红	2007 年
12	金融学	商学院	楚尔鸣	2007 年
13	大学英语	外国语学院	杨　华	2007 年
14	化工原理	化工学院	罗和安	2007 年
15	工程材料	材料科学与工程学院	尹付成	2007 年
16	单片机原理及应用	信息工程学院	黄辉先	2007 年
17	外国法制史	法学院	夏新华	2008 年
18	微观经济学	商学院	陈赤平	2008 年
19	传播学	文学与新闻学院	樊昌志	2008 年
20	物理化学实验	化学学院	王学业	2008 年
21	水污染控制工程	化工学院	戴友芝	2008 年
22	中国古代文学	文学与新闻学院	李剑波	2009 年
23	模拟法庭	法学院	申君贵	2009 年
24	电子政务基础	公共管理学院	何　振	2009 年
25	计算物理及应用	物理与光电工程学院	钟建新	2009 年
26	现代工程图学	机械工程学院	聂松辉	2009 年
27	有机化学实验	化学学院	朱卫国	2009 年
28	导游理论与实践	旅游管理学院	刘建平	2010 年
29	中共党史(新民主主义革命时期)	历史系	周锦涛	2010 年
30	高分子化学	化学学院	黎华明	2010 年
31	知识产权法学	法学院	肖冬梅	2010 年
32	化工原理实验	化工学院	杨运泉	2010 年

（张红爱）

2018年湖南省普通高等学校教学改革研究立项项目名单

序号	主持人	项目名称
1	焦 徽	《毛泽东思想概论》课教学拓展研究
2	邝 倩	《思想道德修养与法律基础》在线课程中心的建设与应用研究
3	李时华	建构主义学习理论视角下的西方经济学教学改革研究
4	王 辉	基于胜任力模型的人力资源管理专业人才培养模式构建研究
5	湛 泳	互联网金融专业人才校企合作模式研究
6	朱红灿	基于学习体验的在线课堂模式研究
7	肖智立	英语专业国别与区域研究课程模块的构建与实践
8	杨 青	互联网+时代高校法语口译教学模式的创新与实践研究
9	高 深	基于三维图形思维拓展的课程教学实践研究
10	马 力	基于数字技术的雕塑课程教学改革与实践
11	谭合理	大数据时代高等数学课程教学改革与研究
12	李成福	基于数学韶峰班的数学分析课程教学内容、教学模式创新研究
13	祁 祥	基于创新项目引领的拔尖人才培养模式探索与实践
14	李红星	新工科背景下光电专业方向实验课程教学改革探索——以微型光伏器件设计实验课程为例
15	黄 凯	基于物理学专业“韶峰班”拔尖创新人才实验教学方法的改革与探索
16	刘运牙	材料类学术创新型本科人才培养中个体质量的评价机制探索和实践——以湘潭大学师昌绪班为例
17	王子菡	面向工程教育认证的计算机程序设计课程教学改革及其空间应用
18	陈效兰	化学类专业《仪器分析》课程的问题导向式教学法的初探
19	刘展鹏	基于拔尖创新人才培养的物理化学实验教学改革与实践
20	潘浪胜	基于工程教育认证的制药工程专业培养体系的构建与持续改进
21	谢承煜	基于云信息和数据化的新工科背景下安全工程专业教育改革探索
22	邓志毅	环保设备工程专业核心课程《环保设备原理及设计》及实验教学体系改革的研究与实践
23	陈 宇	新工科背景下虚拟焊接实验教学方法改革探索

序号	主持人	项目名称
24	王志奇	大类招生模式下能源动力类专业教学改革与实践
25	周　维	软件工程专业实践教学环节校企合作模式的探索与实践
26	许海霞	面向工程教育认证的通信工程专业阶梯化人才培养模式研究
27	宋　奎	全校性力学文化素质教育的教学改革与实践
28	葛幸幸	大数据背景下高校体育课程体系的优化与实践——以湘潭大学为例
29	魏晓林	综合性大学基于导师负责制的创新创业实验班模式研究及实践探索
30	刘玲玲	新工科背景下地方本科高校创新创业实训平台的构建与师资队伍建设研究
31	刘　琴	信息化背景下成教学生档案管理的变革与优化研究
32	刘灿龄	信息时代成人高等教育学生管理模式的创新
33	蒋　意	基于移动学习的英语教育“线上”+“线下”课堂混合教学模式研究
34	李剑波	公共写作课在线开放课程建设与研究
35	文林波	工程教育专业认证背景下毕业生跟踪反馈体系的构建研究
36	单　敏	公共英语文化素质教育课程——汉诗英译教学实践与研究
37	卢祺晋	《中国英语能力等级量表》指导下的大学英语教学模式转型的研究与实践
38	林　莉	基于学习共同体理论的大学英语教师专业发展研究
39	张　普	地方高校推进信息技术与本科教学深度融合的研究与实践
40	吴亚联	物联网大学生创新型实训平台的构建与运行机制研究
41	傅立云	基于SPOC模式的研究生文献检索课程建设研究
42	赵晓薇	独立学院法治教育资源优化与共享模式研究
43	李芬芬	“对话式”教学法在独立学院行政管理专业教学中的应用研究
44	杨维春	独立学院法语人才培养模式的探索与实践

（张红爱）

2018 年湖南省教育科学“十三五”规划课题立项项目名单

序号	主持人	课题名称	课题类别	学科类别
1	胡　慧	地方综合性大学跨文化素质教育课程建设与创新	高等教育研究	一般资助课题
2	陈金龙	高校“大督查机制”构建及执行效能提升策略研究	高等教育研究	一般资助课题
3	朱东国	乡村振兴背景下乡村旅游“双创”人才培养模式创新研究	高等教育研究	一般资助课题
4	周旭枚	湖南省教育机构审计治理效应调查及对策研究	教育经济与教育管理研究	一般资助课题
5	姜　倩	高校动画专业教育中伦理观培养路径研究	体育卫生艺术教育研究	青年专项课题
6	严美红	移动阅读时代大学英语读写教学“文学圈”模式研究	高等教育	一般课题
7	彭　薇	思辨能力量具视域下文科类大学生思辨能力培养研究	高等教育	一般课题
8	刘永雄	综合性大学材料类本科生实验教学体系改革探讨	高等教育	一般课题
9	乔志芳	大数据时代高校财务管理信息化建设研究	教育经济与教育管理	教育会计专项课题

（张红爱）

科技统计

2018 年度科技活动经费统计表(自然科学类)

经费名称	经费数(万元)
当年拨入经费合计	32443.5
其中:科研事业费(包括科研人员工资)	1372.6
主管部门经专项费(包括平台建设、人才队伍建设经费)	12196
国家发改委、科技部专项费	269.6
国家自然科学基金项目费	2866.7
国务院其他部委专项费(军民融合纵向)	1884.3
省、直辖市、自治区专项费	6079.1
地市厅局(含县)专项费	96.2
企事业单位委托经费(军民融合横向)	4525.7
各种收入转为当年科技活动经费	3153.3

(苏绪霞)

2018 年度科技活动经费统计表(人文社会科学类)

经费名称	经费数(千元)
当年经费收入合计	624470
政府资金投入	444947
科研活动经费	321737
其中:教育部科研项目经费	4210
教育部其他科研经费	19500
中央其他部门科研项目经费	130607
省、市、自治区社科基金项目	23190
省教育厅科研项目经费	12500
省教育厅其他科研经费	120000
其他各类地方政府经费	11730
科技活动人员工资	123210
科研基建费	0.0
非政府资金投入	179523
企、事业单位委托项目经费	55673
金融机构贷款	0.0
自筹经费	123850
国外资金	0.0
其他收入	0.0
其中:港澳台地区合作项目经费	0

(朱 婷)

2018 年度科研项目统计表(自然科学类)

(单位:项)

项目来源	在研课题数	新增课题数
“973”计划	0	0
国家科技支撑计划(国家重点研发计划)	6	2
“863 ”计划	0	0
国家自然科学基金项目	293	72
教育部	0	0
国家部委其他科技项目	13	9
省市项目	407	184
国际合作项目	0	0
横向项目	515	241
其他课题	99	53
合　　计	1333	561

(苏绪霞)

2018 年国家自然科学基金项目一览表

序号	项目名称	项目级别	负责人
1	无穷区间上的分数阶发展方程的定性分析	青年科学基金项目	张　璐
2	表观遗传调控基因表达系统的建模与分析	青年科学基金项目	谭合理
3	复杂网络边界和分形网络的重分形性质研究	青年科学基金项目	刘金龙
4	麦克斯韦方程的垂直模展开法及其在等离激元光子学中的应用	青年科学基金项目	陆　汛
5	基于相场理论的柱状晶 YSZ 裂尖铁弹畴形核机制研究	青年科学基金项目	皮智鹏
6	TRB 板壳结构不确定力学行为等几何分析与可靠性设计	青年科学基金项目	赵子衡
7	双向应力状态下黏弹性高聚物的损伤演化与时间－应力等效原理	青年科学基金项目	刘　秀
8	锂离子电池硅碳负极材料变形实时原位表征及失效机理研究	青年科学基金项目	戴翠英
9	基于等几何分析的壳体断裂过程相场法研究	青年科学基金项目	尹硕辉
10	低质量中子星 X 射线双星中毫赫兹准周期震荡信号的研究	青年科学基金项目	吕　铭
11	非点式对称保护 Weyl 型节点线拓扑半金属态的形成机理	青年科学基金项目	周　攀
12	应用数学天元数学暑期学校	专项基金项目	黄云清
13	奇异摄动对流扩散方程的高阶谱配置法研究	专项基金项目	黄云清
14	基于微纳技术二维材料器件的多场耦合失效机理研究	重点项目	郑学军
15	X 射线成像和能谱分析的多通道硅漂移探测器阵列研究	重点项目	李　正
16	偶极量子气体中的动力学与临界性质的研究	应急管理项目	李甜甜
17	辐照诱导的缺陷对铁电畴壁原子和电子结构及其动力学演化作用机理的第一性原理研究	应急管理项目	宋宏甲
18	分形时间序列和复杂网络的重分形分析及其在几个生物信息问题中的应用研究	面上项目	喻祖国
19	不可压 Navier－Stokes 方程的粘性消失极限问题的研究	面上项目	肖跃龙
20	基于重构型误差估计的自适应虚单元法及其在界面问题中的应用	面上项目	魏华祎
21	带表面活性剂流体问题的表面张力模型与算法研究及其应用	面上项目	袁海专
22	酸碱盐溶液中溶质－溶剂分子间的异常排斥与极化	面上项目	黄勇力
23	生物镁合金降解过程中力学－化学自催化效应 ESM 表征及失效分析	面上项目	张德闯
24	辐射环境下锂电池电极材料的多变量耦合本构关系与 ESM 实验表征	面上项目	马增胜
25	涡轮叶片热障涂层残余应力的光激发荧光压电光谱全域检测系统研制	面上项目	Rudder WU
26	表皮微流控芯片的防塌顶结构优化及液样收集可控设计	面上项目	王秀锋

序号	项目名称	项目级别	负责人
27	氘化多环芳香烃与星际氘丰度之谜	面上项目	杨雪娟
28	二维薄膜堆垛形成的三维拓扑金属或半金属	面上项目	陈元平
29	二维过渡金属硫族化合物的磁性异质结中能谷电子学的第一性原理研究	面上项目	彭向阳
30	基于应变二维晶体的新型同质结	面上项目	钟建新
31	HfO_2 基晶体管型铁电存储单元的空间辐射效应及损伤机理研究	面上项目	钟向丽
32	先进热障涂层体系的强韧和破坏机制的标准规范研究	重大项目	杨　丽
33	基于“后刻蚀法”的几种典型过渡金属氧化物纳米晶体高能面的制备及其催化性能研究	青年科学基金项目	王聪慧
34	CO_2 耦合甲醇择形芳构化多功能分子筛催化剂的构筑	青年科学基金项目	李军辉
35	基于叠加内标策略和酶切放大技术的 BRCA1 基因电化学传感研究	青年科学基金项目	喻　鹏
36	基于配位聚合物网络的 M－N/C 催化剂的制备及其氧还原催化性能研究	青年科学基金项目	阳　梅
37	新型卟啉分子正极材料用于高效钠基双离子电池的储能特性研究	青年科学基金项目	高　平
38	污泥中重金属 Cu 和 Pb 在热解过程中的迁移转化规律及其原位催化机制研究	青年科学基金项目	田　科
39	基于多组分反应的含氮、含硫杂环有序组装	面上项目	邓国军
40	具有“开－关”响应的纳米光电化学(生物)传感器研究	面上项目	费俊杰
41	等规双氮杂环类聚合物电子传输材料的设计、合成及场效应性能研究	面上项目	陈华杰
42	MOF 多孔碳载核壳结构 Au 基阳极纳米催化剂的可控制备及其在直接硼氢化钠燃料电池中的应用研究	面上项目	易兰花
43	基于三聚茚及卟啉基元的 D－A 型共轭聚合物高效电子给体材料的制备与性能研究	面上项目	谭松庭
44	基于超薄单晶半导体电荷自发空间分离特性构筑双助催化剂负载的复合光催化材料及其太阳能驱动光解水产氢性能研究	面上项目	赵才贤
45	掺 Zr 短大孔硅基无硫 Ni－M 双金属催化油脂同碳转化碳氢燃料的反应机制	面上项目	刘跃进
46	月桂烯对柑橘绿霉菌孢子呼吸代谢调节机制解析	青年科学基金项目	车金鑫

序号	项目名称	项目级别	负责人
47	肉桂醛介导 H_2O_2 双向调控链格孢菌非寄主选择性毒素合成机制	面上项目	敬国兴
48	长江中游城市群国内旅游发展空间关联网络特征及形成机制	面上项目	马丽君
49	超高温高韧性$(Ta,Nb)_2O_5-Y_2O_3-ZrO_2$热障涂层相平衡及t′相掺杂设计的研究	青年科学基金项目	张　帆
50	采空区裂隙岩体动态网络特性及其对气体渗流控制机制研究	青年科学基金项目	张孝强
51	低铝改性的富氧双相粉末冶金钛合金组织和塑性调控	青年科学基金项目	娄　嘉
52	热斑效应下航空发动机热障涂层涡轮叶片 CMAS 沉积规律的实验研究	青年科学基金项目	石　黎
53	氧化铪基铁电薄膜负电容效应及其超低功耗应用研究	面上项目	肖永光
54	二维 MX 铁电材料面内畴特性的光学二次谐波探测及极化调制研究	面上项目	王金斌
55	用于 OPVs 中厚度不敏感型电子传输层的非共轭聚合物的制备及性能研究	面上项目	赵　斌
56	无叶片风力机异型表面捕能装置涡激振动响应机理及优化研究	面上项目	龚曙光
57	气象与能源监测数据集成中因果驱动的真值发现研究	青年科学基金项目	叶松涛
58	基于卷积神经网络和马尔可夫多特征随机场的脑部 MR 图像结构分割研究	青年科学基金项目	胡　凯
59	基于耦合网络模型的电力信息物理系统脆弱性研究	青年科学基金项目	周黎黎
60	基于二维 MoS_2 沟道的 HfO_2 铁电场效应晶体管辐射效应与失效机理研究	青年科学基金项目	燕少安
61	广义立体偏折双通道测量方法研究	青年科学基金项目	肖永亮
62	疾病基因下一代测序原始读长数据的纠错及压缩算法研究	海外及港澳学者合作研究基金	李金艳
63	基于复杂网络的致病 ncRNA 预测模型及算法研究	面上项目	王　雷
64	综合需求响应下基于多源信息融合的区域多能源系统负荷预测研究	面上项目	谭　貌
65	动态偏好多目标进化优化关键问题研究	面上项目	邹　娟
66	基于不完全信息的或有资本设计及其投融资分析	青年科学基金项目	赵志明
67	城市商业银行对中小企业出口成长的影响与微观作用机制研究	青年科学基金项目	熊瑞祥
68	人口老龄化、住房空置与房地产金融风险控制——基于异质空间 DSGE 模型分析	面上项目	鞠　方
69	磁流体柔性微织构砂轮的单晶叶片形性协同磨削研究	重大研究计划	张高峰

（苏绪霞）

2018年度科研项目统计表(人文社会科学类)

(单位:项)

项目来源	在研课题数	新增课题数
国家社科基金项目	163	34
国家社科基金单列学科项目	2	0
教育部人文社科研究项目	52	8
高校古籍整理研究项目	2	0
国家自然科学基金项目	8	4
中央其他部门社科专门项目	47	1
省、市、自治区社科基金项目	485	141
省教育厅社科项目	220	73
地、市、厅、局等政府部门项目	111	2
国际合作研究项目	0	0
与港、澳、台合作研究项目	0	0
企事业单位委托项目	141	48
学校社科项目	210	44
外资项目	0	0
其他	0	0
合　计	1441	355

(朱　婷)

2018年国家社会科学基金项目一览表

序号	项目名称	负责人	项目级别
1	我国劳动收入份额的变化趋势及新时期的对策研究	刘长庚	重大项目
2	中国守信激励与失信惩戒机制立法研究	谢　勇	重大项目
3	完善激励和约束并重的干部考核评价机制研究	盛明科	重大项目
4	中国特色社会主义国家监察制度研究	吴建雄	重大项目
5	两次世界大战时期英国文学中的社会变迁主题研究	胡　强	重点项目
6	区际差异化视角下的房价波动、贫富差距与房地产税收调控政策优化研究	周建军	重点项目
7	国际服务贸易规则重构的中国方案研究	李五荣	重点项目
8	村支两委在金融脱贫中的作用机制研究	谭燕芝	重点项目
9	中国共产党文化抗战史研究(1931—1945)	王继平	重点项目
10	共建共治共享社会治理格局下的企业灾害参与机制研究	杨安华	一般项目
11	国际反兴奋剂法律范式变革及中国措施研究	宋彬龄	一般项目
12	文化自信视野下青少年优秀传统文化阅读推广研究	汪全莉	一般项目
13	档案大数据战略及实现路径研究	向立文	一般项目
14	大数据环境下智慧城市信息安全困境及应对策略研究	邹　凯	一般项目
15	人口流动与柯因内化语言问题研究	李素琼	一般项目
16	清代诗坛宗唐的泛化、蜕变研究	李剑波	一般项目
17	抗战时期国民政府军邮研究	黄小用	一般项目
18	人工智能时代专利法面临的挑战及其应对研究	刘友华	一般项目
19	民事案件重复诉讼认定标准实证研究	王国征	一般项目
20	农村贫困妇女非农就业服务研究	李雪芹	一般项目
21	军民融合驱动制造强国建设的动力机制与支撑体系研究	李海海	一般项目
22	我国劳动收入差距的动态跟踪与演变研究(1990—2017)	韩　雷	一般项目

序号	项目名称	负责人	项目级别
23	金融虚拟化的资源配置效应与金融“脱虚入实”的政策优化研究	卓　越	一般项目
24	公共数字文化服务供给的不平衡不充分问题及对策研究	完颜邓邓	青年项目
25	抗战时期的新诗刊物与中国新诗的嬗变	马正锋	青年项目
26	诗话诗经学研究	郭明浩	青年项目
27	苏联晚期外交抉择与政策转变研究(1985—1991)	李珍珍	青年项目
28	个人信息保护视阈下欧盟数据可携权研究	睢苏婕	青年项目
29	“一带一路”倡议下中国FTA知识产权范本建设研究	马春晖	青年项目
30	职务犯罪案件监察调查与审查起诉衔接机制研究	吕晓刚	青年项目
31	分类改革下国有企业利润全民共享的逻辑与路径研究	江剑平	青年项目
32	逻辑语义学的组合原则研究	石运宝	后期资助项目
33	国际气候资金法律制度研究	肖　峰	后期资助项目
34	论澳大利亚融入亚洲的动因、障碍与前景	许善品	后期资助项目
35	人口老龄化、住房空置与房地产金融风险控制——基于异质空间DSGE模型分析	鞠　方	面上项目
36	长江中游城市群国内旅游发展空间关联网络特征及形成机制	马丽君	面上项目
37	城市商业银行对中小企业出口成长的影响与微观作用机制研究	熊瑞祥	青年科学基金项目
38	基于不完全信息的或有资本设计及其投融资分析	赵志明	青年科学基金项目

（朱　婷）

2018 年知识产权授权情况统计表

（单位：项）

学院	发明专利	实用新型	外观设计	集成电路设计	软件著作权	总计
数学与计算科学学院	1					1
材料科学与工程学院	24	14	1		2	41
化学学院	54	3				57
化工学院	35	1				36
机械工程学院	68	37	28		3	136
信息工程学院	44	5			43	92
土木工程与力学学院	11	7			3	21
物理与光电工程学院	5	5		8	1	19
环境与资源学院	7	6				13
其他		12	6			18
总计	249	90	35	8	52	434

（苏绪霞）

2018 年学术著作、论文发表情况统计表（自然科学类）

（单位：部/篇）

所在二级单位	SCIE	EI	CPCI－S	CSCD 核心	著作	总计
材料科学与工程学院	65	13	5	5		88
物理与光电工程学院	73	8	3	6		90
化学学院	180	9		8	1	198
化工学院	52	8		11		71
数学与计算科学学院	64	11	1	2	1	79
机械工程学院	21	18	7	34		80
信息工程学院	27	26	19	13		85
土木工程与力学学院	25	5	3	14		47
环境与资源学院	9	4	2	2		17
公共管理学院		1				1
商学院	2			4		6
旅游管理学院				4		4
总计	518	103	40	103	2	766

注：同一篇文章同时被 EI、SCIE 收录，只按 SCIE 统计一次

（苏绪霞）

2018 年学术著作、论文发表情况统计表(人文社会科学类)

(单位:部/篇)

单位	专著	编著或教材	古籍整理著作	译著	工具书	论文	译文
碧泉学院	1	1	1			78	
马克思主义学院	1	2				76	
商学院	7	5				208	
公共管理学院	5	5				148	
法学院	14	5		1		76	
文学与新闻学院	6	3				76	1
外国语学院	4					40	
体育教学部						4	
艺术学院	1					44	
非教学单位						13	
合计	39	21	1	1		763	1

注:该数据属于 2018 年底统计数据,论文补登工作持续到 2019 年 3 月底结束

(朱　婷)

2018 年科研成果获奖统计表

(单位:项)

学科	奖励级别	特别奖	一等奖	二等奖	三等奖	优秀奖	其他	合计
理工类	国家级							
	省部级			2	4			6
	地市级							
社科类	国家级							
	省部级	2	6	8			3	19
	地市级							
总计		2	6	10	4		3	25

(苏绪霞　朱　婷)

固定资产统计

校舍情况

（单位：平方米）

	学校产权校舍建筑面积		正在施工校舍建筑面积	非学校产权校舍建筑面积		
	计	其中：当年新增校舍		计	独立使用	共同使用
总计	934090.62	36425.55		15870.47	15870.47	
一、教学科研及辅助用房	352313.91	26027.36				
教室	132921.85					
图书馆	27498					
实验室、实习场所	150613.36	26027.36				
专用科研用房	7598					
体育馆	18591.7					
会堂	15091					
二、行政办公用房	16186					
三、生活用房	428100.77	10398.19		15870.47	15870.47	
学生宿舍(公寓)	342020.53					
学生食堂	34146.72	10398.19		5815.47	5815.47	
教工宿舍(公寓)	27454					
教工食堂	1129					
生活福利及附属用房	23350.52			10055	10055	
四、教工住宅	123015.94					
五、其他用房	14474					

资产情况

<table>
<tr><th colspan="3"></th><th>学校产权</th><th>非学校产权</th><th>独立使用</th></tr>
<tr><td rowspan="3">占地面积（平方米）</td><td colspan="2">计</td><td>1939643</td><td>115334</td><td>115334</td></tr>
<tr><td rowspan="2">其中：</td><td>绿化用地面积</td><td>768816</td><td>86800</td><td>86800</td></tr>
<tr><td>运动场地面积</td><td>123142</td><td></td><td></td></tr>
<tr><td rowspan="2">图书（万册）</td><td colspan="2">计</td><td>304</td><td></td><td></td></tr>
<tr><td colspan="2">其中：当年新增</td><td>7.15</td><td></td><td></td></tr>
<tr><td rowspan="3">计算机数（台）</td><td colspan="2">计</td><td>15615</td><td></td><td></td></tr>
<tr><td rowspan="2">其中：教学用计算机</td><td>计</td><td>10136</td><td></td><td></td></tr>
<tr><td>其中：平板电脑</td><td>27</td><td></td><td></td></tr>
<tr><td rowspan="5">固定资产总值（万元）</td><td colspan="2">计</td><td>179398.04</td><td>26004.4</td><td></td></tr>
<tr><td rowspan="2">其中：教学、科研仪器设备资产值</td><td>计</td><td>58422.21</td><td>13002.2</td><td></td></tr>
<tr><td>其中：当年新增</td><td>7577.11</td><td>13002.2</td><td></td></tr>
<tr><td rowspan="2">其中：信息化设备资产值</td><td>计</td><td>22040.08</td><td></td><td></td></tr>
<tr><td>其中：软件</td><td>3511.21</td><td></td><td></td></tr>
</table>

信息化建设情况

<table>
<tr><td rowspan="2">网络信息点数（个）</td><td>计</td><td>43334</td></tr>
<tr><td>其中：无线接入</td><td>786</td></tr>
<tr><td colspan="2">上网课程数（门）</td><td>28</td></tr>
<tr><td colspan="2">电子邮件系统用户数（个）</td><td>60064</td></tr>
<tr><td colspan="2">管理信息系统数据总量（GB）</td><td>1347666.06</td></tr>
<tr><td rowspan="4">数字资源量（GB）</td><td>电子图书（册）</td><td>1265243</td></tr>
<tr><td>电子期刊（册）</td><td>757172</td></tr>
<tr><td>学位论文</td><td>5590013</td></tr>
<tr><td>音视频（小时）</td><td>9711</td></tr>
<tr><td colspan="2">信息化培训（人次）</td><td>789</td></tr>
<tr><td colspan="2">信息化工作人员数（人）</td><td>91</td></tr>
</table>

2018 年度收入支出表

单位:元

项目	本年累计数
一、本期收入	1,206,364,841.04
(一)财政补助收入	715,576,900.00
1.教育补助收入	668,436,600.00
2.科研补助收入	40,590,000.00
3.其他补助收入	6,550,300.00
(二)事业收入	451,904,096.46
1.教育事业收入	352,267,104.06
2.科研事业收入	99,636,992.40
其中:非同级财政拨款	69,561,427.00
(三)上级补助收入	
(四)附属单位上缴收入	
(五)经营收入	
(六)其他收入	38,883,844.58
其中:非同级财政拨款	108,800.00
捐赠收入	
二、本期支出	1,215,323,198.73
(一)财政补助支出 - 事业支出	769,829,532.04
1.教育事业支出	571,431,799.90
2.科研事业支出	24,135,961.39
3.行政管理支出	29,566,852.70
4.后勤保障支出	136,403,921.39
5.离退休支出	8,290,996.66
(二)非财政补助支出	445,493,666.69

项目	本年累计数
1. 事业支出	445,302,057.06
(1)教育事业支出	320,499,673.65
(2)科研事业支出	86,900,338.81
(3)行政管理支出	15,860,433.64
(4)后勤保障支出	20,318,179.78
(5)离退休支出	1,723,431.18
2. 上缴上级支出	
3. 对附属单位补助支出	
4. 经营支出	
5. 其他支出	191,609.63
三、本期结转结余	-8,958,357.69
1. 财政补助结转结余	-54,252,632.04
2. 事业结转结余	45,294,274.35
3. 经营结余	

（樊维宁　邓　琼）

第十一部分

大　　事　　记

湘潭大学 2018 年大事记

【概况】　湘潭大学创办于 1958 年，是一代伟人毛泽东同志亲自倡办的综合性全国重点大学。同年 9 月 10 日，毛泽东同志亲笔题写“湘潭大学”校名，并亲切嘱托“一定要把湘潭大学办好”。1974 年，邓小平、李先念等中央领导同志批准湘潭大学复校。1978 年，学校被国务院确定为全国 16 所文理工综合性重点大学之一。1981 年，学校成为全国首批硕士学位授权单位。复校以来，华国锋、江泽民、李鹏等党和国家领导人先后对学校的建设发展给予了高度重视与亲切关怀。2018 年 9 月 6 日，习近平总书记对学校作出重要批示，希望湘潭大学扎根伟人故里，努力把学校办得更好、更有特色。

建校以来，湘潭大学牢记伟人嘱托，励精图治、奋发图强，实现了综合办学实力与核心竞争力的稳步提升，在《泰晤士高等教育 2019 年世界大学排名》中位居内地高校第 43 位，并成为国内为数不多同时进入 THE、USNEWS 等权威国际大学排行榜的高校之一。学校是湖南省人民政府与教育部共建高校，是湖南省人民政府与国家国防科技工业局共建高校。

学校学科覆盖 9 大门类，化学、材料科学、工程学、数学 4 个学科的 ESI 排名进入全球大学和科研机构前 1%，7 个学科跻身 2018 软科世界一流学科排名。现有计算数学、一般力学与力学基础、马克思主义中国化研究 3 个国家重点学科，4 个国防特色学科，2 个湖南省优势特色重点学科，19 个湖南省重点学科；有 15 个一级学科博士点，31 个一级学科硕士点，13 个硕士专业学位类别，11 个博士后科研流动站；有 11 个专业排名全国前 10%，国家级特色专业 11 个，国家级专业综合改革试点专业 1 个，6 个专业通过国家工程教育专业认证。

学校现有专任教师 1488 人（另有外聘教师 946 人），具有高级职称或博士学位的教师比例超过 75%，有留学经历的教师达 25%，2018 年教师平均学术水平排名全国第 80 位。汇聚了包括中国工程院院士 4 人，“万人计划”人选（含领军人才、教学名师、青年拔尖人才）3 人，长江学者（含特聘、讲座、青年学者）6 人，国家杰青、优青基金获得者 5 人，“百千万人才工程”国家级人选 7 人，全国宣传文化系统“四个一批”人才 1 人，全国模范教师 3 人，全国优秀教师 9 人，国家教学名师 4 人，全国优秀科技工作者 1 人，冯康科学计算奖获得者 2 人，全国知识产权领军人才 1 人，全国专利信息领军人才 1 人，教育部“新世纪（跨世纪）优秀人才支持计划”人选 31 人，享受国务院政府特殊津贴专家 52 人等一大批高水平师资和科研队伍。

学校现有各类全日制在校学生 37057 人，其中博士、硕士研究生 6770 人。拥有 3 个国家实验教学示范中心和国家首批卓越法律人才教育培养基地、国家人才培养模式创新实验区、国家大学生文化素质教育基地；是“国家大学生创新性实验计划”实施单位、全国首批深化创新创业教育改革示范高校；学生保研率达 13% 左右，考研录取率达 30% 左右，毕业生初次就业率保持在 93% 以上，是全国毕业生就业典型经验高校。

学校近五年国家级项目立项成绩突出，其中国家社科基金项目立项数位居全国高校前 30 名左右；被 SCI、EI 收录论文数和论文国际被引用数在全国高校排名均稳居 80 名左右，SCI、EI 论文发表数连续五年位居湖南省属高校第一；社科论文人大复印资料转载量和综合指数进入全国高校前 2%；5 个智库入选中国首批智库索引名单（CTTI）。科研成果获得国家科技进步奖、教育部高等学校科学研究优秀成果奖、湖南省科学技术奖、湖南省社会科学优秀成果奖等部省级以上奖励 100 余项。建有院士工作站、创新研究院等高层次产学研基地，近五年签订产学研合作项目 1300 余项，申请专利近 2500 件。

学校在国际国内的影响日益扩大，先后与 20 多个国家近 60 所高校和科研机构构建合作交流平台，开展了 30 多个国际合作培养项目；建有西班牙莱昂大学孔子学院与乌干达麦克雷雷大学孔子学院。学校是教育部"中非高校20+20合作计划"中方入选高校。

【学习贯彻落实习近平总书记重要批示精神】 2018年9月6日,习近平总书记对学校作出重要批示,希望湘潭大学扎根伟人故里,努力把学校办得更好、更有特色。学校召开专题党委会,组织校党委理论学习中心组专题集中学习,深入学习贯彻习近平总书记重要批示精神,成立由校党委书记任组长的湘潭大学学习贯彻落实习近平总书记重要批示精神领导小组和湘潭大学"双一流"创建工作领导小组,印发《中共湘潭大学委员会关于深入学习贯彻习近平总书记对湘潭大学重要批示精神的实施方案》,制定了《湘潭大学贯彻落实习近平总书记重要批示精神五年行动计划》《湘潭大学"双一流"建设方案》等。召开"学习贯彻习近平总书记重要批示精神,全力推进'双一流'建设,全面创建一流本科教育"党委务虚会。向有关党和国家领导人、教育部、湖南省委省政府领导做专题汇报10余次。与教育部有关司局和省发改委、教育厅、科技厅、财政厅、林业局等省直厅委,就具体请求支持事项进行多次汇报、对接与沟通。

【建校60周年】 学校纪念毛泽东同志题写校名并指示"一定要把湘潭大学办好"暨建校六十周年系列活动取得圆满成功。省长许达哲同志出席校庆纪念大会并发表重要讲话,举办了铜像广场缅怀伟人主题活动、校庆文艺晚会、校友会换届大会、历任校领导座谈会以及中外大学校长论坛、系列院士报告会、韶风名家论坛等系列纪念活动,各级领导、各界友好及广大海内外校友同聚湘大,有力提升了学校办学影响力和湘大人的凝聚力、自信心,在国内外赢得广泛关注、产生很大反响。泰康保险、宇业集团、新华联、京东集团等著名企业以及校友谭曼、胡敏等踊跃捐资,共筹集各项捐赠2.3亿元。

【党建与思想政治工作】 扎实开展政治理论学习。围绕习近平新时代中国特色社会主义思想和习近平总书记在纪念马克思诞辰200周年大会、考察北京大学、全国宣传思想工作会议、全国教育大会、庆祝改革开放40周年大会上的重要讲话和在湖南考察工作时的重要指示精神等。印发《关于学习宣传贯彻党的十九大精神的通知》《湘潭大学开展全国教育大会精神宣讲对谈活动实施方案》《2018年湘潭大学教职工政治理论学习计划》等文件,认真抓好理论学习宣传教育。

扛稳抓牢党委主体责任。校党委书记切实履行第一责任人责任,坚持亲自主持研究部署党建工作、亲自协调解决重点难点问题、亲自推动落实党建工作重点任务。积极配合做好省委第九巡视组对湘潭大学巡视工作。全年召开党委会25次、二级党组织书记工作例会5次,召开党政工作例会5次,及时传达落实上级要求,认真研究部署党建工作。学校党政主要负责人与校属各单位党政负责人签订《党风廉政建设责任书》,各单位党政负责人与班子成员签订责任书。

加强基层组织建设。修订并严格执行《湘潭大学学院(教学部)党组织会议和党政联席会议会议制度及议事规则》,落实《湘潭大学二级党组织党建工作责任清单》和学院领导班子成员联系支部制度,强化二级学院党组织对教师和学生党支部的指导。全校二级党组织现均已配备专职党委书记、副书记和专职组织员。积极推进"双带头人"选拔培育工作,制订"对标争先""双带头人"培育实施方案,党委党校获评湖南省普通高校先进党校,马克思主义学院获评全国党建工作标杆院系。

严格落实"一岗双责"。坚持将党风廉政建设工作纳入年度总体工作安排,召开学校全面从严治党工作会议、党风廉政建设和反腐败工作组织协调联席会议;制定《2018年全面从严治党和纪检监察工作要点》《领导班子成员2018年党风廉政建设职责》《关于建立重点事项廉政风险防控措施的工作方案》等文件。校领导班子其他成员对照工作职责,认真指导和督促分管部门、联系学院,推进、抓好党风廉政建设工作。

强化监督执纪问责。认真履行党风廉政建设纪委监督责任,向校属各单位党政一把手发放《党风廉政建设谈话登记表》,持续开展行业不正之风专项整治工作,深入开展违反中央八项规定精神突出问题、违规占用周转房等专项治理工作和文明节俭操办婚丧喜庆事宜承诺书签订活动。

狠抓宣传思想和思政教育。深入贯彻落实全国、全省宣传思想工作会议精神，坚持把意识形态工作摆在重要位置，积极配合省委巡视组开展意识形态工作责任制专项巡视；全年在《人民日报》《光明日报》、中央电视台、新华网、《湖南日报》、湖南卫视等媒体刊发、播出新闻稿件1000余篇（条/次），发稿数量居省属高校前列；健全思想政治教育工作机制，强化一把手负责制与责任追究机制。学校成为教育部第二批“三全育人”综合改革试点高校（已公示）和高校思想政治工作队伍培训研修中心。完成湖南省高校思想政治工作专项督查迎检工作。加强思政工作队伍建设，全年新进专职辅导员21名。荣获2018年“湖南省高校征兵工作先进单位”荣誉称号。深化“青年马克思主义者培养工程全国研究培训基地”建设，举办“不忘初心，逐梦前行”等主题活动；荣获以“不忘初心跟党走，激情拥抱新时代”为主题的湖南省大学生红色经典诵读大赛一等奖。

【人才培养】　学校在本科人才培养、研究生培养和招生就业方面均加大创新改革力度。本科人才培养方面，按照“以评促建、以评促改、以评促管、评建结合、重在建设”原则，圆满完成本科教学审核评估工作。11月19日—22日，教育部评估专家到校实地检查，高度肯定学校在深化教育教学改革、提高人才培养质量等方面做出的努力和取得的成绩。新增2个专业，专业结构与布局更趋合理；通过工程教育专业认证专业达到6个、居省属高校前列，2个专业接受进校考察并获认证专家高度肯定；6门课程在中国大学MOOC平台上线，积极推进信息化教学平台建设和信息化教学认定工作，投入近1000万元建设智慧教室200多间；制定《湘潭大学本科人才培养质量评价考核办法（暂行）》《湘潭大学本科教学荣誉体系实施办法》，新增2个教改实验班；学生在各级各类学科竞赛中获国家级特等奖4项、一等奖20项，省级特等奖1项、一等奖32项；获批国家大学生创新创业训练计划项目21项、教育部第一批产学合作协同育人项目9项，获国家级教学成果二等奖1项，4个项目获批湖南省“十三五”普通高校创新创业教育中心。研究生培养方面，新增一级学科博士学位授权点7个、一级学科硕士学位授权点2个；获省优秀博士学位论文2篇、优秀硕士学位论文21篇；硕士研究生招生一志愿报名人数同比增长30.94%，一本生源考生同比增长79.36%；制定《湘潭大学全面落实研究生导师立德树人职责实施细则》；研究生发表高级别科研成果500余篇，授权专利100余项。招生与就业方面，教改实验班报考比例持续增加，组织开展了“大学教授讲座进中学”等活动；加强就业创业指导和服务，建设“湘潭大学招生就业云服务平台”，精心组织世界500强等优秀企业来校招聘。

【学科建设与科学研究】　三大特色学科群建设强力推进，对学科群核心学科以及国内一流建设学科予以重点培育和建设；学校进入湖南国内一流大学建设高校A类行列，5个学科被确定为国内一流建设学科，10个学科被确定为国内一流培育学科。聘请求是杂志社原社长、毛泽东思想研究著名专家李捷同志担任马克思主义学院院长，“毛泽东思想研究协同创新中心”入选首批省部共建协同创新中心。着力加强ESI学科建设，化学、材料科学和工程学的ESI排名稳步提升；新增2个软科世界一流学科，总数达到7个。获批科研经费约3.6亿元，同比增长约32%；国家社科基金重点项目立项数排名全国高校第9、全省首位；获批国家自科基金重大项目1项和重点项目2项、国家社科基金重大项目4项，创单年度立项历史新高。湖南先进传感与信息技术创新研究院落户学校；新增湖南省重点实验室1个、湖南省国际科技创新合作基地1个、联合外校获批湖南省重点实验室2个；中国区域发展与治理研究院、湖南省党的创新理论研究和学习服务中心获批湖南省专业特色智库。国防科研和军民融合工作取得新进展，顺利通过二级保密资格认定，国防特色研究方向进一步凝练，军工科研整体实力进一步增强。成为湖南省首批高校知识产权中心建设试点培育单位，授权专利200余件；3篇文章被《新华文摘》转载，智库研究成果获中央、省部级领导肯定性批示或被省级采用10项，2项成果获评第二届湖湘智库研究优秀成果。

【师资队伍建设】 新聘2名中国工程院院士,1名教师入选国家"千人计划"创新人才长期项目,3名教师入选"长江学者奖励计划",新增湖湘高层次人才聚集工程顶尖创新团队1个、科技部创新人才推进计划1人、湖湘高层次人才聚集工程创新创业人才计划2人、湖湘青年英才计划2人、湖南省杰出青年基金获得者4人,1人获霍英东教育基金会第十六届高等院校青年教师奖、2人获湘潭市市长质量奖、2人荣获"首届湘潭市优秀科技工作者"称号;新聘外聘教授60余人,同意引进专任教师139人,已经到岗和即将到岗89人;公开招聘非专任教师42人。积极推进人事制度综合改革,制定出台《湘潭大学辅导员选聘与管理工作办法》《湘潭大学韶峰学者聘期考核办法》《湘潭大学实验人员考核暂行办法》《湘潭大学高级专家延长退休年龄规定》等。着力加强师德师风建设和宣传教育,出台《中共湘潭大学委员会关于进一步加强师德师风建设的决定》,推出沧南、王向清、李雅兴等教师先进典型,沧南教授获2018"感动中国之感动湖南人物"。

【国际交流与合作】 全年派出6个国外访问团,接待国外合作大学来访20余次、137人次;与国外大学签订合作协议6个;乌干达麦克雷雷大学孔子学院被评为2018年度先进孔子学院,承办2018年西班牙莱昂大学孔子学院夏令营与麦克雷雷大学孔子学院夏令营项目,接待乌干达中小学校长组成的教育高访团;派出61人前往国外大学交流学习,国际学生招生规模取得新突破、招收语言生41人次,本年度来校国际学生人数达551人。

【驻村帮扶工作】 深入学习贯彻习近平总书记关于扶贫工作的重要论述,认真落实中央和省委、省政府决策部署;调整学校脱贫攻坚工作领导小组,组建2018—2020年驻村帮扶工作队,正式进驻湘西自治州泸溪县洗溪镇张家坪村。制定《湘潭大学2018—2020年对口帮扶泸溪县洗溪镇张家坪村三年工作规划》《湘潭大学服务脱贫攻坚实施方案》。先后投入各类扶贫资金160余万元;校领导及结对帮扶责任人多次赴张家坪村开展集中走访慰问和驻村帮扶工作调研;组织张家坪村党员干部等39人到湘潭县中路铺镇万亩茶叶基地学习产业培育经验。2018年脱贫23户,共计101人;驻村帮扶工作获省扶贫开发领导小组办公室、省扶贫开发办好评,被《湖南日报》、中新网等媒体报道。

大事记

1. 9月6日,在纪念毛泽东同志题写校名并指示"一定要把湘潭大学办好"暨建校六十周年前夕,习近平总书记对湘潭大学作出重要批示,希望把学校办得更好、更有特色。9月7日,中共中央政治局委员、国务院副总理孙春兰同志对落实总书记重要批示精神作出批示,并指示教育部和湖南省要给予学校大力支持。

2. 9月9日,在第34个教师节和湘潭大学建校60周年即将到来之际,省委书记杜家毫来到湘潭大学,看望慰问教职员工,调研学校改革发展情况,代表省委省政府向全省广大教师和教育工作者致以节日问候,对湘潭大学建校60周年表示祝贺。他强调,要不忘初心、牢记使命,弘扬优良传统,坚持立德树人,勇于改革创新,扎实推进内涵式发展,努力把湘潭大学办出特色、办得更好,不负习近平总书记对办好湘潭大学寄予的殷切期望。

3. 9月10日,纪念毛泽东同志题写校名并指示"一定要把湘潭大学办好"暨建校60周年大会在学校体育馆隆重举行。湖南省委副书记、省人民政府省长许达哲,省政协原主席刘夫生,省政协原主席王克英,省委常委、省委宣传部部长蔡振红,全国政协委员、中国人民解放军军事科学院战争研究院副院长、毛泽东同志嫡孙毛新宇,省人大常委会副主任,副省长吴桂英,省政协副主席胡旭晟,全国政协常委、中国科协副主席、中国科学院院士袁亚湘,中央候补委员、湘潭大学材料科学与工程学院院长、中国工程院院士欧阳晓平,中国科学院院士周向宇,毛泽东同志外孙女、东润公益基金会理事长孔东梅,泰康保险集团董事长兼CEO陈东升,北京延安儿女联谊会会长、胡乔木同志女儿胡木英,湖南省军区原副政委黄祖示,求是杂志社原社长李捷，原浙江省委常委、省人大常委会原副主任刘力伟，省人大常委会原副主任谢勇，江西省政协原副主席王林森，湖南省人民政府秘书长王群，湘潭市委书记、市人大常委会主任曹炯芳，湘潭市委副书记、市长谈文胜，西班牙莱昂大学理事长皮拉尔·古铁雷斯·圣地亚哥，湖南大学校长段献忠等30余所高校校长及广大校友与师生代表出席。

4. 成立了湖南先进传感与信息技术创新研究院、马克思主义学院、碧泉书院。7月13日，湖南先进传感与信息技术创新研究院在湘潭大学揭牌成立。该研究院是落实湖南省政府与北京大学战略合作协议的重大举措，也是北京大学与湘潭大学交流合作项目之一。副省长陈飞与北京大学原校长、中国科学院周其凤院士共同为研究院揭牌，湘潭大学董事会董事长王克英向彭练矛教授团队颁发聘书。7月19日，学校成立马克思主义学院，内设毛泽东思想研究基地、习近平新时代中国特色社会主义思想研究基地和中共党史研究基地三个研究机构，并聘请求是杂志社原社长、毛泽东研究领域著名专家李捷研究员出任学院院长；成立碧泉书院，撤销哲学系、历史系。

5. 10月11日，省委第九巡视组进校对湘潭大学党委开展常规巡视。此次巡视工作持续3个月，其间还开展了意识形态责任制落实情况和选人用人情况两个专项巡视。

6. 11月18日至22日，以中山大学原党委书记李延保为组长的教育部本科教学工作审核评估专家组对学校进行为期4天的现场考察。通过实地考察、深入访谈、听课调研等环节，专家组从审核评估“五个度”的角度对学校本科教学和人才培养工作取得的成绩和实效给予了肯定性评价。

7. 2018年湘潭大学校新增马克思主义理论、中国语言文学、物理学、化学、力学、环境科学与工程、图书情报与档案管理7个一级学科博士学位授权点，一级学科博士学位授权点达15个；新增力学、土木工程2个一级学科硕士学位授权点；新增数据科学与大数据技术和信用风险管理与法律防控2个本科专业；计算机科学与技术、通信工程2个专业顺利通过中国工程教育专业认证，截至目前，学校已有6个专业通过了工程教育专业认证，通过数量位居省属高校前列。

8. 2018年，湘潭大学三位学者入选教育部2017年度“长江学者奖励计划”，其中“长江学者”讲座教授1人、青年学者2人；聘请陈晓红、谭建荣2名中国工程院院士为学校的特聘教授。

9. 2018年国家社科年度和青年项目获得立项资助27项，排名全国高校第31位、全省第2位，重点项目立项5项，排名全国高校第9位、全省首位，刷新了学校国家社科基金重点项目立项纪录；自科重大科研项目立项取得新突破，获批国家自科基金重大项目1项、重点项目2项，创单年度国家自科基金重大重点项目立项历史新高；全年科研经费预计达4亿元以上。

10. 2018年学校南校门提质改造工程全面竣工，广东路正式拉通，南苑食堂建成并将投入使用，西山600亩扩建全面实施，学生宿舍空调全部安装到位，学校校园环境和基础设施建设得到了根本性改善。

11. 9月20日，教育部与湖南省签署《重点共建湖南“双一流”建设高校协议》，明确重点支持湘潭大学高水平大学和特色学科建设；11月15日，“毛泽东思想研究协同创新中心”获教育部批准为省部共建协同创新中心。

12. 5月4日，在长沙召开的省科技创新奖励大会上，湘潭大学机械工程学院刘金刚教授获得省科技进步奖一等奖，并作为大会两位获奖代表之一作典型发言。教育部发布《关于批准2018年国家级教学成果奖获奖项目的决定》，湘潭大学李佑新教授主持的“高校思想政治理论课中加强中国共产党革命精神教育的探索”获国家级教学成果奖二等奖。

1月

1月4日，省教育厅党组副书记、副厅长、省委教育工委副书记夏智伦率高校党委书记履行党建工作责任调查核实组一行7人来我校进行实地核实和督查。校党委书记黄云清、校长周益春、校党委副书记高协平、校纪委书记董康明等出席。

1月5日,2018年度湖南省社会科学成果评审委员会课题立项文件公布,我校共申报课题128项,获准立项62项,立项率为48.4%,占全省立项数591项的10.5%。其中鞠方、梁丽芝获重大课题,李熠煜、廖湘阳、伍喆获重点课题,一般资助课题19项,一般立项自筹课题38项。

1月11日,我校习近平新时代中国特色社会主义思想研究中心举办首次学术研讨会。副校长刘长庚参加,副校长刘建平主持。

1月11日,我校与西班牙莱昂大学签署《关于继续合作举办机械设计制造及其自动化专业本科教育项目的协议》。

1月11日,湖南省研究生思想政治教育研究会2017年学术年会在长沙召开。我校获湖南省研究生思想政治教育研究与实践先进集体,檀朝桂、王雄、岳梅获湖南省研究生思想政治教育研究与实践先进个人。

1月17日,我校"滨旗基金"捐赠签约仪式举行,滨旗国际控股集团郭颜宾、胡琨夫妇向我校教育基金会捐赠500万元。校党委书记黄云清出席,校长周益春与郭颜宾签订捐赠协议书。

1月25日,在《2018中国大学评价研究报告——中国高考志愿填报指南(校友会版)》发布的2018中国独立学院综合实力排行榜中,我校兴湘学院综合排名位居湖南省独立学院第一。

1月25日,我校公共管理学院盛明科教授的研究成果《补齐湖南公共服务供给短板的着力点》,获省委常委、常务副省长陈向群肯定性批示。

1月24日,中国人民政治协商会议第十三届全国委员会委员名单正式公布,共2158人入选,我校校友方光华、王雪华、刘长庚、周向宇、胡旭晟、赵跃宇、袁亚湘、潘碧灵(按姓氏笔画)共8人名列其中。

1月27日,湖南省政协十二届一次会议第三次全体会议在湖南省人民会堂举行。我校校友胡旭晟、彭国甫当选政协湖南省第十二届委员会副主席,邓焕生、印仕柏、刘春生、江涌、许石林、李沫、李微、杨翔、何祚云、邹东仁、陈赤平、欧爱民、钟建新、龚振湘、熊炜、廖满珠、潘碧灵当选常务委员。

1月29日,根据湖南省教育工会《关于2017年度直属基层工会工作目标管理考评情况的通报》文件精神,我校工会被评为二〇一七年度基层工会工作目标管理综合工作先进单位。

2月

2月4日,由我校主办、湖南永雄资产管理集团有限公司协办的信用法治平台建设协作会在长沙举行。省人大常委会党组书记韩永文,省人大常委会原副主任、湘潭大学信用风险管理学院名誉院长谢勇,中国法学会研究部主任李仕春,省高级人民法院副院长杨翔,省网信办副主任李球,中国国际经济法学研究会副会长王贵国,中国民法学研究会副会长陈小君,中国发展网执行总裁卢必成,美国杜兰大学法学院院长大卫·梅耶,中国金融文化建设协会秘书长濮旭,湖南永雄资产管理集团总裁周雄,我校党委书记黄云清,校长周益春,副校长刘长青、廖永安,长沙永雄股权投资管理有限公司董事长、湘潭大学信用风险管理学院院长谭曼等出席,会议由刘长青主持。韩永文、李仕春、黄云清发表讲话。谢勇、杨翔共同为湘潭大学信用立法研究中心揭牌。周益春、谭曼、大卫·梅耶三方共同签署了《湘潭大学、长沙永雄股权投资管理有限公司与美国杜兰大学信用法治人才联合培养协议》。廖永安、卢必成、周雄共同启动中国发展网信用与催收专门频道。

2月7日,根据湖南省教育工会《关于表彰2017年度湖南省模范教职工小家的决定》文件精神,我校物理与光电工程学院分工会被评为湖南省模范教职工小家。

2月9日,校党委书记黄云清率队开展春节走访慰问、送温暖活动。

2月22日,公布我校60周年校庆主题、标识。

2月28日,我校马增胜教授获霍英东教育基金会第十六届高等院校青年教师奖。

3月

3月1日,中央军委政治工作部、共青团中央在辽宁抚顺联合举办纪念学雷锋55周年活动。我校教师代表杨怀保参加并作为典型代表发言。

3月6日，我校75级（复校后首届）校友毛大年回母校捐赠校史资料。副校长刘建平出席。

3月6日，湖南省自然科学基金委公布2018年度基金立项情况。我校获批省自然科学基金项目85项，其中李哲涛教授、游奎一教授、陈华杰副教授、郭志新副教授4人获批湖南省杰出青年基金，面上项目36项、青年基金项目36项、联合基金项目9项。

3月12日，新学期第一天，校领导黄云清、周益春、高协平、宁建民、董康明、郑赤建、黄竹青、刘建平、刘长青、廖永安、戴飞军率队分组开展教学和安全工作检查。

3月15日，湘潭市老科协工作“双先”表彰会在华都宾馆举行。副校长宁建民获湘潭市“热心支持老科协工作的好领导”，柳树林获“湘潭市先进老科协工作者”、张安珍、梁以德获“湘潭市先进老科技工作者”，刘业超获“湘潭市老科技精英奖”，我校老科协获“湘潭市老科协工作先进集体”荣誉称号。

3月15日，教育部公布2017年度普通高等学校本科专业备案和审批结果，我校数据科学与大数据技术、信用风险管理与法律防控2个本科专业通过教育部备案和审批，将从2018年开始招生。

3月15日，《教育部办公厅关于公布首批“新工科”研究与实践项目的通知》下发，黄云清教授主持的《地方高校数据科学与大数据技术专业建设与实践》获批立项。

3月3日至15日，全国政协十三届一次会议在北京人民大会堂召开，民建中央委员、民建湖南省委副主委、我校副校长刘长庚参加。

3月22日，国务院学位委员会下发《国务院学位委员会关于下达2017年审核增列的博士、硕士学位授权点名单的通知》，我校新增马克思主义理论、中国语言文学、物理学、化学、力学、环境科学与工程、图书情报与档案管理7个一级学科博士学位授权点，新增力学、土木工程2个一级学科硕士学位授权点。

3月21日至23日，湖南省高等学校党校工作暨党校教育研究会2017年年会在永州召开。我校被授予“湖南省高校先进党校”荣誉称号。

3月24日，我校首届校友会会长、秘书长联席会议举行，校党委书记黄云清、校长周益春、各校友会分会会长、秘书长及理事会成员代表参会。会议由副校长郑赤建主持。会上，长沙校友会副会长、北京创数教育有限公司创始人刘帅辉校友捐赠120万元成立“创数教育基金”，长沙校友会常务副会长、湖南嘉杰集团董事长费东平校友捐赠100万元。周益春分别与刘帅辉、费东平签订捐赠协议。会议审议通过《湘潭大学校友会会长、秘书长联席会议制度》，举行了校友会会长、秘书长联席会议轮值主席授予仪式。周益春向赵晓轮校友授予轮值主席荣誉。黄云清做会议总结讲话。

3月26日，根据湖南省科技厅《关于认定2017年度湖南省国际科技创新合作基地的通知》文件精神，由数学与计算科学学院黄云清教授牵头申报的计算科学湖南省国际科技创新合作基地获批立项。

3月27日，湘潭市老干部工作暨表彰大会在湘潭市老干部局召开，我校离退休工作部（处）荣获“湘潭市离退休工作先进单位”，尹立新荣获“离退休干部先进个人”的荣誉称号。

3月28日，全省加强和改进高校思想政治工作座谈会在长沙召开，省委副书记乌兰出席会议并做重要讲话，省委常委、组织部部长王少峰，省委常委、宣传部部长蔡振红出席，全省各高校党委书记、校长，各市州组织部、宣传部、教育局负责同志参加会议。我校商学院孙明辉老师作为全省高校辅导员代表做了“以立德树人之心呵护学生成长”的主题汇报。

3月27日至28日，副校长刘建平看望58级（建校后首批）校友冯恒山和张文简，收集我校办学历史资料。

3月30日，我校通过湖南省保密资格认定委员会组织的二级保密资格认定现场考察评估，标志着我校正式成为武器装备科研生产单位二级保密单位。

3月，根据省扶贫办和学校党委安排，我校2018—2020年驻村帮扶工作队进驻湘西自治州泸溪县洗溪镇张家坪村，全面启动新一轮驻村帮扶工作。

3月，兴湘学院肖嘉英同学资助10名山区学生的事迹被人民网、中央人民广播电台、湖南教育电视台、《湖南日报》等报道。

4月

4月4日，全省教育系统全面从严治党工作视频会议召开。校领导黄云清、周益春、高协平、宁建民、董康明、郑赤建、刘建平、刘长青、戴飞军在我校分会场参加会议。

4月7日，毛泽东同志嫡孙、中国人民解放军军事科学院战争研究院副院长毛新宇少将来我校调研。校党委书记黄云清进行汇报，校长周益春主持座谈会。湘潭市副市长刘永珍，校党委副书记高协平，副校长刘长庚、刘建平出席。

4月8日，京东集团北京京东公益基金会向我校捐赠1000万元成立“京东奖助学金”。京东集团党委书记、工会主席、副总裁龙宝正和我校党委副书记、校长周益春签订捐赠协议。签字仪式由湘潭市委副书记、市长谈文胜主持。京东集团董事局主席兼首席执行官刘强东，京东云事业部总裁申元庆，京东集团党委书记、工会主席、副总裁龙宝正，京东集团华中区总经理樊军，京东商城消费品事业部副总裁李昌明，京东集团京东云事业部华中大区总经理李永明，京东集团无界零售赋能事业部总经理王博，湘潭市委书记、市人大常委会主任曹炯芳，我校校党委书记黄云清，湘潭市委常委、市委秘书长陈忠红，湘潭市人民政府副市长傅军，湘潭高新区管委会党工委副书记、管委会主任颜晓媚，我校副校长郑赤建出席。

4月18日，湖南省教育厅党组书记、厅长、省委教育工委书记蒋昌忠率队来我校调研。校领导黄云清、宁建民、刘长庚、董康明、郑赤建、黄竹青、刘建平、刘长青参加座谈会。

4月18日，省人大常委会副主任、湘西自治州州委书记叶红专率队到泸溪县张家坪村实地调研我校驻村帮扶工作。

4月，根据省发改委《关于下达2018年省预算内“大众创业万众创新”示范专项投资计划的通知》，我校“多能协同控制技术湖南省工程研究中心”“复杂重金属废水深度净化与应用技术湖南省工程实验室创新平台建设项目”2个创新平台建设项目入选省发改委专项计划。

5月

5月2日，我校在逸夫楼第一报告厅举办纪念五四运动九十九周年暨表彰大会。校党委书记黄云清、校长周益春、副校长刘建平出席，会议由刘建平主持。

5月3日，副省长吴桂英来我校南校门广场、毛泽东思想研究中心、材料科学与工程学院、新校区项目建设现场，就特色学科发展、科学研究、人才培养、校园建设等工作进行考察。省政府副秘书长彭翔，省教育厅厅长蒋昌忠，省文化厅副厅长鄢福初，省卫计委党组副书记、副主任、省中医药管理局局长黄惠勇；湘潭市委书记曹炯芳、副市长刘永珍；湖南科技大学党委书记刘德顺、校长李伯超；校领导黄云清、周益春、高协平、宁建民、刘长庚、董康明、郑赤建、黄竹青、刘建平、刘长青、戴飞军等陪同考察或参加工作汇报会。

5月8日，我校召开2018年全面从严治党工作会议和维稳综治安全工作会议。校党委书记黄云清讲话，校长周益春主持会议。校领导宁建民、刘长庚、董康明、郑赤建、黄竹青、刘建平、刘长青、戴飞军等出席。

5月8日，我校与澳大利亚科廷大学签署《关于开展合作研究谅解备忘录》。

5月9日，湘潭市统一战线纪念“五一口号”发布70周年暨首届最美同心人物颁奖仪式在湘潭市广播电视台一楼演播厅举行，我校钟建新、李正和欧爱民3位教授入选首届最美同心人物。

5月11日，湘潭市军民融合产业联盟正式成立，我校成为副理事长单位。

5月11日，78级化学专业校友、展辰新材料集团股份有限公司副董事长陈寿生代表集团向我校捐赠200万元设立“展辰新材奖助学金”，受聘为我校客座教授。副校长郑赤建与陈寿生签订捐赠协议，并为其颁发聘书、佩戴校徽。

5月9日至11日，全国高校实验室安全管理2018年第一期培训班由我校承办，在湘潭市华银国际大酒店举行，校长周益春、副校长刘长庚等出席；开幕式由副校长刘长庚主持，校长周益春致辞。

5月8日至15日，校党委副书记高协平率队访问西班牙莱昂大学和法国图尔大学等合作大学。高协平与莱昂大学副校长罗伯特签署两校合作建设孔子学院的执行协议，并与莱昂大学校长马林一起为孔子学院新大楼挂牌。代表团还会见图尔大学副校长德斯梅特。

当地时间5月14日至15日，由国家孔子学院总部/国家汉办主办，蒙德拉内大学孔子学院承办的非洲孔子学院联席会议在莫桑比克马普托举行。在莫进行正式访问的全国人大常委会委员长栗战书在莫桑比克议长马卡莫陪同下，出席14日的开幕式并致辞。孔子学院总部/国家汉办党委书记、副总干事、副主任马箭飞，副总干事、副主任郁云峰等出席会议。黄云清率队参加会议。

5月18日，教育部正式公布2017年度“长江学者奖励计划”人选名单。我校聂家旺入选讲座教授，杨丽、李哲涛入选青年学者。

5月18日，蓝思集团向我校捐赠1000万元，设立“蓝思科技教育基金”。捐赠仪式在蓝思集团举行。蓝思集团董事长周群飞，副董事长郑俊龙，副总经理饶桥兵、刘伟、李晓明，董事会秘书兼副总经理彭孟武，副总经理兼财务总监刘曙光，监事会主席兼副总经理旷洪峰，校长周益春、副校长郑赤建等出席。周益春与周群飞签署捐赠协议。周群飞受聘为我校客座教授，郑赤建为周群飞颁发聘书并佩戴校徽。

5月19日，2018湖南（北京）军民融合产业推介洽谈会在北京湖南大厦举行。湖南省人民政府副省长何报翔出席会议并致辞。我校副校长黄竹青参加，并作为特邀嘉宾出席军民融合产业创新论坛。

5月23日，省教育厅督导组以国家督学、湖南师范大学原校长刘湘溶为组长率队来我校开展高校章程实施工作专项督导。校领导黄云清、周益春、高协平、宁建民、郑赤建、黄竹青、刘建平、刘长青、戴飞军等参加。

5月28日，校党委副书记高协平率队赴湘西州泸溪县走访慰问困难群众，调研指导驻村帮扶工作。

5月29日，湖南省兵工特种装备产业联盟成立暨授牌大会在湖南宾馆举行。我校成为湖南省兵工特种装备产业联盟成员单位。

5月，子校张蓉晖老师在第三十九届湖南省青少年科技创新大赛中指导的《青花瓷爱心杯》作品获二等奖。

5月，省委宣传部发布《关于湘潭大学中国区域发展与治理研究院等单位入选湖南省专业特色智库的通知》，我校“中国区域发展与治理研究院”“湖南省党的创新理论研究和学习服务中心”入选首批省级专业特色智库。

5月，我校通过湖南省人力资源和社会保障厅组织的“湖南省省级创业孵化基地”复评。

6月

6月2日，我校60周年校庆日倒计时100天启动仪式暨迷你马拉松大赛在第二田径场举行。校领导黄云清、周益春、郑赤建、刘建平、戴飞军出席，仪式由郑赤建主持。

6月7日，副校长刘建平率队到株洲拜访毛宇居儿子——毛远涛。毛远涛向我校校史馆赠送了毛主席与毛宇居的珍贵合影、毛氏族谱序言及诗词手稿。

6月8日，我校艺术学院在兴教楼A栋举行非物质文化遗产研究学术研讨会，艺术学院院长黎青与党总支书记周维平共同为“湘潭大学艺术学院非遗研究中心”进行揭牌。

6月9日，“国酒飘香·湘潭薪火传承”圆梦大学助学金湘潭大学发放仪式在土木工程与力学学院学术报告厅举行。湘潭市政协副主席周佩珞、我校副校长刘建平、共青团湘潭市委副书记田艳、贵州茅台酒销售有限公司湖南省区经理杜艳、国酒茅台湖南省经销商联谊会会长刘兆兵等出席。

6月20日，根据湖南省教育工会《关于2017年度直属基层工会财务工作考核评比情况的通报》文件精神，我校工会被评为2017年度直属基层工会财务工作先进单位一等奖。

6月21日，我校2018届毕业生毕业典礼暨学位授予仪式在体育馆举行。校领导黄云清、周益春、高协平、宁建民、刘长庚、董康明、郑赤建、黄竹青、刘建平、刘长青等出席。毕业典礼由校党委书记黄云清主持。

6月21日，2018年国家社科基金立项结果公布。我校获得立项资助27项，其中重点项目5项：王继平的“中国共产党文化抗战史研究（1931—1945）”、谭燕芝的“村支两委在金融脱贫中的作用机制研究”、周建军的“区际差异化视角下的房价波动、贫富差距与房地产税收调控政策优化研究”、李五荣的“国际服务贸易规则重构的中国方案研究”、胡强的“两次世界大战时期英国文学中的社会变迁主题研究”。

6月22日，国务院知识产权战略实施工作部际联席会议办公室印发《关于表彰国家知识产权战略实施工作先进集体和先进个人的决定》。我校法学院·知识产权学院肖冬梅教授获“国家知识产权战略实施工作先进个人”荣誉称号。

6月27日，我校与俄罗斯阿莫素夫东北联邦大学签署《合作计划谅解备忘录》。

6月28日，我校庆祝中国共产党成立97周年在逸夫楼第一报告厅举行。校领导黄云清、周益春、高协平、宁建民、刘长庚、董康明、郑赤建、刘建平、刘长青出席并为获奖者颁奖。校长周益春主持。

6月29日，省委常委、组织部部长王少峰来我校为师生党员上了题为“赓续红色基因，矢志践行初心”的党课。会前，王少峰到毛主席铜像广场、毛泽东思想研究中心、数学与计算科学学院、材料科学与工程学院，参观纪念建党97周年艺术作品、先进典型风采展，并慰问了老党员代表沧南教授和教师党员代表汤华中教授。省教育厅厅长蒋昌忠、湘潭市委书记曹炯芳及我校党委书记黄云清、校长周益春等陪同。

6月，在2018年全国大学生中华经典美文诵读大赛中，我校图书馆荣获优秀组织奖。

7月

7月1日至5日，应芝加哥大学和纽约州立大学石溪分校的邀请，校长周益春率队访问。

7月1日至7日，应俄罗斯东北联邦大学、捷克查理大学的邀请，党委书记黄云清率队访问。

7月9日，我校60周年校庆志愿者动员大会在逸夫楼第一报告厅召开，副校长郑赤建、刘建平出席。刘建平主持大会。

7月9日，湖南省统战理论研究基地在我校揭牌。省委统战部副部长符俊根、校党委书记黄云清共同为研究基地揭牌。省委统战部政策理论研究室主任马碧、市委统战部部务委员秦曙光参加。会议由校党委副书记高协平主持。

7月12日至13日，副校长刘建平率队赴泸溪县张家坪村开展结对帮扶走访。

7月13日到19日，我校接待西班牙莱昂大学副校长代表团，商讨关于设立ESTEFANIA奖学金的事宜、签订《中国湘潭大学与西班牙莱昂大学关于继续合作举办机械设计制造及其自动化专业本科教育项目的执行协议》。

7月20日，省科技厅公布湖南省重点研发计划项目立项情况。我校获批省重点研发计划项目17项，其中学校为牵头单位的项目有10项：《长航时无人机平台总体技术》《黑臭水体污染物环境界面行为与调控技术》《黑臭水体纳米材料－微生物协同处理技术研发》《黑臭水体高效磁分离一体化技术及装备研制》《嗜热微生物污泥生物干化关键技术研究与应用》《有机/无机络合重金属废水处理关键 技术与装备》《难降解有机磷农药废水处理技术与装备》《低温氧化/催化协同工艺脱除挥发性有机物的关键技术及应用示范》《重金属及有机污染物多介质界面行为与调控机制》《被动调适绿色建材及与建筑节能融合关键技术研究与应用》。

7月22日，湖南先进传感与信息技术创新研究院在我校揭牌成立，并于2018年9月开始招收研究生。副省长陈飞与北京大学原校长、中国科学院周其凤院士共同为研究院揭牌，我校董事会董事长王克英向彭练矛教授团队颁发聘书。出席揭牌仪式的有湘潭市市长谈文胜，省教育厅党组成员、省委教育工委副书记王建华，省科技厅党组成员、副厅长周建元，湘潭市副市长陈小山等。揭牌仪式由校长周益春主持，校党委书记黄云清致辞。

7月31日，根据《关于公布“湘潭市第七批优秀专家和专业技术骨干人才”人员名单的通报》，我校王雷、毛卫国、刘中望、刘平乐、胡夏一被评为“湘潭市第七批优秀专家”，肖芬、陈元平、赵斌、湛咏、裴勇被评为“湘潭市第七批专业技术骨干人才”。

7月，子校张蓉晖老师指导的作品《烤红薯》在中央电化教育馆组织的“全国中小学电脑制作活动”中获小学组电脑绘画一等奖，《过河》《捡板栗》《写生》《爆米花》获小学组电脑绘画三等奖。

7月，在2018年第十三届全国大学生“恩智浦”智能汽车竞赛中，兴湘学院学生沈峰荣获华南赛区光电四轮组一等奖。

暑假，校团委组织开展2018年度大学生暑期“三下乡”社会实践活动。我校“公为天下”调研团获评2018年全国大中专学生暑期“三下乡”社会实践“镜头中的三下乡”活动优秀报道奖，我校获评全国优秀单位。

8月

8月2日，全国人大代表湘潭小组专题调研座谈会在市人大常委会会议室举行，校长周益春出席。

8月4日，我校发布湘潭大学60周年校庆公告(第二号)。

8月14日，孔子学院总部、国家汉办同意派遣我校夏卓琼同志赴乌干达麦克雷雷大学孔子学院担任中方院长。

8月13至15日，第二届半导体辐射探测器研讨会暨国际高层论坛在我校召开。校长周益春出席。

8月16日，国家自然科学基金项目第一批资助名单公布，我校获批63项，直接费用3267.6万元，杨丽教授获批重大项目，李正教授、郑学军教授获批重点项目。全年，我校共获批国家自科基金项目69项、直接经费3869.6万元。

8月17日，欧阳晓平院士的“车用高比能固态锂电池的开发和产业化”创新团队入选2018年度湖湘高层次人才聚集工程顶尖创新团队，田江和蔡成林入选湖湘高层次人才聚集工程创新创业人才计划。

8月29日，RFID图书自助借还管理系统启用。

8月29日，离退休工作部(处)教师公寓第五党支部被湖南省委离退休工委授予全省示范离退休干部党支部。

8月29日，我校法学院廖永安教授刊载于中国法学会《要报》的研究成果《增强调解实效性是提升“枫桥经验”的关键一环》，获十三届全国人大常委会副委员长张春贤同志肯定性批示：“从我过去工作实践看，永安同志就继承和创新‘枫桥’经验，增强调解实效所提出的几点建议很有针对性。”

9月

9月1日，我校2018级新生开学典礼在第二田径场举行。开学典礼由校党委书记黄云清主持。校长周益春表达了对他们的欢迎。我校81级数学系校友、国际著名数学家、中国科学院院士、发展中国家科学院院士、中国科学院数学与系统科学研究院研究员周向宇，校领导高协平、宁建民、刘长庚、董康明、郑赤建、黄竹青、刘建平、刘长青等出席。

9月1日，我校2018级研究生入学教育大会在大礼堂召开。校党委书记黄云清出席，副校长黄竹青主持。

9月3日，图书馆引进座位预约系统并投入使用。

9月5日，我校94岁的沧南教授以“湘大人”名义捐赠20万元交由哲学系，作为该系贫困学生资助金。

9月6日，校党委书记黄云清、校长周益春、校党委副书记高协平、副校长刘建平率队开展教师节走访慰问、送温暖活动。

9月6日,习近平总书记对湘潭大学作出重要批示,勉励师生不忘初心、牢记使命,扎根伟人故里,弘扬优良传统,坚持立德树人,勇于改革创新,努力把学校办得更好、更有特色。

9月7日,中共中央政治局委员、国务院副总理孙春兰批示指出,总书记的重要批示充分体现了对毛泽东等老一辈革命家的深厚感情、对湘潭大学的特别厚爱和殷切期望,指明了办好学校的根本遵循。

9月7日,79级英语专业校友、新航道国际教育集团董事长兼CEO胡敏捐资500万元,在我校设立"胡敏全球胜任力培养奖学金"。校长周益春、新航道国际教育集团副总裁张凡林、总裁助理刘威等出席捐赠仪式。仪式由校纪委书记董康明主持。周益春与胡敏签署捐赠协议、签订实践教学基地协议,颁发捐赠证书并授牌,同时续聘胡敏及其夫人陈采霞校友为我校兼职教授。

9月8日,由校友捐赠的4个项目在图书馆会议室举行捐赠仪式,项目分别是:永州校友会捐赠俱乐部座椅改造工程,价值81.2万余元;胡波校友捐赠《毛泽东评点二十四史》线装影印本,价值50万元;方明理校友捐赠保护性维护毛泽东铜像、"湘潭大学"石碑以及木质长廊工程,价值22万元;任秀江校友捐赠盛唐黑金黑茶饮1500件,价值10.8万元。校长周益春为捐赠方颁发捐赠证书,仪式由副校长郑赤建主持。

9月9日,省委书记杜家毫来校调研,省委副书记乌兰,省委常委、省委秘书长谢建辉,市委书记、市人大常委会主任曹炯芳,市委副书记、市长谈文胜参加调研。杜家毫书记强调,要不忘初心、牢记使命,弘扬优良传统,坚持立德树人,勇于改革创新,扎实推进内涵式发展,努力把湘潭大学办得更好,更有特色,不负习近平总书记对办好湘潭大学寄予的殷切期望。

9月9日,"潘际銮教育基金"揭牌仪式、"天一焊接奖学金"捐赠仪式、广东乐普达电机科研合作和研究生联合培养实践基地签约仪式在图书馆报告厅举行。潘际銮院士,副校长宁建民、廖永安,中国航天凯天环保有限公司总裁叶明强、湖南天一焊接有限公司董事长黄立新、广东乐普达电机有限公司董事长彭东琨等出席。中国科学院院士潘际銮并做了题为《大型结构的焊接自动化》讲座。

9月9日,校友双创大讲坛暨创业项目交流会在学生中心报告厅举行。福布斯杂志封面人物、美国AMUG(ADDITIVE MANUFACTURING USERS GROUP)理事会唯一亚太区理事、湖南省第一批"百人计划"专家、SLS(选择性激光烧结)之父、76级校友许小曙,中国房地产业协会常务理事、北大国家发展研究院湖南校友会副会长、地产湘军代表人物、88级校友方明理,浙江大学党委学工部创业教育办公室主任、联合国教科文组织中国创业教育联盟主席助理、科技创业促进会执行会长、校友高峰3位校友主讲。副校长刘建平、刘长青出席。

9月9日,由我校广东校友捐建的广东路开通。校党委书记黄云清、校纪委书记董康明、副校长郑赤建与广东校友会的校友代表共同见证。开通仪式由郑赤建主持。来自深圳、广州、珠海、佛山、肇庆、江门、惠州、东莞、中山校友会及日语专业广东校友会的10位校友会会长,作为捐赠代表上台进行捐赠。黄云清为广东校友会代表颁发了捐赠证书。

9月9日,我校举办"新时代高等教育发展"大学校长论坛,来自俄罗斯、西班牙、韩国、乌干达等国家和国内的近20所高校校长来我校,探讨新时代高等教育的发展。校党委书记黄云清致开幕词。俄罗斯下诺夫哥罗德国立工程与经济大学校长沙明阿纳托利耶维奇、西班牙莱昂大学理事长皮拉尔·古铁雷斯·圣地亚哥、韩国亚洲大学校长朴炯柱、井冈山大学党委书记彭涉晗、山西大学校长贾锁堂、湖南科技大学校长李伯超、中山大学副校长王雪华、内蒙古大学副校长张吉维、嘉兴学院副校长胡俊云、延安大学副校长王刚、北京科技大学副校长吕昭平等出席。论坛由校党委副书记高协平主持。中国工程院院士、湖南商学院校长陈晓红,江苏大学副校长宋余庆,东莞理工学院党委书记成洪波,乌干达麦克雷雷大学校长巴纳巴斯·拉旺戈维,西北大学副校长赖绍聪,西班牙莱昂大学副校长罗伯托·巴罗·阿尔瓦雷斯,云南大学副校长杨泽宇,我校校长周益春分别做了报告。

9月9日,校党委书记黄云清、校长周益春接受92级中文系校友、湖南日报湘潭分社社长曹辉转交的校庆礼物——来自我国著名歌唱家蒋大为的书法作品。

9月9日,我校"尊宝阳光奖助学金"捐赠签约仪式在图书馆报告厅举行。副校长刘建平与"尊宝阳光奖助学金"设立者、化工学院90级食品科学与工程专业校友、尊宝比萨(香港)饮食连锁有限公司董事长罗高峡签署协议。

9月10日,我校纪念毛泽东同志题写校名并指示"一定要把湘潭大学办好"暨建校60周年大会在体育馆举行,湖南省委副书记、省人民政府省长许达哲出席并讲话,省政协原主席刘夫生,省政协原主席王克英,省委常委、省委宣传部部长蔡振红,全国政协委员、中国人民解放军军事科学院战争研究院副院长、毛泽东同志嫡孙毛新宇,省人大常委会副主任、党组成员向力力,副省长吴桂英,省政协副主席胡旭晟,全国政协常委、中国科协副主席、中国科学院院士袁亚湘,中央候补委员、我校材料科学与工程学院院长、中国工程院院士欧阳晓平,中国科学院院士周向宇,毛泽东同志外孙女、东润公益基金会理事长孔东梅,泰康保险集团董事长兼CEO陈东升,北京延安儿女联谊会会长、胡乔木同志女儿胡木英,原湖南省军区副政委黄祖示,求是杂志社原社长李捷,原浙江省委常委、省人大常委会原副主任刘力伟,省人大常委会原副主任谢勇,江西省政协原副主席王林森,湖南省人民政府秘书长王群,湘潭市委书记、市人大常委会主任曹炯芳,湘潭市委副书记、市长谈文胜,西班牙莱昂大学理事长皮拉尔·古铁雷斯·圣地亚哥,湖南大学校长段献忠等出席。大会由校党委书记黄云清主持,校长周益春致辞。皮拉尔·古铁雷斯·圣地亚哥、段献忠、陈东升、袁亚湘、曹炯芳分别讲话。

9月10日,在纪念毛泽东同志题写校名并指示"一定要把湘潭大学办好"暨建校六十周年之际,我校师生在毛主席铜像广场举行缅怀伟人主题活动,深切缅怀党、国家和人民军队的主要缔造者毛泽东同志。湖南省政协原主席、湘潭大学董事会董事长王克英,全国政协委员、中国人民解放军军事科学院战争研究院副院长、毛泽东嫡孙毛新宇少将,中国科学院院士袁亚湘校友,中央候补委员、我校材料科学与工程学院院长、中国工程院院士欧阳晓平少将,中国科学院院士周向宇校友,北京延安儿女联谊会会长、胡乔木同志女儿胡木英,原湖南省军区副政委黄祖示少将,求是杂志社原社长李捷,浙江省委原常委、省人大常委会原副主任刘力伟,湖南省人大常委会原副主任谢勇,江西省政协原副主席王林森,宝钢教育基金会秘书长莫臻,湘潭市委书记曹炯芳、市长谈文胜,全体校领导等出席。活动由校长周益春主持。校党委书记黄云清致辞。毛新宇向湘大60周年校庆表示祝贺,并表达了对湘大的美好祝愿:"希望湘潭大学越办越好,为社会培养更多更好的社会主义建设人才。"

9月10日,在毛泽东同志题写校名并指示"一定要把湘潭大学办好"暨建校60周年纪念日,我校召开历任校领导座谈会。16位老领导参加座谈会。校党委书记黄云清、校长周益春出席,副校长宁建民主持。杨向群、潘长良、罗和安、章兢、王占宗、陈光明、张孝国、王笃志、朱锦鑫、曾子其、谢伯端、王键、田银华、黄建新、陈小明、夏国华等16位老领导分别讲话。

9月10日,纪念毛泽东同志题写校名并指示"一定要把湘潭大学办好"暨建校60周年校庆文艺晚会"湘如故·大若天"在体育馆举行。我校4位客座教授,国家一级歌唱家陈思思、中央广电播音主持专家陆洋、中央电视台《天气预报》节目主持人冯殊、著名青年女中音歌唱家、词作家刘子琪进行表演。

9月10日,泰康保险集团、宇业集团向我校捐赠3000万元,设立毛泽东思想研究发展基金。泰康保险集团董事长兼CEO陈东升,毛泽东同志外孙女、东润公益基金会理事长孔东梅,宇业集团董事局主席、总裁周旭洲,校长周益春等出席。副校长刘长庚主持。周益春、陈东升、孔东梅、周旭洲签署捐赠协议。

9月10日，毛泽东同志嫡孙、中国人民解放军军事科学院战争研究院副院长毛新宇少将及夫人刘滨女士一行到毛泽东思想研究中心考察调研。校领导廖永安、刘建平出席。

9月10日，女高音歌唱家、国家一级演员陈思思受聘为我校客座教授、校大学生艺术团艺术顾问。校党委书记黄云清为陈思思颁发聘书，副校长刘建平主持。

9月11日，纪念我校60周年校庆之科技合作集中签约仪式在经管楼会议室举行。校长周益春出席，湘潭市高新技术开发区代表吴小波、湖南恒晟环保科技有限公司代表、校友李湘勇、益阳市长春经济开发区副主任陈丹等13家企事业单位代表参加。

9月11日，"金毅·桑尼森迪"助学金签约暨颁奖仪式在图书馆报告厅举行。助学金由我校2000级高分子材料与工程专业校友、广东金毅玩具材料有限公司董事长陈云联合湖南桑尼森迪玩具制造有限公司董事长杨杰设立，该奖学金总金额120万。副校长郑赤建为陈云颁发兼职教授聘书、佩戴校徽，并与陈云、杨杰签署捐赠协议书。副校长宁建民、郑赤建出席。

9月11日，中央人民广播电台播音指导陆洋，中央电视台《天气预报》栏目主持人冯殊受聘我校客座教授。副校长刘建平为陆洋和冯殊颁发聘书。

9月11日，青年女中音歌唱家刘子琪受聘为全国大学生孝文化节公益形象大使、我校客座教授、校大学生艺术团艺术总监。副校长刘建平为刘子琪颁发聘书。

9月3日至11日，60周年校庆摄影、书画大赛优秀作品展。

9月3日至11日，60周年校庆海报(广告)设计大赛优秀作品展。

9月12日，我校商学院副教授朱健的研究报告《北京朝阳区公共文化服务体系建设经验及启示》，获副省长吴桂英肯定性批示，并要求省文化厅阅参。

9月8日至12日，校党委召开系列专题会议传达学习领会习近平总书记对我校重要批示精神。

9月8日至12日，俄罗斯下诺夫哥罗德州国立工程与经济大学代表团访问我校，参加我校60周年校庆并签署《湘潭大学与下诺夫哥罗德国立工程与经济大学谅解备忘录》。

9月14日，我校与中国航天员科研训练中心签署战略合作协议。中国载人航天工程副总设计师陈善广、中国航天员科研训练中心副总指挥姜国华、我校副校长刘建平等出席。中国航天员科研训练中心周抗寒、郭双生等6名研究员受聘为我校兼职教授。

9月14日，湖南省社会科学成果评审委员会对全省140项鉴定成果予以公示。我校12项申报成果获省级鉴定。其中，吉成名、欧定余、湛泳3位老师的成果鉴定为"省内领先"，王国征、董石桃、刘正军、侯新烁4位老师的成果鉴定为"省内先进"。

9月19日，教育部、湖南省签署《重点共建湖南"双一流"建设高校协议》，明确"支持湘潭大学高水平大学和特色学科建设"。

9月21日，我校在图书馆报告厅举办2018"七五"保密法治宣传及网络安全专题报告会。湘潭市保密局副局长梁婧、360企业安全集团湖南分公司高级工程师曹舒艺做主题讲座。副校长郑赤建、刘长青出席。郑赤建主持报告会。

9月21日，我校与明尼苏达州立大学曼卡托校区签订谅解备忘录。

9月28日，碧泉书院与长房集团合作的"碧泉讲坛"第一次开讲。岳麓书院院长肖永明主讲"《论语》的智慧"。这是碧泉书院首次与企业合作。

9月，《湘潭大学校史》《回眸——校友散文选集》《回眸——校友诗歌选集》《毛禹居诗词笺析》校庆系列丛书出版。

9月，我校侯新烁、廖敏、胡夏一入选"湖湘青年英才"支持计划人选。

9月，我校法学院胡宇清副教授的研究报告《湖南省法院干警心理健康状况和工作满意度调研报告》获得中共中央政治局委员、中央政法委书记郭声琨同志的肯定性批示。

60 周年校庆期间，各地校友会及个人纷纷向学校捐资助力：浙江校友会捐赠青花瓷随手礼 10000 份/60 米丝绸长卷 1 幅，陕西校友会捐赠剪纸作品 3 幅，四川校友会捐赠熊猫群雕 1 套，怀化校友会捐赠油画《怀化雪峰山苏宝顶》1 幅，湘潭校友会捐赠校庆纪念戒指 600 套。上海校友会捐赠 60 万元，长沙校友会捐赠 40 万元，海南校友会捐赠 30 万元，湘潭校友会捐赠 10 余万元，娄底、岳阳、江苏校友会捐赠 10 万元等。

10 月

10 月 3 日，对越自卫反击战英模报告会在大礼堂举行。特级战斗英雄褚万霖、一等功臣田兴顺、二等功臣吴展海讲述对越自卫反击战中的亲身经历。副校长刘建平出席，北京校友会副会长方明理主持。

10 月 11 日，省委第九巡视组巡视湘潭大学党委工作动员会召开。会前，省监察委员会委员熊文辉主持召开与我校党委书记黄云清的见面沟通会，传达中央和省委关于巡视工作的指示精神。会上，省委第九巡视组组长高飞跃就即将开展的巡视工作做了讲话，熊文辉就配合做好巡视工作提出要求。黄云清主持会议并做表态讲话。省委第九巡视组副组长陈烽、彭亮及有关同志，我校领导班子成员出席会议。

10 月 13 日，由中国法学会学术委员会与我校联合主办的首届信用法治・韶山论坛在韶山举办，论坛的主题为“中国信用法律体系研讨”。最高人民检察院原副检察长、全国政协社会和法制委员会委员姜建初，最高人民法院审判委员会副部级专职委员、二级大法官刘贵祥，湖南省人大常委会原副主任、全国人民代表大会监察与司法委员会委员谢勇，中南财经政法大学原校长、中国法学会学术委员会委员吴汉东，湖南省高级人民法院副院长杨翔，湖南省人大法制委员会副主任戴少一，杜兰大学法学院院长大卫・梅耶，全国政协委员、中国国际经济法学研究会副会长、浙江大学文科资深教授、湘潭大学特聘教授王贵国，中国民法学研究会副会长、广东外语外贸大学土地法制研究院院长、湘潭大学特聘教授陈小君，国家发改委财政金融司信用处副处长严畅，湘潭市中级人民法院院长廖迪文，我校党委书记黄云清、副校长廖永安，湖南永雄资产管理集团董事长、我校信用风险管理学院首任院长谭曼等出席开幕式。开幕式由中国法学会办公室副主任王增勇主持。黄云清、姜建初、刘贵祥、谢勇等领导做了讲话。

10 月 18 日，湘潭市党支部“五化”建设工作推进会召开，市委常委、组织部部长廖桂生出席会议。我校外国语学院教工语言中心第二党支部、马克思主义学院研究生第二党支部、商学院本科生会计第一党支部入选湘潭市“五星党支部”。

10 月 18 日，我校刘金刚教授和李正教授被湘潭市人民政府评为湘潭市市长质量奖质量创新奖。

10 月 18 日至 19 日，校党委书记黄云清率队赴湘西州泸溪县洗溪镇张家坪村调研指导驻村帮扶工作。

10 月 19 日，根据湖南省教育厅、湖南省财政厅和湖南省发展和改革委员会《关于公布湖南省高等学校“双一流”建设项目名单（本科院校）的通知》文件精神，湘潭大学被评为国内一流大学建设高校 A 类；法学、马克思主义理论、数学、材料科学与工程（自定）、化学工程与技术（自定）为国内一流建设学科；理论经济学、政治学、中国语言文学、外国语言文学、物理学、化学、统计学、力学、公共管理、图书情报与档案管理为国内一流培育学科。

10 月 19 日，CASHL 华中区域“新时代、新 CASHL、新服务”学术交流会议在武汉大学图书馆召开。我校图书馆获“2017 年度华中区域 CASHL 文献传递宣传推广工作突出贡献奖”，谢海华获华中区域 CASHL 服务先进个人。

10 月 21 日，“人工智能创新教育与产业协同发展”创新论坛在北京大学召开，我校欧阳建权教授荣获全国高校人工智能大数据教育教学创新奖。

10 月 26 日，我校体育发展基金成立，95 级国际贸易专业校友彭嵩、张鞍、贺雷、吴新星共同捐赠 50 万元。副校长郑赤建与彭嵩校友签订捐赠协议并颁发捐赠证书。

10月28日，中国高等教育学会军民融合教育研究分会成立大会在北京召开，我校成为中国高等教育学会军民融合教育研究分会理事单位。

10月29日，第六届湖南艺术节闭幕式颁奖晚会在株洲市神农大剧院举行。省委宣传部常务副部长蒋祖烜出席并致闭幕词，省文化和旅游厅党组书记禹新荣宣读获奖情况。我校艺术学院联合常德华智动漫设计有限公司设计研发的动漫电视连续剧《雷锋》，获文创产品类一等奖。

10月30日，东土科技股份有限公司董事长、原武装警察通讯部部长、我校复校后首任校长李振军之子李大地来校洽谈军民融合项目。校长周益春、副校长刘建平出席。

10月，在第十二届 iCAN 国际创新创业大赛中，兴湘学院学生李思蓝、谭思怡、沈峰、陈人杰、谢笔庆荣获湖南省总决赛一等奖，全国总决赛三等奖。

10月，离退休工作部（处）党委副书记陈斌被湘潭市老龄工作委员会评为"湘潭市十佳孝亲敬老个人"。

10月，校团委组织全校师生参加第五届湖南省青年文化艺术节，我校《前夜》获曲艺类金奖，舞蹈类《60归来仍少年》《ALMOST LOVERS》和曲艺类《钦差大臣》获银奖。

11月

11月1日，2018年全省高校教师岗前培训考试工作会议在长沙召开。我校荣获2017年度湖南省高校教师岗前培训管理工作先进集体一等奖，郭黎获评先进管理工作者，喻鹏、成波、彭媛、完颜邓邓、李军辉、李英、马春晖、朱婷、杨好星9人获评优秀学员。党委教师工作部、教师教学发展中心负责人作为岗前培训管理工作先进集体代表在会上做经验交流发言。

10月28日至11月1日，校党委副书记高协平率队前往澳大利亚阿德莱德大学和堪培拉大学进行访问。

11月6日，省人大常委会副主任王柯敏率队来我校调研"双一流"建设工作，考察了毛泽东思想研究中心、科学工程计算与数值仿真省重点实验室、低维材料及应用技术教育部重点实验室、化工过程模拟与强化国家与地方联合工程研究中心、法学院，听取了学校"双一流"建设工作情况汇报。省人大常委会委员、教科文卫委员会主任委员梁肇洪主持调研座谈会。省人大常委会委员、教科文卫委员会副主任委员肖国安，省人大常委会委员、教科文卫委员会副主任委员詹鸣，省人大教科文卫委员会副主任委员陈佳新，省人大常委会委员、教科文卫委员会委员、农工党省委专职副主委蒋秋桃，省人大常委会委员、教科文卫委员会委员、湖南师范大学校长蒋洪新，省教育厅巡视员葛建中，校党委书记黄云清、校长周益春、副校长刘长青出席。

11月9日，长沙校友会"金桂"奖助学金捐赠座谈会在法附楼会议室召开。校党委书记黄云清会见长沙校友会代表，长沙校友会会长彭对喜、刘明欣、杨金鸾，校长周益春出席。座谈会由副校长郑赤建主持。

11月9日，我校被湖南省教育厅、湖南省人力资源和社会保障厅评为2017年度全省高等学校教师系列专业技术职称制度改革工作评价优秀等级。

11月7日至9日，湖南省本科院校及附属医院教职工羽毛球赛在衡阳师范学院举行。根据湖南省教育工会《关于2018年全省本科院校及高校附属医院教职工羽毛球团体赛比赛结果的通报》，我校代表队获湖南省本科院校及附属医院教职工羽毛球团体赛体育道德风尚奖。

11月8日至9日，副校长黄竹青、刘长青率队赴泸溪县洗溪镇张家坪村调研和指导驻村帮扶工作。

11月12日，廖敏秀被湖南省图书馆学会评为2016—2017年度中青年人才库"优秀中青年人才"。

11月13日，湘潭市科协第十次代表大会暨首届湘潭市优秀科技工作者表彰大会召开，我校刘金刚、欧阳建权两位同志获"首届湘潭市优秀科技工作者"称号。

11月19日，许达哲省长带领省政府、省工信厅和我校等单位主要负责人与国防科工局张克俭局长及局属有关人员进行会谈。其间，许达哲省长特别介绍了习近平总书记对我校的重要批示情况，并以省政府名义请求国家国防科工局支持我校国家国防科技重点实验室建设和国防条件能力建设等事项。

11月19日至22日，以中山大学原党委书记李延保教授为组长的教育部本科教学工作审核评估专家组一行12人对我校进行了实地考察评估。19日上午，本科教学工作审核评估专家见面会在学生中心报告厅举行，专家组全体成员、省教育厅领导、全体在校校领导等参加会议。22日下午，在学生中心报告厅举行本科教学工作审核评估专家意见反馈会，组长李延保反馈了整体考察肯定性评价，专家组其他成员分别反馈了需要改进的相关情况，校党委书记黄云清代表学校作表态发言，省教育厅副厅长葛建中对后续改进工作作了强调和要求。

11月23日，由我校和湘潭市联合主办的军民融合产学研合作对接会在我校举办。我校与湘潭市6家企事业单位签署了军民融合项目合作协议。副市长陈小山、副校长黄竹青以及湘潭市军民融合产业联盟相关成员单位代表出席。

11月28日至29日，校纪委书记董康明率队赴张家坪村开展调研和走访慰问帮扶对象。

11月28日至12月2日，由湖南省高等学校师资培训中心主办，我校教师教学发展中心承办的“湖南省高校教师教学能力提升高级研修班”在湘潭华银大酒店举办。副校长刘建平出席开班仪式。

11月，我校被湖南省教育厅评为“湖南省高校大学生创新创业孵化示范基地”；被湘潭市人力资源和社会保障局认定为“2018年度湘潭市市级创业孵化示范基地一类单位”。

12月

12月2日，我校代表队获第九届世界华语辩论锦标赛湖南赛区预选赛冠军。

12月3日，全国教育大会精神湘潭宣讲报告会在我校大礼堂召开。省纪委省监委驻省教育厅纪检监察组组长曹世凯作专题宣讲报告，校党委书记黄云清主持。我校全体校领导参加。

12月4日至5日，第十三届孔子学院大会在成都举行。国务院副总理、中共十九届中央政治局委员、孔子学院总部理事会主席孙春兰出席开幕式并致辞，教育部部长、孔子学院总部理事会副主席陈宝生主持开幕式。我校与麦克雷雷大学合作共建的麦克雷雷大学孔子学院获“先进孔子学院”荣誉。

12月6日，湖南湘西保靖县比耳村“本顺竹艺合作社”是湘潭大学艺术学院精准扶贫对象，艺术学院利用自身专业优势为本顺竹艺进行品牌形象设计、互联网营销推广、产品创新设计等，红色筑梦精准扶贫展区作品展，湖南省委副书记乌兰、湖南省副省长吴桂英参观展览。

12月10日，根据教育部办公厅《关于公布首批全国党建工作示范高校、标杆院系、样板支部培育创建单位名单的通知》，我校马克思主义学院入选全国党建工作标杆院系。

12月10日，根据教育部办公厅《关于公布2018年度省部共建协同创新中心认定名单的通知》文件精神，我校毛泽东思想研究中心入选教育部首批省部共建协同创新中心。

12月11日，工信部装备工业司副巡视员王建宇、国家科工局系统工程四司巡视员王重秋、工信部产业发展促进中心副主任李进忠一行来我校考察国防科技创新情况。省工信厅副巡视员廖廷球，湘潭市副市长陈小山，校长周益春、副校长黄竹青出席。

12月13日，在湖南省教育厅组织的“湖南省第六届中小学生艺术展演活动”中，子校陈军教师指导两幅作品：吴怿林的《空城计》获中学组绘画一等奖，王若茜的《变脸》获小学组绘画二等奖。

12月14日，校长周益春，副校长宁建民、郑赤建，校工会主席戴飞军率队到我校驻村帮扶点泸溪县洗溪镇张家坪村调研指导扶贫工作。

12月18日，庆祝改革开放四十周年大会在北京人民大会堂隆重举行。中共中央总书记、国家主席、中央军委主席习近平出席大会并发表重要讲话。我校师生认真观看大会盛况，仔细聆听习总书记的重要讲话，深切感受改革开放的辉煌成就。

12 月 20 日，两台满载椪柑的大卡车开进湘大校园。这近 30 吨椪柑全部来自我校定点帮扶村泸溪县洗溪镇张家坪村，是我校采取“以购代捐”的方式，从张家坪村采购而来。

12 月 21 日，教育部发布《关于批准 2018 年国家级教学成果奖获奖项目的决定》，我校李佑新教授主持的“高校思想政治理论课中加强中国共产党革命精神教育的探索”（完成人：李佑新、李雅兴、李益顺、唐正芒、黄显中、刘建平）获国家级教学成果奖二等奖。

12 月 22 日，2018“感动中国之感动湖南人物”评选结果揭晓。综合感动湖南推选委员会评委打分及网络投票，我校沧南教授排名第二，荣获 2018“感动湖南十佳人物”。

12 月 22 日，由四川大学、西南民族大学、湖南大学和我校共同主办，碧泉书院承办的“第七届湖湘文化与巴蜀文化高层论坛”在图书馆报告厅举办。我校副校长刘建平出席开幕式。

12 月 24 日，全省教育大会在长沙召开，省委书记杜家毫出席会议并讲话。会后，我校师生通过电视、报纸、网络等媒体关注大会动态，认真学习大会精神。

12 月 23 日至 24 日，第十一届全国“毛泽东论坛”在韶山召开。本次论坛主题为“新时代视野中的毛泽东研究”。论坛开幕式由教育部长江学者、我校毛泽东思想研究中心主任李佑新主持。湖南省韶山管理局副巡视员萧国梁、我校党委书记黄云清、全国毛泽东哲学思想研究会副会长薛广洲致辞。求是杂志社原社长、我校马克思主义学院和毛泽东思想研究中心李捷教授，以及中共中央党校许全兴教授、中央党史和文献研究院杨明伟研究员、北京大学仝华教授、中共中央党校薛广洲教授、中山大学徐俊忠教授、清华大学肖贵清教授、武汉大学汪信砚教授、中国社会科学院朱继东研究员、我校刘建平教授、军事科学院张树德研究员等专家作了大会发言。

12 月 26 日，我校师生在南校门毛主席铜像广场隆重集会，纪念毛泽东同志诞辰 125 周年，并颁发“伟人之托”奖助学金，以缅怀毛泽东同志的伟大功绩，感恩毛泽东同志对我校的亲切关怀。十九届中央候补委员、中国工程院院士、我校材料科学与工程学院院长欧阳晓平，捐资企业代表湘潭经济技术开发区管理委员会调研员颜正群、湘潭高新技术产业开发区管理委员会副主任吴小波，在校校领导出席。

12 月 29 日，99 级旅游管理专业校友何凌飞出资 50 万元设立“梦之旅启航创新基金”。副校长郑赤建向何凌飞颁发捐赠证书，商学院院长楚尔鸣与何凌飞签订捐赠协议。

12 月，我校被中共湖南省委宣传部、湖南省军区政治工作局、中共湖南省委教育工作委员会、湖南省民政厅、共青团湖南省委、湖南省全民国防教育委员会办公室评为湖南省大学生红色经典诵读大赛一等奖和优秀组织奖。由我校报送的作品《人民万岁》入选颁奖典礼展示作品。

12 月，2018 年我校共申报湖南省社科基金各类项目 144 项，获准立项 64 项，立项率为43.75%，立项数排名全省第二。

12 月，我校图书馆荣获 2018 年度湘潭图书馆学会先进单位。

（党政办、档案馆）

图书在版编目（CIP）数据

湘潭大学年鉴．2018 / 湘潭大学党委办公室，湘潭大学校长办公室编．-- 湘潭：湘潭大学出版社，2019.10

ISBN 978-7-5687-0363-5

Ⅰ．①湘… Ⅱ．①湘… ②湘… Ⅲ．①湘潭大学—2018—年鉴 Ⅳ．①G649.286.43-54

中国版本图书馆 CIP 数据核字（2019）第 224085 号

湘潭大学年鉴．2018

XIANGTAN DAXUE NIANJIAN 2018

湘潭大学党委办公室
湘潭大学校长办公室　编

责任编辑：吕　花
装帧设计：李　娜
出版发行：湘潭大学出版社
社　　址：湖南省湘潭大学工程训练中心
电　　话：0731-58298960 0731-58298966（传真）
邮　　编：411105
网　　址：http://press.xtu.edu.cn/
印　　刷：长沙鸿和印务有限公司
经　　销：湖南省新华书店
开　　本：880 mm×1230 mm 1/16
印　　张：18.25
字　　数：516 千字
版　　次：2019 年 10 月第 1 版
印　　次：2019 年 10 月第 1 次印刷
书　　号：ISBN 978-7-5687-0363-5
定　　价：98.00 元

ISBN 978-7-5687-0363-5